MARXISMO RACIAL

James Lindsay

MARXISMO RACIAL

O que está por trás da teoria crítica da raça

COPYRIGHT © FARO EDITORIAL, 2025
COPYRIGHT © 2022 RACE MARXISM BY JAMES LINDSAY
THIS EDITION PUBLISHED BY ARRANGEMENT WITH SUSAN SCHULMAN LITERARY AGENCY LLC, NEW YORK.

Todos os direitos reservados.

Avis Rara é um selo da Faro Editorial.

Nenhuma parte deste livro pode ser reproduzida sob quaisquer meios existentes sem autorização por escrito do editor.

Diretor editorial **PEDRO ALMEIDA**
Coordenação editorial **CARLA SACRATO**
Assistente editorial **LETÍCIA CANEVER**
Preparação **TUCA FARIA**
Revisão **BARBARA PARENTE E DANIELA TOLEDO**
Imagem de capa **BACKUP, TENDO, TRIBALIUM | SHUTTERSTOCK**

Dados Internacionais de Catalogação na Publicação (CIP)
Angélica Ilacqua CRB-8/7057

Marxismo racial : a verdade sobre a teoria e a práxis crítica da raça / James Lindsay ; tradução de Carlos Szlak. — São Paulo : Faro Editorial, 2025.
320 p.

Bibliografia
ISBN 978-65-5957-522-0
Título original: Race Marxism: The Truth About Critical Race Theory and Praxis

1. Relações raciais – Estados Unidos — Filosofia 2. Teoria crítica da raça I. Título II. Szlak, Carlos

24-0814   CDD 305.800973

Índice para catálogo sistemático:
1. Relações raciais — Estados Unidos — Filosofia

1ª edição brasileira: 2025
Direitos de edição em língua portuguesa, para o Brasil, adquiridos por FARO EDITORIAL

Avenida Andrômeda, 885 — Sala 310
Alphaville — Barueri — SP — Brasil
CEP: 06473-000
www.faroeditorial.com.br

SUMÁRIO

INTRODUÇÃO 7

1. COMO DEFINIR A TEORIA CRÍTICA DA RAÇA 9

2. EM QUE ACREDITA A TEORIA CRÍTICA DA RAÇA 38

3. AS ORIGENS IDEOLÓGICAS MAIS PRÓXIMAS
   DA TEORIA CRÍTICA DA RAÇA 94

4. AS ORIGENS IDEOLÓGICAS MAIS PROFUNDAS
   DA TEORIA CRÍTICA DA RAÇA 168

5. PRÁXIS CRÍTICA DA RAÇA – COMO FUNCIONA
   A TEORIA CRÍTICA DA RAÇA 232

6. O QUE PODEMOS FAZER ACERCA DA TEORIA
   CRÍTICA DA RAÇA? 264

CONCLUSÃO 301

REFERÊNCIAS BIBLIOGRÁFICAS 303

AGRADECIMENTOS 311

NOTAS 313

INTRODUÇÃO

Se você já sabe o que é a teoria crítica da raça (TCR), o propósito deste livro é consolidar, refinar e aprofundar seus conhecimentos e colocá-los acima de qualquer dúvida. Se você ainda não sabe o que é e está começando a descobrir, aperte os cintos e aguente firme. Este livro oferece uma explicação profunda, acadêmica e totalmente sem retoques acerca dessa teoria do ponto de vista de alguém que de fato a compreende e não acredita nem um pouco nela. A lacuna que o livro preenche também é importante. Todos os envolvimentos sérios que existem com a teoria crítica da raça são praticamente inúteis. Originam-se de fãs tendenciosos que a apresentam de uma forma irrealisticamente positiva ou de acadêmicos ingênuos que são incapazes de enxergar a floresta ideológica por causa das árvores filosóficas que a compõem. Este livro é a primeira tentativa abrangente de solução para esse problema que ameaça a civilização, e talvez tenha sido escrito no momento certo.

A premissa subjacente deste livro é simples. Não devemos tentar corrigir o que não compreendemos, e tentar solapar a teoria crítica da raça é uma obrigação de cada pessoa deste mundo que deseja permanecer livre. Portanto, o propósito deste livro é ajudar na compreensão da teoria crítica da raça pelo que ela é: um sistema de crenças que pode ser resumido em duas palavras: *marxismo racial*. Também é para incentivar a compreensão da necessidade de resistir a esse flagelo contra as pessoas livres do mundo e a humanidade, e quem sabe adotar medidas inteligentes e estratégicas para conter esse monstro antes que ele cause o dano inevitável que causará se não for detido. E em breve.

Antes de tudo, é necessário compreender. Portanto, este livro começa com uma tentativa de definição da teoria crítica da raça, tanto com minhas próprias palavras como com as dela. Por meio de seus seguidores, ficamos sabendo que essa tarefa é impossível para aqueles que não abraçam a teoria. Este é um típico truque marxiano*, como veremos. O trabalho aqui foi bem-feito. O primeiro capítulo define a teoria crítica da raça de acordo com a abordagem usual, ou seja, mediante explicação, enquanto o segundo é dedicado a defini-la em termos de crenças. O terceiro e o quarto capítulos incluem o contexto histórico e filosófico que reforça a alegação de maneira incontestável de que a teoria crítica da raça surge do pensamento marxista e de seus antecessores. O quinto capítulo deriva da máxima de que *a teoria crítica da raça é como a teoria crítica da raça faz* e explica a "práxis" da TCR (a teoria aplicada na prática, como toda teoria marxiana deve ser, por definição — afinal, o objetivo de compreender o mundo é transformá-lo, como afirma o próprio Marx). O último capítulo apresenta algumas sugestões para o que podemos começar a fazer em relação ao problema da teoria crítica da raça.

Dessa maneira, neste livro, a análise é oferecida humildemente ao mundo e a seus cidadãos livres como meio de compreender e resistir, em um momento crucial da história, a essa terrível ideologia, que nos ameaça de uma forma muito mais abrangente do que a maioria de nós percebe. Como autor, quero deixar claro que não foi fácil chegar às conclusões deste trabalho, e na verdade, resisti durante muitos anos à alegação central do livro — ou seja, que a teoria crítica da raça é marxismo racial —, até que as evidências me subjugaram. Espero que os leitores não o considerem só proveitoso, mas também útil em conter essa maré em avanço antes que seja tarde demais. Ao escrever este livro (em meados de agosto de 2021), confio que isso seja possível, graças ao valioso trabalho produzido e colocado em prática por muitas pessoas nos últimos anos, muitas vezes com grandes sacrifícios pessoais. Sinto-me honrado por ter contribuído para isso e também grato pelo excelente trabalho que outras pessoas têm realizado e continuam a realizar nesse esforço extremamente importante.

---

* N.E.: "Marxiano refere-se estritamente àquilo que é da lavra do próprio Marx (seus artigos, ensaios, livros, cartas etc.). Marxismo compreende a doutrina teórica e política inspirada no pensamento de Marx."

CAPÍTULO 1
COMO DEFINIR A TEORIA CRÍTICA DA RAÇA

Teoria crítica da raça, substantivo:
(1) Rotular de "racista" tudo o que você quer controlar, até que esteja comple-tamente sob seu controle;
(2) Teoria marxiana do conflito racial; isto é, marxismo racial;
(3) Uma crença de que o racismo criado pelos brancos em benefício próprio é o princípio fundamental de organização da sociedade

Os teóricos críticos da raça afirmam que a teoria crítica da raça é um "movimento" impulsionado por "um grupo de ativistas e acadêmicos interessados em estudar e transformar a relação entre raça, racismo e poder".[1] Presumo que isso seja um início tímido se estamos interessados em compreender a questão. Ainda assim, é um início. Por um lado, revela que a teoria crítica da raça, longe de ser apenas uma teoria acadêmica, é um *movimento*, e isso nos traz uma informação importante, sobretudo para aqueles que consideram equivocadamente a teoria como quase científica. Por outro lado, é um movimento composto por *ativistas* e acadêmicos, e isso nos diz algo adicional, já que essa é uma combinação estranha. Por fim, nos dá a conhecer que é um movimento *interessado no poder*, e isso indica muita coisa.

O poder pode despertar o interesse dos indivíduos de diversas formas diferentes. Por exemplo, o interesse no poder simplesmente como um tema acadêmico: o que é o poder e como funciona? Ou talvez o interesse seja em quem o detém e os efeitos que isso causa. Ou ainda pode ser um interesse de conquista do poder. Os teóricos críticos da raça não estão

MARXISMO RACIAL

particularmente interessados no primeiro tópico, pelo menos não do mesmo modo que estavam seus predecessores intelectuais do movimento intelectual pós-moderno. Eles acreditam que já sabem tudo o que precisam saber acerca do funcionamento do poder: decorre dos sistemas e oprime. Os teóricos críticos da raça estão muito interessados no segundo tópico — quem detém o poder e quais seus impactos —, contanto que entendamos "interesse" como o equivalente a enquadrá-lo conforme a compreensão acima. Uma forma simples de caracterizar a teoria crítica da raça agora está disponível: trata-se de um movimento ativista baseado em um estudo motivado que é chamado de "racismo sistêmico" e de como esse fenômeno define o poder e cria opressão na sociedade.

Quanto a tomar o poder, esse é, sem dúvida, o interesse central, porém oculto, dos teóricos críticos da raça. Como lemos na primeira frase de *Critical Race Theory: An Introduction* [*Teoria crítica da raça: uma introdução*] (ver nota 2), o objetivo da teoria crítica da raça é *transformar* a relação entre raça, racismo e poder. Tal como outros totalitários de uma longa linhagem que os precede, os teóricos críticos da raça estão interessados em ordenar o mundo conforme a visão contida em sua teoria. Como os autores mostram, o propósito de uma teoria como a teoria crítica da raça não é apenas o de compreender o mundo; é *transformá-lo*, reorganizá-lo segundo a dinâmica de poder social que a obceca, mas que mal consegue entender. Isso ocorre porque é uma teoria *marxiana*. Esse objetivo em causa própria fica bastante evidente na literatura referente à teoria crítica da raça ou no ativismo baseado nessa teoria na prática. Isso fica ainda mais claro ao observarmos como a teoria crítica da raça, seus defensores e o ativismo afim tratam os membros dos chamados "grupos minorizados" que discordam dessa teoria e de suas prescrições (como se não fossem membros autênticos de seus grupos raciais). Por meio dessas observações, fica evidente que os teóricos críticos da raça não atuam em nome desses grupos raciais "minorizados". O interesse principal de seus defensores é ter um poder cada vez maior *para si mesmos*. Assim, a teoria crítica da raça aspira a não só entender o poder como também a reorganizar as circunstâncias e a sociedade para que seus teóricos tenham mais poder.

Curiosamente, mesmo tão claro, ainda é bastante controverso acusar diretamente a teoria crítica da raça de ser uma teoria marxiana. De

COMO DEFINIR A TEORIA CRÍTICA DA RAÇA

fato, durante anos, me opus com firmeza a essa conclusão, e só a expresso agora porque as evidências que a corroboram são avassaladoras. Para termos uma ideia dessas evidências, começaremos com um comentário de Richard Delgado (um dos autores de *Critical Race Theory: An Introduction*) sobre a experiência na conferência de fundação do movimento da teoria crítica da raça, que ocorreu em Madison, Wisconsin, em 1989.

> Fui um dos membros da conferência de fundação. Eu e outras vinte e três pessoas nos reunimos em Madison, Wisconsin, para ver o que tínhamos em comum e se poderíamos planejar uma ação conjunta no futuro, se tínhamos uma agenda acadêmica partilhável e talvez um nome para a organização. Eu havia lecionado na Universidade de Wisconsin, e, tempos depois, Kim Crenshaw também ingressou no corpo docente. A faculdade parecia um local lógico para isso por causa do Instituto de Estudos Jurídicos que David Trubek coordenava na época e do programa de bolsa de estudos Hastie. A faculdade era um centro do pensamento jurídico acadêmico de esquerda. Assim, nós nos reunimos nesse convento por dois dias e meio, ao redor de uma mesa, numa sala austera com janelas de vitrais e crucifixos aqui e ali — **um lugar estranho para um grupo de marxistas** —, e elaboramos um conjunto de princípios. Então, seguimos nossos caminhos. Quase todos os que lá estavam acabaram se tornando teóricos críticos da raça renomados, incluindo Kim Crenshaw, que proferiu uma palestra na conferência de Iowa, assim como Mari Matsuda e Charles Lawrence, que estão aqui em espírito. Derrick Bell, envolvido com a teoria crítica da raça desde muito antes de ela ter um nome, participou do seminário em Madison e foi uma espécie de mentor intelectual do movimento. Dessa maneira, estávamos prontos para começar.[2] [Negritos adicionados.]

Naturalmente, não podemos supor que a teoria crítica da raça em si seja marxista ou mesmo marxiana apenas com base nessa descrição, mas se trata de uma evidência convincente. Nesse comentário, um dos membros fundadores do movimento da teoria crítica da raça descreve as pessoas que se reuniram para a conferência de fundação dessa teoria como "um grupo de marxistas". Esse mesmo autor declaradamente marxista, em suas próprias palavras no livro-texto que escreveu doze anos depois, ofereceu mais evidências ao afirmar que o objetivo do movimento da teoria crítica da raça é "estudar e transformar a relação entre raça, racismo e poder". Sem dúvida, isso é algo bastante marxiano. Nesse livro, um parágrafo mais adiante, Delgado parafraseia de propósito Karl Marx ao escrever: "Ao contrário de algumas disciplinas acadêmicas, a teoria crítica da raça contém uma dimensão ativista. Ela não só procura compreender nossa situação social, mas também mudá-la; ela se propõe não só a verificar como a sociedade se organiza ao longo de linhas e hierarquias raciais, mas também a transformá-la para melhor."[3]

Sou da opinião — após a leitura de análises semelhantes em inúmeros livros sobre teoria crítica da raça (incluindo outro texto basilar importante: *Critical Race Theory: The Key Writings that Formed the Movement*) — de que é correta a avaliação de que se trata de um movimento marxiano (ou neomarxiano) que se centra na raça e no racismo como dinâmicas de poder sistêmico relevantes. Charles Mills, renomado teórico crítico da raça, até resumiu o argumento numa coletânea de ensaios intitulada *From Class to Race: Essays in White Marxism and Black Radicalism*, que conecta as ideias sem nenhum constrangimento. A essa altura, considero que a teoria crítica da raça não pode ser compreendida sem primeiro aceitarmos e depois entendermos esse fato básico sobre ela — ou seja, que se trata de marxismo racial —, por mais que os teóricos procurem encobrir com uma cortina de fumaça para se distinguirem do marxismo econômico tradicional. De fato, acrescentando evidências a esse conjunto, os teóricos da teoria crítica da raça tendem a se referir ao marxismo (econômico ou clássico) como "marxismo vulgar", o que implicaria que sua própria teoria é tanto marxiana como de algum modo mais sofisticada do que a original. Portanto, trata-se de uma teoria marxiana.

Claro que o fato de sabermos que a teoria crítica da raça é marxiana não é suficiente para compreendê-la de fato. O modo mais simples de compreendermos o aumento autodeclarado de sofisticação pode ser obtido ao considerarmos a importância de um comentário feito por outra dupla de teóricos, Gloria Ladson-Billings e William Tate IV, num artigo de 1995 intitulado "Toward a Critical Race Theory of Education" (um título que muitos vão achar sombriamente divertido, já que com frequência ouvimos, mais de vinte e cinco anos depois, que a teoria crítica da raça não está presente nas escolas). Após se queixarem de que os "marxistas brancos" não fizeram o suficiente para enfocar a raça no objetivo de *teorizar* a sociedade,[4] Ladson-Billings e Tate observaram que a teoria crítica da raça assume a posição de que a raça deve ser compreendida como "*o* constructo central para entender a desigualdade".[5] Então, de imediato, podemos obter uma compreensão significativa acerca de teoria crítica da raça: trata-se de *marxismo racial*. Ou seja, essa teoria adapta — ou, talvez, reimagina — a teoria marxiana, que entende a desigualdade em termos de condições materiais da sociedade, sobretudo as condições econômicas, de modo a colocar a raça como fator determinante, permitindo que os teóricos marxianos compreendam a desigualdade. Em outras palavras, a teoria crítica da raça busca aprimorar o marxismo ao torná-lo deliberadamente racista.

Na teoria crítica da raça, o marxismo (econômico) é "vulgar", ao passo que, em termos comparativos, o marxismo racial é sofisticado. Naturalmente, é algo bastante simplista afirmar que a teoria crítica da raça seja "marxismo que *substitui* classe por raça". Como Ladson-Billings e Tate deixam claro, o objetivo é pôr a raça no centro da análise do poder e da desigualdade. Nesse sentido, a raça não tem o objetivo de substituir totalmente a classe econômica na teoria marxiana "vulgar", mas se destina a colocar a raça em primeiro plano e tornar a classe subsidiária em grande medida a ela e a outras dimensões identitárias politicamente passíveis de ação (como gênero e situação imigratória). Na verdade, os teóricos críticos da raça acreditam que a desigualdade econômica em que os teóricos marxianos clássicos estão interessados não é compreensível sem vê-la como outra manifestação do racismo sistêmico.

De forma mais direta, o propósito da teoria crítica da raça, assim como de todas as teorias críticas identitárias com as quais ela "se entrecruza", é mudar o foco da política de esquerda relativa às preocupações econômicas e agruras da classe trabalhadora para a política identitária. Essa mudança foi preconizada sem reservas por Herbert Marcuse, neomarxista e teórico crítico, em duas de suas obras mais conhecidas da década de 1960: *One-Dimensional Man* (1964) [*O homem unidimensional*] e *An Essay on Liberation* (1969) [*Um ensaio para a libertação*]. Nelas, Marcuse

MARXISMO RACIAL

lamenta que o capitalismo avançado tenha sido extremamente bem-sucedido em produzir uma sociedade próspera e florescente e também uma classe média robusta, o que resultou na perda do espírito revolucionário da classe trabalhadora. Então, ele tenta encontrar um novo lugar para o espírito revolucionário radical e o encontra nas "populações do gueto", em particular os movimentos de libertação negra. Se esses movimentos pudessem ser encaminhados a uma consciência crítica pela *intelligentsia* de esquerda marcuseana das universidades e em sua base estudantil radicalizada, poderia surgir um novo proletariado revolucionário com a energia necessária para levar as sociedades ocidentais com sucesso rumo ao socialismo. Em grande medida, a teoria crítica da raça cresceu a partir desse projeto explicitamente neomarxiano.

Aliás, no final da década de 1970, as feministas negras socialistas radicais do Combahee River Collective foram as responsáveis por criar o termo "política identitária", e seus laços com a nova esquerda marcuseana eram inegáveis. Para Marcuse, o marxismo econômico tradicional havia morrido porque a classe trabalhadora havia sido integrada com muito sucesso à sociedade capitalista próspera e, assim, a política identitária seria a ferramenta para elevar a consciência crítica. Porém, não foram apenas as ativistas e as acadêmicas do Combahee River Collective (ou o embrionário setor de diversidade, equidade e inclusão), que precederam grande parte da teoria crítica da raça, que pensaram dessa maneira. Quase todos os escritos que envolvem teoria crítica da raça atestam seu propósito de praticar política identitária. Por exemplo, o conhecido livro *White Fragility* [*Não basta não ser racista – sejamos antirracistas*] de Robin DiAngelo, registra que a teoria está "assumidamente enraizada na política identitária".[6] Voltaremos a esse ponto nos próximos dois capítulos ao discutirmos a maneira como Kimberlé Crenshaw elaborou a teoria crítica da raça, reformulando em seu artigo mais influente, "Mapping the Margins", de 1991, as ideias liberais dos direitos civis e a teoria pós-moderna especificamente para abrir espaço no âmbito delas com o intuito da realização de uma política identitária radical.

Também podemos obter um pouco mais de informações sobre o que a teoria crítica da raça de fato é a partir de outro aspecto sobre suas origens: ela teve início na teoria jurídica, especificamente na abordagem ao direito desenvolvida pela Nova Esquerda e que ficou conhecida como estudos críticos do direito; em grande medida, um projeto neomarxista e totalmente esquerdista para reinterpretar o direito. Porém, na esfera jurídica, talvez a melhor maneira de entender a teoria crítica da raça seja reconhecer que os pioneiros e "mentores intelectuais" do movimento, como Derrick Bell e Alan Freeman, foram revisionistas históricos e jurídicos que abordaram questões ao redor do movimento pelos direitos civis da década de 1960. O entusiasmo inicial e os programas sociais que surgiram naquela época estavam em declínio e, em alguns casos, sendo revertidos, e esses teóricos cínicos do direito procuraram reinterpretar as "reais intenções" das leis e dos programas para enquadrá-los, na melhor das hipóteses, como indiferentes aos negros (e em benefício dos brancos) e, na pior, como antinegros. A expressão "ação afirmativa", por exemplo, aparece cerca de duzentas vezes em *Critical Race Theory: The Key Writings that Formed the Movement*, dando-nos uma ideia aproximada de em que seus fundadores estavam interessados.

A teoria crítica da raça se desenvolveu nesse contexto a partir dos estudos críticos do direito (influenciados pela teoria marxista e pelo neomarxismo), com um estilo particularmente paranoico e cínico, que enfoca não só a raça como também um conjunto abrangente de teorias conspiratórias sobre raça e poder racial nas democracias liberais do Ocidente. Então, no geral, a teoria crítica da raça atua como um conjunto de lentes mágicas que capacita as pessoas a encontrar racismo oculto no direito aparentemente neutro em termos de raça (daltônico racial) e sujeitá-lo ao revisionismo teórico crítico com o intuito de conseguir um número maior de pessoas que aceitam a teoria e aumentar seu poder institucional e cultural.

Para oferecer algumas considerações adicionais a essa abordagem marxiana cínica, que coloca a raça como "*o* constructo central para entender a desigualdade", a teoria crítica da raça pode ser entendida como um movimento para ensinar as pessoas a enxergarem o racismo (branco) em tudo e interpretá-lo de maneira específica e orientada por uma agenda. Nesse sentido, está longe de ser *apenas* uma teoria jurídica, já que é uma forma de enxergar o mundo e todos os fenômenos nele. Portanto, a teoria crítica da raça se espalhou depressa para além do campo do direito e adentrou outras áreas, talvez mais notavelmente a da educação. Por exemplo, enquanto a conferência de fundação do movimento da teoria crítica da raça foi realizada em 1989, o artigo de Ladson-Billings e Tate intitulado "Toward a Critical Race Theory of Education" foi publicado em 1995. Em 2001, Richard Delgado e sua parceira Jean Stefancic já tinham registrado em *Critical Race Theory: An Introduction* — livro destinado a um público de nível escolar médio, provavelmente para ser adotado em escolas do ensino médio — que a teoria crítica da raça havia se "espalhado depressa" para além do campo do direito quase de imediato e, naquela época, já estava se expandindo em muitas outras áreas, incluindo a educação, as teorias relacionadas ao sistema eleitoral e a política.[7]

Essa disseminação não é tão surpreendente. As teorias críticas tendem a fazer isso de propósito. Na verdade, elas não são teorias, mas *maneiras de ver qualquer outra coisa*. Ou seja, as teorias críticas são constructos parasitários que imitam teorias, adaptando a linguagem e a estrutura de teorias reais e as reclamações sobre seus conteúdos de forma caracteristicamente marxiana. O objetivo desse comportamento é impor a teoria marxiana em *tudo* e, ao caracterizar a teoria original como "burguesa" em um aspecto ou outros (racista, sexista, capacitista, homofóbica, chauvinista, eurocêntrica, opressiva ou qualquer outra coisa), busca suplantar a teoria original ao considerá-la como uma falsificação moral e epistemologicamente inferior.

Essa caracterização das teorias críticas de *alguma coisa* não é mera conjectura. Em 2016, Breanne Fahs e Michael Karger, dois acadêmicos dedicados a estudos feministas da Universidade Estadual do Arizona, publicaram um artigo que descrevia explicitamente sua própria teoria crítica — estudos feministas — como um "vírus" que busca alterar a maneira como os estudantes pensam e depois deixar que eles infectem outras áreas e disciplinas.[8] A descrição da teoria crítica da raça apresentada por Delgado e outros autores, junto com sua orientação menos como uma teoria e mais como um "movimento", "lente teórica" e "sensibilidade", e sua disseminação rápida e efetiva em outras disciplinas, respalda com ênfase a alegação de que a teoria crítica da raça não é diferente. A TCR é um vírus institucional e conceitual.

Dito tudo isso, a teoria crítica da raça — assim como muitas teorias marxianas — se recusa a ser definida com clareza e concisão. Mesmo nos livros mencionados anteriormente, ambos os quais exibem o título principal *Critical Race Theory*, os autores mostram que vários teóricos críticos da raça não concordam entre si sobre o que exatamente é a teoria crítica da raça. Isso também é intencional; trata-se de uma cortina de fumaça, e bastante enfadonha. Portanto, um passo inicial e essencial é resolver como devemos definir a teoria crítica da raça, independentemente do que afirmam esses teóricos.

UMA DEFINIÇÃO DA TEORIA CRÍTICA DA RAÇA DO PONTO DE VISTA DE UM OBSERVADOR EXTERNO

Aqueles que endossam a teoria crítica da raça vão dizer, geralmente no afã de protegê-la de qualquer crítica, que existem diversas maneiras de defini-la. Uma vez que não há consenso entre os próprios estudiosos da teoria crítica da raça sobre o que ela é, pessoas comuns que não acreditam nela não podem esperar saber do que se trata. E se afirmarem que sabem será porque não a entenderam direito, porque aparentemente não se envolveram de verdade. Todas as teorias críticas compartilham essa estrutura fundamentalista. Apenas os iniciados possuem a perspectiva esclarecida necessária para entender e, assim, se envolver plenamente e poder criticar a teoria. Na teoria crítica da raça, esse fundamentalismo se justifica pela alegação de que, em geral, os críticos não têm a necessária consciência crítica da raça para compreender verdadeiramente o que estão criticando. O resultado desse tipo de fundamentalismo é que os pressupostos básicos subjacentes da teoria nunca são questionados, e a própria teoria é só reforçada pela crítica e nunca desafiada. Esse fato básico é de uma ironia profunda, dado que se aplica às teorias críticas, que se vendem como a única maneira legítima de evitar essa armadilha. (A Lei de Ferro da Projeção *Woke* é, de fato, uma lei de ferro.)

É importante ressaltar que a grande quantidade de pensamento fundamentalista na teoria crítica da raça torna um tanto difícil saber por onde começar quando se trata de explicar o que é a TCR. A definição mais simples e direta que eu poderia oferecer para ela seria a seguinte:

A *teoria crítica da raça* é a *crença* de que o racismo que beneficia os brancos ("supremacia branca") é o princípio fundamental de organização da sociedade (e que isso é ruim).

É óbvio que essa definição básica simplifica demais as coisas, mas se for necessário algo que atravesse a cortina de fumaça e que possa ser apresentado num encontro sobre políticas públicas ou numa reunião administrativa em questão de segundos, ela vai servir. A teoria crítica da raça é a *crença* de que o racismo organiza toda a sociedade. Longe de ser otimista acerca dessa situação, a TCR sustenta que o racismo desse tipo é *sistêmico*, o que equivale a dizer que é uma propriedade básica do sistema existente (a totalidade da ordem social e tudo o que a faz funcionar); portanto, esse racismo é uma *característica permanente* do sistema. De fato, um dos fundadores da teoria crítica da raça, Derrick Bell, é autor de um livro intitulado *Faces at the Bottom of the Well*, de 1992. O subtítulo desse livro jubiloso? "The Permanence of Racism" ["A permanência do racismo"].

Claro que, por definição, um princípio fundamental de organização de uma sociedade seria uma característica permanente dessa sociedade, pois se esse princípio fosse alterado, surgiria uma sociedade diferente. Esse modo de pensar é uma característica distintiva das teorias críticas, que acreditam que não é possível criar mudanças substanciais em um sistema no âmbito dele (de fato, Max Horkheimer, o primeiro a desenvolver a teoria crítica na década de 1930, sustentava que essa é a essência fundamental de uma teoria crítica). Se o racismo não pode ser eliminado no âmbito do sistema e, no entanto, deve ser eliminado como uma questão de imperativo moral, resulta que a lógica da teoria crítica da raça defende que o próprio sistema deve ser perturbado, desmantelado e, por fim, destruído e substituído por um novo. Portanto, a teoria crítica da raça é intrinsecamente *revolucionária* em sua orientação, pois seu objetivo central declarado — eliminar o racismo e alcançar a justiça racial — só pode ser logrado substituindo o sistema em seus próprios fundamentos. Isso é afirmado explicitamente. Em *Critical Race Theory: An Introduction*, por exemplo, Delgado e Stefancic escrevem:

COMO DEFINIR A TEORIA CRÍTICA DA RAÇA

Ao contrário do discurso tradicional dos direitos civis, que enfatiza o incrementalismo e o progresso passo a passo, a teoria crítica da raça questiona os próprios fundamentos da ordem liberal, incluindo a teoria da igualdade, o raciocínio jurídico, o racionalismo iluminista e os princípios neutros do direito constitucional.[9]

Visto que a teoria crítica da raça defende fundamentalmente a mudança do sistema existente e rejeita as abordagens incrementais e passo a passo, ela é revolucionária. Sem dúvida, esse fato representa uma evidência ainda mais contundente de que se trata de uma teoria marxiana, todas as quais sempre se concentram em alcançar a revolução como uma espécie de acontecimento purificador que elimina os sistemas de poder existentes (capacitando aqueles com a consciência adequada em uma ditadura que irá durar até seu domínio se dissolver naturalmente numa Utopia final e sem classes).

Então, qual é o problema com o sistema existente segundo os teóricos críticos da raça? É algo que eles chamam de "branquitude". A teoria crítica da raça acredita que o racismo — como forma de poder — só pode fluir a partir da branquitude (e das pessoas que recebem seus benefícios ou a apoiam, especificamente, pessoas brancas, minorias "próximas aos brancos" e minorias raciais que "agem como brancos", ou seja, a burguesia racial) em direção a pessoas de outras raças. Assim, o racismo sustenta o sistema existente, independentemente da raça, *e* se beneficia do sistema existente, que, se for branco, não poderá ser renegado. Nesse sentido, a teoria crítica da raça usa a branquitude como bode expiatório para os problemas da sociedade. Além do mais, faz isso em paralelo quase perfeito com a maneira como os marxistas usaram os capitalistas como bodes expiatórios, e os nazistas, os judeus, e por motivos quase idênticos. A branquitude é uma espécie de "propriedade burguesa", como os marxistas poderiam dizer, sendo acumulada por uma minoria privilegiada em detrimento da sociedade, como os nacional-socialistas diriam.

Como veremos, a teoria crítica da raça está tão empenhada em usar a branquitude como bode expiatório que sustenta que raça e racismo são distintos dos preconceitos de outros tipos e foram criados especificamente por pessoas brancas com o propósito de estabelecer e manter a

MARXISMO RACIAL

predominância branca (que se diz estar enraizada na branquitude). Ao seguir essa ideia, a teoria crítica da raça considera a branquitude como um tipo de "propriedade" que buscaria abolir.[10] Admitir a teoria crítica da raça como uma teoria marxiana torna essa reivindicação, que de outra forma seria enigmática, fácil de entender: Marx queria abolir a propriedade privada (burguesa) e afirmou que essa única mudança é a essência mesma do comunismo. De forma automática, os brancos se tornam donos de propriedades (a burguesia racial), e os membros das outras raças, chamados de "pessoas de cor", são a classe explorada, alienada pela sociedade de seu capital cultural pela primazia da "branquitude"; uma realidade conhecida como "supremacia branca". Assim, na teoria crítica da raça, a branquitude é uma propriedade *burguesa*, que se destina a ser abolida exatamente da mesma forma que Marx concebeu quando disse que a intenção do comunismo é a "abolição da propriedade privada",[11] o que torna mais fácil entender a admoestação da "educadora crítica da branquitude" Robin DiAngelo[12] (e depois da Coca-Cola) para ser "menos branca".

Portanto, assim como o marxismo, que usa a burguesia e qualquer "reacionário" que a defenda e o "status quo" como bodes expiatórios, a teoria crítica da raça usa a branquitude e todos os "racistas" que procuram mantê-la como bodes expiatórios, mesmo que simplesmente se beneficie da branquitude sem lutar sempre contra ela nos termos da teoria crítica da raça. Para essa teoria, o fato de muitas das ideias e dos valores que ela rotula como "branquitude" — como o individualismo, a meritocracia, a lealdade, a pontualidade, a produtividade e o foco em obter a resposta correta em problemas matemáticos — serem benéficas para *todos*, independentemente de quem sejam, é absolutamente irrelevante. Essa crença em si mesma também é considerada parte intrínseca da própria branquitude que precisa ser abolida, muitas vezes sob a diretiva infame e absurda de Audre Lorde: "As ferramentas do mestre nunca desmantelarão a casa do mestre".[13]

Desse modo, a principal diferença entre a teoria crítica da raça e o marxismo clássico "vulgar" é que a TCR sustenta que os brancos, como proprietários raciais, em vez de proprietários reais, beneficiam-se intrinsecamente de um arranjo social, cultural e econômico estratificado racialmente (o "sistema") e, portanto, atuam para mantê-lo, mesmo que

COMO DEFINIR A TEORIA CRÍTICA DA RAÇA

inconscientemente. A mesma culpabilidade moral se estende àqueles que supostamente "internalizaram" a branquitude, àqueles que são "próximos" a ela em virtude de terem sucesso por meio da aplicação de valores semelhantes, e àqueles que "agem como brancos" mesmo tendo uma consciência racial diferente. De maneira distinta, cada uma dessas categorias de traidores é acusada de sustentar a branquitude e a supremacia branca (como é dito na teoria crítica da raça) como algo que é natural, benéfico e "como as coisas são". Dessa maneira, o objetivo principal da teoria crítica da raça envolve despertar uma consciência racial "verdadeira", que esteja ciente disso e que a rejeite inequivocamente (e a própria branquitude como sua raiz).

Essa consciência racial deveria ser um reconhecimento de que o *racismo sistêmico que beneficia os brancos* é a principal maneira de compreender todas as desigualdades, sobretudo as diferenças nas médias dos resultados entre os grupos raciais. Essas diferenças são consideradas como prova do racismo *enraizado na supremacia branca* em todos os casos, exceto se o grupo rotulado como "negro" obtiver resultados superiores. Por exemplo, se os resultados do grupo rotulado como "branco" superarem qualquer outro grupo racial, isso é atribuído à supremacia branca e ao racismo sistêmico que a teoria crítica da raça precisa encontrar ao "interrogar" o sistema pertinente. Por outro lado, se os resultados de algum grupo racial superarem os do grupo branco em média, esse fato é irrelevante, a menos que também superem os resultados de algum outro grupo racial que não seja considerado branco; circunstância que é considerada como decorrência de esse grupo aderir à supremacia branca de uma maneira que apenas a teoria crítica da raça pode acreditar. Superar os resultados do grupo branco em média não é evidência de racismo segundo a teoria crítica da raça porque a dinâmica de poder que estratifica o sistema é caracterizada como "supremacia branca". Na verdade, superar os resultados do grupo branco é considerado como prova de ter tido acesso à branquitude e, por vezes, ter sido revelador da "mediocridade branca", que é a crença de que os brancos se tornam medíocres ao viver numa situação privilegiada (o que torna sua suposta superioridade ainda mais ilegítima e exasperante). Em suma, a teoria crítica da raça é a crença de que as diferenças nas médias dos resultados entre grupos raciais desses tipos

MARXISMO RACIAL

(e só desses tipos) são uma *prova do racismo sistêmico*. Isso quer dizer que "racismo sistêmico" significa simplesmente que existem diferenças nos resultados dos grupos desse tipo, independentemente de se deverem ou não a qualquer forma real de racismo.

Então, uma suposição básica da teoria crítica da raça é que o racismo sistêmico é mantido por pessoas que não percebem que o estão mantendo, muitas vezes *inconscientemente*. Isso decorre necessariamente do fato de elas serem caracterizadas como participantes do *racismo* apenas por pertencerem a um grupo racial que, por acaso, supera outros grupos raciais em algo. Essa ideia é fundamental para a formulação do racismo como "sistêmico" pelos teóricos críticos da raça. "Racismo sistêmico" é a designação dada referente à causa da ocorrência de certos tipos de "desigualdades" (ou seja, as diferenças nas médias dos resultados entre certos grupos raciais, mas não outros). A ideia central da teoria crítica da raça é que, independentemente das intenções de qualquer pessoa ou mesmo da falta de indivíduos, crenças ou instituições racistas, o sistema em si pode ser *racista* e *é racista* se houver qualquer forma intolerável de desigualdade racial. Essa afirmação fica evidente na parte operacional da solução proposta por Ibram X. Kendi ao problema que a teoria crítica da raça acredita identificar: "Para reparar o pecado original do racismo, os norte-americanos devem aprovar uma emenda antirracista à Constituição dos Estados Unidos que consagre dois princípios orientadores antirracistas (sic): *A iniquidade racial é prova de uma política racista* e os diferentes grupos raciais são iguais".[14] (Itálicos adicionados.) Além disso, a teoria crítica da raça sustenta que todos que se beneficiam desse arranjo são cúmplices dele e, portanto, são moralmente responsáveis por ele.

De fato, a noção de preconceito inconsciente — que é exatamente aquilo que revisionistas como Alan Freeman e Derrick Bell incorporaram ao movimento em suas fases iniciais, sugerindo que os brancos estavam meramente agindo de acordo com os próprios interesses durante o movimento pelos direitos civis — é fundamental para a teoria crítica da raça, e é a principal justificativa dessa teoria para o motivo de ela ser absolutamente necessária. As ferramentas analíticas *no âmbito do sistema existente* tendem todas a apoiar a branquitude, e a justiça racial, como afirmam,

COMO DEFINIR A TEORIA CRÍTICA DA RAÇA

nem sequer pode ser concebida nos termos existentes. Assim, descobrir preconceitos inconscientes e "reimaginar" a sociedade se tornaram a principal motivação declarada da teoria crítica da raça. Vemos essa alegação em causa própria proferida por Kendi como a necessidade de "especialistas oficialmente capacitados em racismo"[15] (teóricos críticos da raça) para julgar o que é "racista" e o que é "antirracista", sem espaço para que uma posição intermediária ou não racista seja possível. Os teóricos críticos da raça acreditam de fato que só eles possuem a "lente" necessária para encontrar o racismo que se esconde por toda parte, à vista de todos na sociedade, indetectável para aqueles que se beneficiam dele ou que o "internalizaram" como algo que é "como as coisas são". Fazer as pessoas também enxergarem o mundo dessa maneira ("conscientização racial") é o objetivo principal da teoria crítica da raça, ou seja, uma teoria neomarxiana referente à raça.

Esse bizarro artigo de fé e em causa própria rotula indiscutivelmente a teoria crítica da raça como uma teoria crítica (portanto, neomarxiana) diretamente em conformidade com a visão de Max Horkheimer a respeito do que uma teoria crítica se destina a alcançar desde a década de 1930, quando ele criou essa teoria. Para Horkheimer, a teoria crítica é aquela que concebe que uma sociedade fundamentalmente diferente não pode ser compreendida ou descrita em termos da sociedade existente. Como ele comentou numa entrevista em 1969:

A teoria crítica que concebi posteriormente se baseia na ideia de que não podemos determinar o que é bom e como seria uma sociedade boa e livre a partir da sociedade em que vivemos atualmente. Carecemos dos meios. Porém, em nosso trabalho, podemos trazer à tona os aspectos negativos dessa sociedade, os quais queremos mudar.[16]

A teoria crítica da raça enxerga a questão da mesma maneira — "as ferramentas do mestre nunca desmantelarão a casa do mestre" —, embora se concentre na raça e apele a uma alusão evocativa à escravidão para comunicá-la em termos emocionalmente ressonantes.

Portanto, a crença de que a sociedade é basicamente organizada pelo racismo, que concede benefícios por meio da branquitude e que se oculta logo abaixo da superfície consciente, é como os teóricos críticos da raça acreditam que todos devem entender a natureza da raça e do racismo. Trata-se de uma análise racial marxiana. A teoria crítica da raça existe para induzir essa consciência racial crítica em outras pessoas, para que elas também possam ver a "verdadeira" natureza da realidade racial. Também se trata de uma característica distintiva da abordagem marxiana. Porém, despertar a consciência não é uma questão de teoria, mas sim de *prática*. Assim, "ao contrário de algumas disciplinas acadêmicas, a teoria crítica da raça contém uma dimensão ativista",[17] como devem ter todas as teorias críticas. Essa dimensão ativista se interessa quase exclusivamente por aumentar a consciência crítica da raça (ou conscientização racial); ou seja, criar um número maior de teóricos críticos da raça. Tais indivíduos, depois de convertidos, tornam-se ativistas orientados pela TCR. Como Delgado e Stefancic assinalam, ecoando Marx: "[A teoria crítica da raça] não só procura compreender nossa situação social, mas também mudá-la".[18] Fazer isso é uma questão de praticar ativismo consciente sobre a raça: *enxergar* o mundo através da lente da teoria crítica da raça e agir de forma correspondente. Então, os convertidos devem se disseminar, como vírus,[19] em todos os domínios e esferas da vida, dando prosseguimento ao processo de conscientização. Nesse aspecto, a teoria crítica da raça se assemelha mais a uma *reprogramação* (ou, em crianças, simplesmente *programação*) do que a uma *doutrinação*. Aos teóricos críticos da raça é menos ensinado *no que* pensar e mais *como tornar a teoria crítica da raça central* em todos os pensamentos.

Essa descrição me permite apresentar a seguinte definição mais abrangente da teoria crítica da raça do ponto de vista de um observador externo:

> **A teoria crítica da raça** é um modo de ativismo revolucionário e amplamente neomarxista, baseada na crença de que o princípio fundamental de organização da sociedade é o "racismo sistêmico", que afirma ter sido criado e é mantido por brancos para preservar uma estrutura social que proporciona uma infinidade de vantagens injustas em relação aos não brancos, sobretudo negros.

COMO DEFINIR A TEORIA CRÍTICA DA RAÇA

Embora essa definição não apareça em nenhum lugar na literatura da teoria crítica da raça — é a minha própria descrição —, acredito que seja fiel, exata e precisa. O objeto da maior parte deste livro é justificar essa afirmação acerca do que é a teoria crítica da raça, incluindo em termos do que ela faz. (Na verdade, a teoria crítica da raça é o que a teoria crítica da raça faz.) Outra forma de expressá-la, talvez com humor, mas sem dúvida de maneira ilustrativa de como ela funciona e por que está sendo usada, é que a teoria crítica da raça é a ponta de uma "lança centenária que está sendo cravada no flanco da civilização ocidental"* e que possui mais de duzentos anos de musculatura intelectual por trás. Essa lança envolve o marxismo cultural e o neomarxismo, enquanto a musculatura é constituída por seus precursores intelectuais.

A TEORIA CRÍTICA DA RAÇA É UM SISTEMA DE CRENÇAS

Se há algo que espero que os leitores desenvolvam com este livro, além de uma profunda antipatia pela teoria crítica da raça com base em um conhecimento específico de que ela é incompatível com os valores liberais e religiosos ocidentais, é a consciência de que a teoria crítica da raça constitui um *sistema de crenças* totalizante baseado numa *visão de mundo* particular e tóxica. Esse sistema de crenças é *totalizante* porque enxerga tudo na sociedade dessa maneira e considera qualquer outra tentativa de interpretar a sociedade como parte do sistema ao qual é inerentemente oposto. A recusa em interpretar o mundo através da lente fornecida pela teoria crítica da raça, aos olhos da própria TCR, é a de não conseguir se envolver verdadeiramente com a raça, o racismo, o poder e a posição social. Portanto, ela se torna *totalizante*. Segundo os teóricos críticos da raça, não há outra maneira legítima de enxergar a sociedade senão através da teoria crítica da raça, pois todos os outros enfoques são considerados como defensores do racismo sistêmico. O fato de essa teoria se basear numa visão de mundo particular e tóxica fica evidente quando temos

---

* Essa formulação um tanto disparatada é de minha autoria, apresentada em uma palestra que dei no final de abril de 2021.

consciência do conteúdo real desse sistema de crença ao qual se exige total submissão.

Como veremos, sobretudo no próximo capítulo, a teoria crítica da raça, em suas próprias palavras, sustenta que o racismo é a situação normal na sociedade, permanente e presente em todos os fenômenos sociais, instituições, relacionamentos e interações, indissociável da "branquitude" e, portanto, dos indivíduos brancos, e determinístico de modo material e estrutural da vida das pessoas de maneiras discrepantes que oprimem sistematicamente outras pessoas com base em identidades raciais. A TCR acredita que a identidade racial deva ser colocada em primeiro lugar para desafiar tal racismo por meio da política identitária, que rejeita os métodos do movimento pelos direitos civis, e que qualquer coisa aquém de uma revolução sistêmica total (sob seu poder) num sistema que não pode sequer ser articulado na linguagem do sistema existente (ou seja, uma Utopia racial) não só deixará de reduzir o racismo como o consolidará e o ocultará com maior sucesso, *aumentando* o racismo, e não o reduzindo. A teoria crítica da raça *acredita* nisso; *enxerga o mundo dessa maneira*; e não descansará enquanto *todos também não enxergarem o mundo dessa maneira*. Por isso os teóricos críticos da raça costumam descrever a teoria crítica da raça (junto com a interseccionalidade) como uma "lente teórica", uma "sensibilidade" e uma "prática". Trata-se de um *sistema de crenças* baseado numa *visão de mundo* particular e tóxica.

Isso é algo grande. No entanto, por ora, vamos começar com algo menor. Quero apenas enfatizar que, na verdade, a teoria crítica da raça não é uma "teoria". Em vez disso, trata-se de um "movimento de acadêmicos e ativistas", social e político, com o objetivo de mudar a sociedade[20] — não por meios incrementais ou liberais, que ela rejeita, mas sim por meio de uma revolução sociocultural. Ou seja, é uma *teoria crítica*, na qual nem "crítica" nem "teoria" têm seus significados habituais e comuns. É "crítica" no sentido de que protesta incessantemente que a sociedade não é uma Utopia marxista e "traz à tona os aspectos negativos dessa sociedade".[21] É mais ou menos uma "teoria" porque Horkheimer a chamou assim. Trata-se de um truque linguístico, em que a teoria marxiana se autointitula uma "teoria" sem que sempre seja escrita em maiúscula a letra T.

COMO DEFINIR A TEORIA CRÍTICA DA RAÇA

Aliás, a palavra "raça" em "teoria crítica da raça" também não possui o significado habitual. Como descrito no glossário da Universidade Brandeis dos termos referentes a Diversidade, Equidade e Inclusão ("Nossas Definições de Justiça Social"), raça não é a categorização um tanto rudimentar estimada pela cor de pele e herança étnica que em geral entendemos. Raça é:

> Uma classificação enganosa e ilusoriamente atraente dos seres humanos criada originalmente por brancos de origem europeia, que atribui valor humano e status social usando a identidade racial branca como arquétipo da humanidade, com o propósito de criar e manter privilégios, poder e sistemas de opressão.[22]

Para os teóricos críticos da raça, até mesmo a definição de raça em si depende dessa visão totalizante acerca da dinâmica de poder racial. Logo fica perceptível que a definição enxerga a raça como "ilusoriamente atraente" e "criada por brancos de origem europeia". Essa visão reforça minha afirmação de que a teoria crítica da raça enxerga a raça — o prisma através do qual ela vê tudo mais — como um constructo político criado por brancos para prejudicar todas as outras raças. Na verdade, a definição afirma isso *explicitamente*. Esse ponto deve ser captado profundamente para compreendermos a teoria crítica da raça. "Raça" é o objeto central de interesse e "*o* constructo central para entender a desigualdade" e, portanto, o mundo. A teoria crítica da raça concebe a raça como um constructo sociopolítico criado especificamente por brancos para discriminar, privar de direitos e desumanizar todas as demais raças. É assim que ela enxerga o mundo e tudo nele.

Portanto, essa definição bastante específica e intencional da palavra "raça" (de fato a palavra central e única que especifica a "teoria crítica da raça") mostra que a teoria crítica da raça é uma teoria da conspiração paranoica. A TCR sustenta que raça é uma categoria construída socialmente e moldada politicamente, que foi criada especificamente por "brancos de origem europeia (...) com o propósito de preservar o privilégio, o poder e os sistemas de opressão [das pessoas brancas]", em geral identificados de maneira simples como "supremacia branca" ou "racismo sistêmico". Em

MARXISMO RACIAL

suma, a teoria crítica da raça pode ser entendida como uma ampla teoria da conspiração, que sustenta que os brancos, tanto histórica (o que possui certa verdade por trás) *quanto atualmente* (o que não possui), organizaram a sociedade especificamente para produzir resultados raciais discrepantes ("racismo sistêmico") que os beneficiam em detrimento de todas as outras pessoas, sobretudo as pessoas negras.

Por isso, vale ressaltar que a ênfase em minha definição da teoria crítica da raça se situa na palavra "crença", pois a visão de mundo dessa teoria exige uma quantidade desmedida de fé sombria e pessimista. Apesar de qualquer evidência invocada contra essas afirmações, a teoria crítica da raça, em última análise, mantém a visão de que o "racismo" é a explicação correta para *todas* as disparidades nos resultados entre os grupos raciais, enquanto as raças "pardas" e os negros obtêm piores resultados do que os brancos em média. Como Kendi afirmou: "A iniquidade racial é evidência de políticas racistas".[23] Além disso, a TCR acredita que esse "racismo" seja intrínseco a todos os aspectos do sistema social, cultural, econômico e político existente, socialmente construído e imposto pelos brancos, habitual, permanente e imanente, logo abaixo da superfície de todas as interações e de todos os fenômenos sociais, e foi criado e é mantido desse modo por pessoas brancas com o propósito de conservar as coisas dessa maneira, *mesmo que elas não tenham consciência disso.* Delgado e Stefancic afirmam: "Como o racismo promove os interesses tanto das elites brancas (materialmente) quanto daqueles da classe trabalhadora (psiquicamente), amplos segmentos da sociedade têm pouco incentivo para erradicá-lo".[24]

A teoria crítica da raça sustenta essa visão distorcida como pressuposto básico — algo em que acredita *antes* de a evidência ser levada em consideração na análise e como a única forma correta de interpretar qualquer evidência a ela apresentada. A TCR rejeita sumariamente qualquer outra intepretação possível para as diferenças nos resultados dos grupos como uma tentativa do sistema de excluí-la e atribuir alguma outra causa às diferenças nas médias entre os grupos raciais. É desse modo que quero garantir que caracterizo a teoria crítica da raça como um *sistema de crenças* que tem como ocupação e interesse fundamental um fenômeno que denomina de "racismo sistêmico", que acredita ser determinístico para a sociedade e para os *grupos de pessoas* no âmbito dela, organizados conforme a "raça", como ela a considera. Vale ressaltar que isso qualifica a teoria crítica da raça como uma fé fundamentalista. Sempre que uma fé interpreta tudo através de uma perspectiva enraizada num texto religioso específico, ela exibe o que é chamado de *intratextualidade* (toda a análise se situa no âmbito do texto sagrado), o que é uma forma reconhecida de fundamentalismo.[25] Da mesma forma, a teoria crítica da raça é *intra-doutrinária* (toda a análise deve ocorrer no âmbito de sua doutrina) e, portanto, é fundamentalista da mesma maneira.

Na verdade, eu iria além e simplesmente diria que a teoria crítica da raça é uma *religião* fundamentalista (embora não seja muito boa). Mas não quero dizer que a teoria crítica da raça seja *como* uma religião. Quero dizer que ela *é* uma religião, tanto em termos de como acredita e se comporta quanto em termos do padrão legal pertinente. (Uma vez que isso é verdadeiro para todas as teorias críticas, é provavelmente mais justo dizer que a teoria crítica da raça é uma seita no âmbito de uma constelação de religiões afins.) Os detalhes dos argumentos acerca de crença e comportamento são apresentados ao longo deste livro (e provavelmente já são convincentes), embora eu deva acrescentar que, uma vez que compreendemos a visão hegeliana-marxiana da História e o papel da humanidade nela, torna-se praticamente inegável que a própria História assume o papel de Divindade para os teóricos críticos. Curiosamente, o argumento legal é fácil de fazer. Uma definição legal de "religião" para os propósitos da Primeira Emenda à Constituição norte-americana é direta e simples, aqui apresentada por Ben Clements, num artigo para a *Cornell Law Review* em 1989, coincidentemente no mesmo ano em que a teoria crítica da raça surgiu num convento a partir de sua incubação intelectual anterior:

> A religião pode ser definida como um sistema abrangente de crenças, que aborda as questões fundamentais da existência humana, como o significado da vida e da morte, o papel do homem no universo e a natureza do bem e do mal, e isso dá origem a deveres de consciência.[26]

MARXISMO RACIAL

Sem dúvida, a teoria crítica da raça preenche todos esses requisitos. Trata-se de um sistema abrangente de crenças que considera o racismo sistêmico que beneficia os brancos como o princípio fundamental de organização da sociedade, atuando no domínio do invisível e do imaterial (estrutural) e ao nível do inconsciente (equivalente à alma ou ao espiritual — Herbert Marcuse até se refere à consciência crítica como tendo sido "sublimada", enquanto a consciência comum ou falsa é "dessublimada"). Ela aborda as questões fundamentais da existência humana, em particular o papel do homem no universo (avançar a dialética racial em direção à justiça racial) e a natureza do bem (justiça racial) e do mal (iniquidade racial e sua produção). O significado da vida é caracterizado nestes termos: estar do lado certo da História (racial) (mais detalhes no Capítulo 4). Entre os deveres de consciência, inclui-se sobretudo despertar e manter uma consciência racial e, portanto, ser antirracista, o que Robin DiAngelo caracteriza em termos religiosos: um compromisso permanente com um processo contínuo de autorreflexão, autocrítica e ativismo social.[27] O nome dado a esses deveres de consciência, como será discutido em detalhes nos Capítulos 2 e 5, é *práxis* — a colocação da teoria crítica da raça em prática, o que veremos no Capítulo 3, é um *requisito definidor* de qualquer teoria crítica.[28]

A definição acima fornecida por Clements faz parte da definição funcional atual da Equal Employment Opportunity Commission para determinar quando o discurso (no ambiente de trabalho) é protegido constitucionalmente como discurso religioso, acrescentando apenas a disposição de que

> crenças religiosas incluem crenças teístas, assim como crenças não teístas "morais ou éticas sobre o que é certo e errado, que são sinceramente mantidas com a força das visões religiosas tradicionais".[29]

A força das crenças da teoria crítica da raça (e de outras teorias críticas) não está em questão. Seus adeptos estão de fato dispostos a destruir a sociedade existente para ver a realização de suas crenças na prática, pois *esse é o objetivo explícito*. Além disso, eles raramente toleram qualquer discordância e caracterizam todo desacordo de fora de sua "lente" como uma

COMO DEFINIR A TEORIA CRÍTICA DA RAÇA

falha em se envolver de maneira correta. Tanto Max Horkheimer quanto Herbert Marcuse descrevem a teoria crítica como uma segunda dimensão do pensamento humano de fato, incluindo uma dimensão moral necessária deixada de fora pela "teoria tradicional", e Marcuse caracteriza essa nova consciência em *An Essay on Liberation* como sendo tão essencial a ponto de se tornar uma "necessidade vital" imprescindível para os seres humanos, o que torna a vida sem a concretização do objetivo da teoria crítica uma condição intolerável para os adeptos. Em outras palavras, a teoria crítica da raça, assim como todas as teorias críticas e todas as teorias marxianas, é essencialmente religiosa por natureza. Ela — e outras teorias semelhantes — deve ser protegida como tal, e, muito mais importante, dada sua penetração em escolas, governos, empresas e forças armadas, os cidadãos norte-americanos também devem ser protegidos *delas* como tal, segundo a Primeira Emenda.

Como fé fundamentalista, a teoria crítica da raça também é extremamente prejudicial. Na verdade, ela se enquadra na categoria dos sistemas de crenças contemporâneos conhecidos como "teorias da conspiração". O fato de a teoria crítica da raça se apresentar como uma teoria da conspiração ampla (e quase indistinguível de uma expressão racializada de transtorno de personalidade paranoide) é surpreendente, mas só até nos darmos conta de suas raízes intelectuais. Essas raízes são expostas na criação da teoria crítica da raça como uma *teoria crítica* referente à raça. Embora devamos voltar ao assunto em maiores detalhes mais adiante neste livro, todas as teorias críticas são teorias da conspiração exatamente desse tipo. Derivando das teorias da conspiração marxistas sobre a classe privilegiada da sociedade (a burguesia) e como ela mantém o controle sobre as classes menos favorecidas da sociedade (o proletariado), a teoria crítica (como "neomarxismo") procura "ir além" do "marxismo vulgar" (marxismo puramente econômico, que é "vulgar" pelo fato de ser insuficientemente sofisticado para levar em consideração as dinâmicas de poder cultural e identitária). Ela busca fazer isso afirmando que a classe econômica é apenas um dos diversos sistemas de poder possíveis que podem resultar no privilégio de alguns e na opressão sistêmica de outros — e que esses sistemas atuam de maneiras muito mais sutis do que por meio do poder direto de cima para baixo e da propaganda.

MARXISMO RACIAL

No caso da teoria crítica da raça, assume-se que o racismo é sistêmico, criado e mantido pelos brancos para que possam conservar privilégios e outras vantagens sobre aqueles de todas as outras raças. Nesse sentido, a teoria crítica da raça é uma teoria marxiana que considera a raça como o lugar mais determinístico de opressão. Isso não é mera conjectura baseada em terminologia ou nas declarações de seus fundadores. No livro seminal *Critical Race Theory: The Key Writings that Formed the Movement*, editado por Kimberlé Crenshaw (que deu a esses sistemas de crenças o nome de "teoria crítica da raça"), as origens da TCR são descritas como resultantes exatamente desse contexto:

> Organizada por um grupo de intelectuais neomarxistas, ex-ativistas da Nova Esquerda, ex-contraculturalistas e outras variedades de oposicionistas das faculdades de direito, a Conferência sobre Estudos Críticos do Direito [onde a teoria crítica da raça foi desenvolvida] estabeleceu-se como uma rede de professores, estudantes e operadores do direito abertamente de esquerda, comprometidos em expor e desafiar a maneira pela qual o direito norte-americano estava a serviço de legitimar uma ordem social opressiva.[30]

Na sequência, elabora-se a distinção entre a teoria crítica da raça e o "marxismo vulgar":

> Na década de 1980, os críticos debateram a questão das explicações "instrumentalistas" e "irracionalistas" do direito; a maioria concordou com o caráter problemático do que veio a ser chamado de "marxismo vulgar". Em resumo, na análise marxista tradicional, o direito aparece apenas como um instrumento de interesses de classe que estão enraizados fora do direito em alguma "realidade social concreta". Em suma, o direito é meramente um "reflexo ideológico" de algum interesse de classe enraizado em outro lugar. Diversos críticos — ecoando a Nova Esquerda do final da década de 1960 — procuraram se distinguir das explicações "instrumentalistas" com base no argumento de que elas representavam uma visão restrita da gama e dos locais de produção do poder social e, portanto, da política. Ao definir classe em termos da

COMO DEFINIR A TEORIA CRÍTICA DA RAÇA

posição de uma pessoa no processo de produção material, e ao considerar o direito e todos os outros fenômenos "superestruturais" simplesmente como reflexos de interesses enraizados na identificação da classe social, o marxismo vulgar, segundo os críticos, ignorou o modo como o direito e outras esferas meramente "superestruturais" ajudaram a constituir os próprios interesses que o direito deveria apenas refletir.[31]

Em outras palavras, a teoria crítica da raça considera a "supremacia branca" como geradora de uma superestrutura neomarxiana denominada "racismo sistêmico", a que ela pretende analisar basicamente da mesma forma que o marxismo clássico analisa a classe econômica, no sentido da "superestrutura capitalista" que é sustentada pelos "valores burgueses" (ou seja, uma teoria da conspiração ampla). Para aqueles não familiarizados com a terminologia marxista, isso significa que, na verdade, os teóricos críticos da raça acreditam que o racismo é *sistêmico* e também um *princípio fundamental de organização da sociedade*, sujeito a mudança *apenas por meio de uma revolução sociocultural*. Além disso, essa compreensão da relação entre raça, racismo e poder no cerne da teoria crítica da raça é basicamente uma análise marxiana que utiliza o conceito de "branquitude" como um bode expiatório, que ocorre em paralelo com o conceito de propriedade privada ou capital no marxismo clássico ("vulgar").

A teoria crítica da raça até utiliza sua condição de teoria da conspiração ampla para justificar grande parte de seu comportamento mais negativo, embora não explicitamente. Por exemplo, quando racializa as circunstâncias de propósito, ela alega que o racismo sistêmico já impôs a raça nessas circunstâncias, às quais está meramente respondendo. Assim, de forma orwelliana, chama de "desracializar" o fato de empregar a teoria crítica da raça para racializar algo que é racialmente neutro. Um exemplo de "desracialização" ocorre quando a teoria crítica da raça se segrega em "coletivos" ou "grupos de afinidade" raciais, enquanto afirma que isso é uma forma de "dessegregação". Eis a justificativa da teoria crítica da raça: o poder sistêmico já segrega esses espaços, assim como os racializa, então ele consegue desfazer essa segregação sistêmica ao explicitamente segregá-los, para que os efeitos do racismo sistêmico sejam reduzidos. Embora nada disso faça sentido, a forma paralógica

MARXISMO RACIAL

apresentada só é compreensível ao aceitarmos primeiro a teoria da conspiração que está no cerne do sistema de crenças da teoria crítica da raça.

A TEORIA CRÍTICA DA RAÇA EM SUAS PRÓPRIAS PALAVRAS

Pelo fato de ser uma análise marxiana da relação entre raça e "poder sistêmico" na sociedade,* a teoria crítica da raça é totalmente hostil aos pilares e valores básicos do liberalismo (clássico). Muitos dos que associam corretamente a teoria crítica da raça ao esquerdismo e, portanto, a confundem incorretamente com o *liberalismo* podem achar isso surpreendente, mas uma "crítica ao liberalismo" e, na verdade, às "abordagens tradicionais" em relação aos direitos civis é uma característica central da teoria crítica da raça. É nessa perspectiva que a teoria crítica da raça deve ser entendida. Tudo o que foi mencionado acima é utilizado para efetuar um ataque de orientação racial contra toda a ordem liberal.

Para que ninguém pense que exagero nessa afirmação, eis as próprias palavras dos teóricos críticos da raça. No primeiro parágrafo de *Critical Race Theory: An Introduction*, Richard Delgado e Jean Stefancic escrevem:

> O que é a teoria crítica da raça? O movimento da teoria crítica da raça (TCR) envolve um conjunto de ativistas e acadêmicos interessados em estudar e transformar a relação entre raça, racismo e poder. O movimento examina muitas das mesmas questões abordadas pelos discursos convencionais sobre direitos civis e estudos étnicos, mas os coloca numa perspectiva mais ampla, incluindo economia, história, contexto, interesses de grupo e individuais e até sentimentos e o inconsciente. Ao contrário do discurso tradicional dos direitos civis, que enfatiza o incrementalismo e o progresso passo a passo, **a teoria crítica da raça questiona os próprios**

---

* É importante ressaltar que os teóricos críticos da raça tendem a não negar esse fato. Em 2021, num episódio do programa *Dr. Phil* dedicado à teoria crítica da raça nas escolas (transparência total: eu participei desse episódio), Derrick Wilburn perguntou ao dr. Shaun Harper, da Universidade do Sul da Califórnia e especialista em teoria crítica da raça, se ele negava essa caracterização marxiana, ao que Harper respondeu a princípio que ela é "excessivamente reducionista" e depois, quando pressionado, declarou claramente que não a negava.

**fundamentos da ordem liberal, incluindo a teoria da igualdade, o racio-
cínio jurídico, o racionalismo iluminista e os princípios neutros do direito constitucional.**[32] (Negritos adicionados.)

Como pode ser claramente percebido, a teoria crítica da raça é um
movimento que se distingue do incrementalismo e do progresso passo a
passo (ou seja, é revolucionário) e mira diretamente os "próprios fundamentos da ordem liberal" (ou seja, é contra o liberalismo e o Iluminismo).
Contesta explicitamente a *igualdade*, que vislumbra como um meio pelo
qual a *iniquidade* (diferenças nos resultados, como avaliadas por grupos
identitários raciais) se mantém; o raciocínio jurídico e o estado de direito, incluindo, mais uma vez, em suas próprias palavras, os "direitos", dos
quais "desconfiam bastante";[33] a razão científica, lógica e outras formas
de razão instrumental (o "racionalismo iluminista"), que enxerga como
uma forma "branca" de conhecimento; a neutralidade, que acredita que
mascara a desigualdade; e o direito constitucional, no qual as sociedades
liberais se baseiam. Como veremos no Capítulo 3, a teoria crítica da raça
compartilha muitas dessas críticas em comum com o neomarxismo (teoria crítica), do qual descende significativamente.

Essa caracterização nos permite definir a teoria crítica da raça de
uma maneira ainda mais concisa e menos centrada em terminologia técnica. Trata-se de um movimento revolucionário que procura substituir a
ordem liberal (geralmente referida como "civilização ocidental") por algo
de sua própria concepção e, presumivelmente, sob seu poder. Essa nova
ordem que ela manteria é racista sob todos os aspectos e marxiana em
muitos aspectos, com a "equidade" (redistribuição de recursos materiais)
e a "justiça racial" (redistribuição de privilégios e recursos culturais) ocupando o lugar do comunismo usual como finalidade (não raro me refiro
a esse esquema de redistribuição mais amplo como "neocomunismo").

A confusão que leva as pessoas a acreditarem que a teoria crítica da
raça é um projeto *liberal*, mesmo sendo explicitamente antiliberal, é em
parte consequência da confluência do liberalismo e esquerdismo no discurso político norte-americano. Claro que essas duas categorias amplas de
filosofias políticas não são as mesmas, mas relativamente poucos norte-
-americanos sabem disso. Porém, há mais do que apenas mera confluência

linguística nessa confusão. A teoria crítica da raça, ao "considerar muitas das mesmas questões abordadas pelos discursos dos direitos civis convencionais", na verdade *sintetiza* (dialeticamente) algo do liberalismo e algo do pós-modernismo em sua base neomarxista. Esse aspecto é importante, mas vai além do escopo para ser abordado em detalhes até que tratemos do que se refere a "síntese dialética" no Capítulo 4. No entanto, pode-se argumentar que "Mapping the Margins", artigo seminal de Kimberlé Crenshaw publicado em 1991, define a maneira pela qual o neomarxismo, no âmbito da teoria crítica da raça, finge incorporar algum liberalismo e sem dúvida incorpora alguns aspectos do pós-modernismo, ao mesmo tempo que não consegue manter nenhum deles como deveriam ser. Essa é uma parte que será mais detalhada no Capítulo 3.

Como ponto final na definição da teoria crítica da raça, é preciso retornar ao fato de ela ser uma teoria crítica. Por definição, as teorias críticas devem ter três componentes: uma visão idealizada da sociedade, um meio de criticar a sociedade por não corresponder a essa visão e um engajamento em ativismo social em consonância com esses dois objetivos (chamado de "práxis", do grego "agir"). Conforme descrito por Delgado e Stefancic, em *Critical Race Theory: An Introduction*:

> Ao contrário de algumas disciplinas acadêmicas, a teoria crítica da raça contém uma dimensão ativista. Ela não só procura compreender nossa situação social, mas também mudá-la; ela se propõe não só a verificar como a sociedade se organiza ao longo de linhas e hierarquias raciais, mas também a transformá-la para melhor.[34]

Sem considerar as óbvias referências a Karl Marx, isso significa que a teoria crítica da raça não é simplesmente um conjunto de ideias, uma ferramenta analítica ou mesmo um movimento relativo à forma pela qual a sociedade e seus fenômenos podem ser estudados academicamente. Trata-se de ativismo. Ou seja, não é possível meramente ensinar teoria crítica da raça ou analisar sistemas, circunstâncias, fenômenos e instituições por meio da lente da teoria crítica da raça. Um teórico crítico da raça deve aplicar as ideias e se esforçar para adequar tais sistemas, circunstâncias, fenômenos e instituições de acordo com a teoria crítica da raça.

Entre alguns exemplos da *práxis* crítica da raça, incluem-se os seguintes:

- Aplicar críticas da teoria crítica da raça a qualquer coisa ao alcance da vista na tentativa de despertar a consciência crítica da raça;
- Contratar teóricos críticos da raça como comissários (em geral em cargos como "diretor de diversidade, equidade e inclusão"), fingindo ser educadores, administradores, profissionais de recursos humanos e afins;
- Reescrever e reorganizar os currículos escolares para que a promoção da consciência crítica da raça como sistema de opressão seja centralizada;
- Engajar-se na política identitária e no ativismo, incluindo protestos e, ao que tudo indica, rebeliões;
- Redigir diretrizes comunitárias para "comunidades" institucionais, realizar sessões de treinamento sobre esses tópicos e assegurar a aplicação na instituição;
- Intimidações em grupo contra dissidentes (sessões de luta revolucionária cultural), reformuladas como "responsabilização".

Mais será dito sobre a práxis crítica da raça nos Capítulos 2 e (sobretudo) 5 deste livro, agora que ficou claro que a *práxis crítica da raça é inseparável da teoria crítica da raça*, por definição. Em outras palavras, a teoria crítica da raça como um conjunto de ideias e "ferramentas analíticas" divorciadas do ativismo social para implantá-las e instaurá-las em todos os aspectos da vida *não é teoria crítica da raça de fato*. Portanto, a teoria crítica da raça é como a teoria crítica da raça faz.

Tendo agora proposto uma definição de teoria crítica da raça, podemos agora nos voltar para seus princípios básicos para elaborar nossa compreensão dessa visão de mundo perniciosa. Esses princípios básicos irão delinear aquilo em que a teoria crítica da raça acredita, já que ela deve ser compreendida como um sistema de crenças.

CAPÍTULO 2

EM QUE ACREDITA A TEORIA CRÍTICA DA RAÇA

Agora que temos uma ideia geral do que *é* a teoria crítica da raça, pelo menos em termos de uma definição básica — uma teoria marxiana que acredita que o racismo organiza a sociedade —, podemos dar substância a ela ao dirigir nossa atenção para a *crença* da teoria crítica da raça. Lembremos que a teoria crítica da raça é um *sistema de crenças* e, nesse sentido, caracteriza-se muito pelo que sustenta como crenças básicas.

Dependendo da fonte, entre três e seis "princípios fundamentais" ou "pressupostos essenciais" da teoria crítica da raça costumam ser apresentados como crenças que contariam com a adesão da maioria dos teóricos críticos da raça. Neste livro, numa tentativa de ser minucioso, vou especificar e explicar uma dúzia de crenças básicas e pressupostos orientadores da teoria crítica da raça. A essa lista, acrescentarei uma discussão a respeito de um campo intimamente relacionado que surgiu junto à teoria crítica da raça e que foi profundamente permeado por ela, denominado estudos críticos da branquitude. Se alguns teóricos críticos da raça questionam ou duvidam de alguns desses estudos, isso é irrelevante para entender o que é a teoria crítica da raça e quais pressuposições são seguidas por ela como sistema de crenças.

EM QUE ACREDITA A TEORIA CRÍTICA DA RAÇA

PRINCÍPIOS BÁSICOS DA TEORIA CRÍTICA DA RAÇA

A teoria crítica da raça incorpora vários pressupostos essenciais que constituem a base de como concebe o mundo. Entre eles, incluem-se (mas não se limitam a) estes:

- Crença de que o racismo é normal e permanente na sociedade;
- Aceitação da tese da convergência de interesses de Derrick Bell;
- Crença no determinismo material por categoria racial;
- Construção social (e imposição) da raça;
- Crença no determinismo estrutural por categoria racial;
- Uma voz exclusiva de pessoas de cor (epistemologia do ponto de vista posicional);
- Narrativa, trama e contranarrativa;
- Revisionismo histórico;
- Crítica ao liberalismo e aos próprios fundamentos da ordem liberal;
- Branquitude como uma forma de propriedade;
- Interseccionalidade;
- Antirracismo como práxis.

O racismo é normal e permanente

Como vimos no capítulo anterior, a teoria crítica da raça parte do pressuposto de que o racismo é o princípio fundamental de organização da sociedade. Como resultado, acredita-se, como afirmam Delgado e Stefancic, que o "racismo é normal, e não anormal — 'ciência normal', a forma habitual como a sociedade funciona; a experiência comum e cotidiana da maioria dos não brancos nos Estados Unidos".[1] A essência dessa visão é a agora famosa indagação de Robin DiAngelo, educadora de estudos críticos da branquitude: "A pergunta [conforme a teoria crítica da raça] não é 'o racismo aconteceu?', mas sim 'como o racismo se manifestou naquela situação?'".[2] Para os teóricos críticos da raça, a explicação padrão para qualquer fenômeno com impactos discrepantes entre grupos raciais é o racismo, e isso pode chegar ao ponto de interrogar todas as instituições, interações e fenômenos em busca de racismo que de algum modo se manifeste neles, sobretudo se existirem diferenças notáveis nos resultados entre os grupos raciais presentes (certos grupos, mas não outros). Além disso, sempre será encontrado quando houver determinação de procurá--lo. Por definição, deve estar lá.

Devido à normalidade do racismo conforme a teoria crítica da raça, o daltonismo racial, a igualdade e a neutralidade — sem mencionar o individualismo, o universalismo e a meritocracia (em geral, ideais liberais) — recebem uma crítica incisiva da teoria crítica da raça. Na verdade, diz-se que esses conceitos possibilitam o surgimento de seus opostos: a discriminação oculta que exige que a teoria crítica da raça compreenda, revele e desafie (o termo usado para esse processo é "interrogação"). Portanto, essa crença converte a própria ética liberal numa teoria da conspiração racista sustentada pelos brancos contra as minorias raciais, ao mesmo tempo que posiciona a identificação racial em primeiro lugar, a política identitária e, não menos importante, a teoria crítica da raça como o único remédio possível. Até mesmo os *direitos* estão sujeitos a essa crítica: "[Os teóricos críticos da raça] também desconfiam bastante de outro pilar do liberalismo, a saber, os direitos".[3] Se acha que isso foi longe demais, gostaria de citar Robin DiAngelo e Özlem Sensoy sobre o assunto:

> A princípio, muitos desses movimentos defendiam um tipo de humanismo liberal (individualismo, liberdade e paz), mas logo passaram a rejeitar o humanismo liberal. A lógica da autonomia individual que fundamenta o humanismo liberal (a ideia de que as pessoas são livres para tomar decisões independentes e racionais que determinam o próprio destino) foi vista como um mecanismo para manter os marginalizados em seu lugar, obscurecendo sistemas estruturais maiores de desigualdade. Em outras palavras, enganava as pessoas, fazendo-as acreditar que dispunham de mais liberdade e escolha do que as estruturas sociais de fato permitem.[4]

A maioria não percebe que a teoria crítica da raça também assume que o racismo é *permanente*. Na realidade, como já mencionado e explicado, o

EM QUE ACREDITA A TEORIA CRÍTICA DA RAÇA

subtítulo do livro de Derrick Bell de 1992, *Faces at the Bottom of the Well*, é "The Permanance of Racism" [A permanência do racismo]. Bell, ao acreditar que o racismo é intrínseco ao sistema e o sistema provavelmente não vai falhar, de fato acreditava que o racismo é permanente: um ponto de partida estranho para um sistema de crenças supostamente dedicado a erradicar o racismo e alcançar a "justiça racial".

Na realidade, os teóricos críticos da raça não acreditam que o racismo seja *universalmente inalterável*, embora Derrick Bell tenha afirmado explicitamente que crê nisso (em seu pessimismo fatalista). Eles acreditam que o racismo é uma *característica permanente do sistema existente*. Então, para os teóricos críticos da raça, a única maneira de atingir seu único e principal objetivo (a "justiça racial" por meio da "libertação racial", que significa o fim do racismo) é mediante uma revolução social, cultural e sistêmica completa, liderada e orientada por aqueles com uma consciência crítica da raça. Ou seja, na teoria, o racismo poderia ser eliminado por meio da combinação de uma revolução racial bolchevique e uma revolução cultural antirracista liderada pelos teóricos críticos da raça, presumivelmente mediada na etapa intermediária por uma ditadura dos antirracistas, semelhante à ideia de Marx de uma ditadura do proletariado. Essa afirmação parece extrema, mas quando consideramos que Ibram X. Kendi preconizou uma emenda constitucional antirracista que instauraria um novo ramo do governo sem prestação de contas com exatamente esse poder, torna-se claro. No Capítulo 4, voltaremos a esse ponto em mais detalhes quando discutirmos o marxismo. Por enquanto, a permanência do racismo na teoria crítica da raça é, sobretudo, uma característica do próximo princípio que examinaremos: a tese da convergência de interesses de Bell.

Tese da convergência de interesses

A tese da convergência de interesses foi originalmente formulada por Derrick Bell, e é característica de seu revisionismo histórico e jurídico paranoico e cínico do direito norte-americano, sobretudo na época dos direitos civis. Ela sustenta que os brancos (como o grupo racialmente dominante da sociedade) não tomam medidas, legais ou de outra natureza, para ajudar indivíduos de outras raças, principalmente negros, a menos que também seja de seu interesse fazê-lo. Além disso, esse interesse próprio é o interesse principal que os brancos têm de tomar medidas e, portanto, tendem a realizar mudanças de maneira que acabam consolidando, aumentando ou apenas mascarando problemas para outros grupos raciais. Ou seja, os interesses do grupo racial dominante branco e do grupo que ele considera digno de capacitar ou emancipar devem *convergir* para uma ação ocorrer, e os resultados dessa convergência de interesses quase sempre levam a ações que parecem ter sido tomadas para alcançar melhores resultados raciais (ou uma verdadeira justiça racial), mas tendem a manter o racismo ou até piorá-lo. Naturalmente, essa é uma maneira muito paranoica e cínica de pensar sobre o progresso racial.

A tese da convergência de interesses recebeu abordagem significativa pela primeira vez no livro de Bell de 1970, *Race, Racism, and American Law*, ao ser utilizada para reexaminar o caso *Brown vs.The Board of Education of Topeka* como tendo sido decidido em favor dos interesses dos brancos. Bell postula que, na década de 1950, quando a decisão foi tomada, os brancos estavam sob pressão para aumentar o comércio exterior e melhorar sua imagem contra os comunistas da Guerra Fria, que utilizavam a segregação racial e as leis Jim Crow contra os Estados Unidos como propaganda em favor do comunismo global — algo interessante de defender. Escreve Bell: "Em primeiro lugar, a decisão do caso proporcionou credibilidade imediata à luta norte-americana contra os países comunistas para conquistar o coração e a mente dos povos do Terceiro Mundo emergente".[5] Portanto, as escolas não foram dessegregadas para melhorar a igualdade racial, mas para atender a esse interesse anticomunista dos norte-americanos brancos. Como consequência, o caso *Brown vs. Board of Education* resultou em mais e novos problemas para os negros em vez de soluções para os problemas existentes. Outros autores ligados à teoria crítica da raça, incluindo em especial Kimberlé Crenshaw, aluna de Bell, repercutiram a decisão do caso *Brown vs. Board of Education* como um ponto de partida fundamental para o pensamento da teoria crítica da raça no direito norte-americano desde então. (A propósito, vale ressaltar que

EM QUE ACREDITA A TEORIA CRÍTICA DA RAÇA

a teoria crítica da raça se desenvolveu em grande parte para se opor à dessegregação escolar.)

Richard Delgado e Jean Stefancic levam muito além a análise cínica da tese da convergência de interesses, afastando-a das raízes quase todas materialistas (do socialismo tradicional) de Bell:

> A segunda característica, por vezes chamada de "convergência de interesses" ou determinismo material, acrescenta uma outra dimensão. Como o racismo promove os interesses tanto das elites brancas (materialmente) quanto das pessoas da classe trabalhadora (psiquicamente), amplos segmentos da sociedade têm pouco incentivo para erradicá-lo.[6]

Essa é uma afirmação surpreendente. Nela, sem dúvida, a paranoia relativa à teoria crítica da raça mostrou sua cara feia mais uma vez. Para Delgado e Stefancic, não só existe a acusação de que aqueles que ocupam posições socioculturais estruturalmente "dominantes" não ajudarão aqueles em posições sociais estruturalmente "marginalizadas", a menos que também seja de interesse próprio (e, portanto, costumam fazer isso de maneira desastrada), como Bell afirmou. Eles também não têm nenhuma motivação para tomar medidas motivadas moralmente em prol dos demais; na verdade, a posição social estruturalmente "dominante" impede que se importem ou até mesmo percebam que devam se importar com as desigualdades das quais supostamente se "beneficiam". Essa acusação, que é de fato deletéria e difamatória, tem rendido muitos frutos para os teóricos críticos da raça desde então, pois permite que afirmem que qualquer pessoa que não cumpra as vontades deles deve ter motivações bastante egoístas das quais provavelmente nem estão conscientes.

Grande parte dos estudos críticos da branquitude deriva e explica essa pressuposição particularmente cínica e paranoica da teoria crítica da raça. Como Robin DiAngelo sustenta: "Se desconheço as barreiras que você enfrenta, então eu não as vejo, muito menos me sinto motivada para removê-las. Tampouco me sinto motivada para remover as barreiras se elas me proporcionam uma vantagem à qual acho que tenho direito."[7] Ela também acrescenta: "Muitos não brancos estão comprometidos em ensinar aos brancos sobre o racismo (em seus próprios termos) e têm oferecido essas informações para nós há décadas, se não séculos. É nossa própria falta de interesse ou motivação que nos impediu de recebê-las."[8] Em *Being White, Being Good*, Barbara Applebaum escreve que, "embora a definição de branquitude seja difícil de estabelecer, há um amplo consenso de que a branquitude é uma categoria socialmente construída, normalizada no âmbito de um sistema de privilégios, de modo que é admitida como natural por aqueles que se beneficiam dela".[9] Mais adiante, citando o livro *Revealing Whiteness*, de Shannon Sullivan, ela acrescenta: "Como Shannon Sullivan deixa claro, as práticas dos brancos são tão usuais que eles muitas vezes não percebem a atitude subjacente que os motiva. As práticas dos brancos são hábitos inconscientes que contribuem para os sistemas racistas e os reforçam."[10]

Segundo essa doutrina tóxica, até adotar o que a teoria crítica da raça exige, ou seja, tornar-se "antirracista", é do interesse próprio e, assim, pode ser interpretado cinicamente como mais uma manifestação de racismo se restabelecendo e se consolidando. Isso não é apenas mencionado em *White Fragility*,[11] de DiAngelo, e em *Being White, Being Good*, de Applebaum, em que ela escreve: "De acordo com a cumplicidade branca no segundo sentido, ser um branco bom é parte do problema, e não a solução para o racismo sistêmico",[12] mas também recebe uma abordagem extensa no surpreendente livro de Shannon Sullivan, *Good White People*. O argumento diz que, em consequência, esses brancos "antirracistas" podem se considerar "brancos bons", que acreditam ser "menos racistas" ou até "não racistas", e tendem a fazer isso para se posicionar como tal e abandonar a conscientização racial.[13] Como Sullivan afirma:

> Essas duas vertentes do antirracismo branco servem para afastar os brancos bons do racismo. Quem quer que sejam os verdadeiros racistas — senhores de escravos brancos, supremacistas brancos, brancos pobres —, eles estão ali, e não aqui onde estão os brancos de classe média. A terceira vertente da branquitude de classe média também afasta os brancos bons da cumplicidade com o racismo branco, nesse caso afastando-os completamente da questão racial.[14]

De fato, segundo essa interpretação da doutrina da convergência de interesses, todo o progresso contra o racismo pode ser revisado como uma maneira de manter e ocultar o racismo de forma mais eficaz, enraizando-o mais fundo no sistema e tornando mais difícil de encontrá-lo e desafiá-lo. Não é por acaso que Bell acreditava na permanência do racismo.

Crença no determinismo material por categoria racial

O determinismo material é uma antiga ideia marxista que afirma que as condições materiais determinam as escolhas que as pessoas fazem, incluindo escolhas morais e intelectuais. Em outras palavras, os ideais nobres como "o conteúdo do caráter de um indivíduo" não podem ser realmente usados como base para julgar as pessoas, pois as condições materiais em que se encontram — e a *consciência* dessas condições — acabam determinando o caráter. Em consequência, o determinismo material implica que as escolhas de um indivíduo são, pelo menos em parte, determinísticas no leque de resultados da vida (conforme avaliado pela teoria marxiana). Portanto, os teóricos críticos da raça estão invocando o determinismo material quando afirmam que mesmo que nenhum racismo intencional seja encontrado, por exemplo, em políticas e práticas de admissões ou contratações, as diferenças nos resultados ao nível de grupo ainda são *racismo sistêmico*, que pode ser encontrado no impacto duradouro do *redlining** e do *white flight*** (e, portanto, bairros ruins), das leis Jim Crow e da segregação, e até mesmo da escravidão no passado, que criaram diferenças nas condições *materiais* iniciais entre diferentes grupos raciais. Embora o determinismo material certamente leve a questão longe demais (e seja muito marxista), existe algum fundo de verdade na ideia de que as condições materiais possuem um impacto no leque de possibilidades. Aqueles

---

* *Redlining* refere-se à prática discriminatória de negar ou limitar serviços financeiros, como empréstimos ou seguros, a determinados bairros ou comunidades com base em sua origem racial ou étnica. (N. do T.)

** *White flight* é um termo utilizado para descrever o fenômeno em que uma grande quantidade de pessoas brancas se muda de áreas urbanas para áreas suburbanas ou rurais, geralmente como resultado da chegada de residentes negros ou de minorias étnicas às áreas urbanas. (N. do T.)

familiarizados com os argumentos dos teóricos críticos da raça reconhecerão o determinismo material, que é a sua abordagem mais marxista, como uma posição mais fácil de defender, mas que não revela a extensão completa das suas crenças, a qual eles recorrem quando os argumentos culturais e "estruturais" mais frágeis tendem a ruir.

Como vimos antes, Delgado e Stefancic consideram o determinismo material parte integrante da teoria crítica da raça, quase sinônimo da tese da convergência de interesses, embora sem dúvida eles queiram dizer que o determinismo material resulta de fatores, incluindo a convergência de interesses, em questões de condições materiais. De maneira previsível, é desnecessariamente complicada, sobretudo em termos de sua relação com a teoria crítica da raça. Parte da dificuldade reside no fato de que, desde o final da década de 1980 (e desde que a teoria crítica da raça foi identificada e nomeada em 1989), essa teoria se tornou em grande parte uma abordagem *não* materialista, pois incluiu muito do construtivismo social pós-moderno em seu pensamento. Derrick Bell, em particular na década de 1970, não demonstrou muito interesse na teoria pós-moderna.

Além da frequente necessidade de refúgio para se esconder enquanto expandiam sua agenda, Bell é em grande medida o responsável pela abordagem materialista da teoria crítica da raça, que ainda existe, mas é muito menos proeminente desde o surgimento da vertente interseccional (pós-moderna) nos anos imediatamente anteriores a 1990. Os teóricos críticos da raça, como Derrick Bell, que estavam sobretudo interessados no direito, na economia e em outros efeitos materiais da raça e do racismo, são amplamente considerados "materialistas". Sob muitos aspectos, quando Ibram X. Kendi — que de forma alguma é conhecido por sua clareza de pensamento — refere-se à "política racista", ele também está utilizando uma análise materialista, embora isso seja complicado pelo fato de Kendi também usar "política" como sinônimo aproximado para "o sistema" criado pela política, e, portanto, não está falando apenas de forma material sobre isso (por exemplo, expectativas sociais e normas entre as pessoas, talvez como falar inglês normativo corretamente, são consideradas "políticas" por Kendi). Como Kendi explica em *How to Be an Antiracist*:

Uma política racista é qualquer medida que produz ou mantém a iniquidade racial entre grupos raciais. Uma política antirracista é qualquer medida que produz ou mantém a equidade racial entre grupos raciais. Por política, refiro-me a leis escritas e não escritas, regras, procedimentos, processos, regulamentos e diretrizes que governam as pessoas. Não existe uma política não racista ou neutra em relação à raça. Toda política em toda instituição, em toda comunidade, em toda nação está produzindo ou mantendo a iniquidade ou equidade racial entre grupos raciais.

As políticas racistas têm sido definidas por outros termos: por exemplo, "racismo institucional", "racismo estrutural" e "racismo sistêmico". No entanto, esses termos são mais vagos do que "política racista". Quando eu os utilizo, vejo-me obrigado a explicar imediatamente o que significam. "Política racista" é um termo mais tangível e exato, e mais propenso a ser compreendido prontamente pelas pessoas, incluindo as vítimas, que podem não ter o benefício de um amplo domínio dos termos raciais. "Política racista" esclarece exatamente qual é o problema e onde está o problema. "Racismo institucional", "racismo estrutural" e "racismo sistêmico" são termos redundantes. O próprio racismo é institucional, estrutural e sistêmico.[15]

Delgado e Stefancic procuram explicar que a teoria crítica da raça se divide basicamente em dois campos, idealista e materialista (ou "realista"), que nem sempre concordam entre si.[16] Dizem eles:

[O campo idealista] sustenta que o racismo e a discriminação são questões de pensamento, categorização mental, atitude e discurso. A raça é uma construção social, e não uma realidade biológica. Portanto, podemos desfazê-la e privá-la de grande parte de seu impacto, mudando o sistema de imagens, palavras, atitudes, sentimentos inconscientes, roteiros e ensinamentos sociais pelos quais transmitimos uns aos outros que certas pessoas são menos inteligentes, confiáveis, trabalhadoras, virtuosas e norte-americanas do que outras.[17]

MARXISMO RACIAL

Em contraste, eles caracterizam o campo "realista" (materialista) desta maneira:

Para os realistas, o racismo é um meio pelo qual a sociedade atribui privilégios e status. As hierarquias raciais determinam quem obtém benefícios tangíveis, incluindo os melhores empregos, as melhores escolas e os convites para festas nas casas das pessoas. Os membros desse campo assinalam que o preconceito surgiu com a escravidão. Antes disso, os europeus educados tinham uma atitude geralmente positiva em relação aos africanos, reconhecendo que a civilização africana era bastante avançada, com grandes bibliotecas e centros de ensino. Os africanos foram precursores na matemática, na medicina e na astronomia bem antes de os europeus terem muito conhecimento sobre essas áreas.[18]

Em seguida, eles destacam que, em seus primeiros anos (de 1970 a 1990, aproximadamente), a interpretação materialista (e, portanto, o determinismo material como explicação para a desigualdade racial) era dominante, ainda que isso tenha mudado em grande medida desde então, com os "idealistas" e aqueles que misturam as duas abordagens mantendo a predominância atualmente.[19]

Na medida em que a teoria crítica da raça permanece materialista (o que sucede sobretudo quando recorre a injustiças históricas como *redlining*, Jim Crow, escravidão, política antidrogas da década de 1990 etc.), ela adota e utiliza uma crença no determinismo material. Assim, os legados dessas formas institucionais e outras formas de racismo do passado criaram condições materiais que moldaram o caráter, a moral, os pensamentos, os valores e as abordagens de vida dos diferentes grupos raciais até hoje. É possível que essa visão é o aspecto mais razoável da teoria crítica da raça, exceto em três pontos.

Primeiro, em muitos casos, ela recorre a condições materiais que existiram décadas ou séculos atrás para explicar uma parcela significativa da disparidade observada atualmente, ignorando constantemente os fatos acerca de outros grupos raciais que, em média, superaram desafios semelhantes em tempo igual ou menor (por exemplo, os asiático-americanos estão sendo alvo de discriminação material nos Estados Unidos *hoje em dia*, sofreram a única tentativa de limpeza étnica e confinamento em campos de concentração, e com frequência estão entre os grupos de imigrantes menos ricos e socialmente desconectados, e ainda assim superam em desempenho todos os outros grupos raciais). Segundo, ao abordar essas questões mediante uma lente marxiana modificada, ela não percebe grande parte da importante complexidade necessária para gerar explicações materialistas adequadas para as disparidades, sem falar das soluções para esses problemas. E terceiro, ao se basear na raça como "*o*" constructo mais importante para a compreensão da desigualdade, variáveis materiais muito mais relevantes, como classe econômica, condições de moradia e afins, são transformadas em questões raciais, a despeito do fato de que controlar estatisticamente essas variáveis muitas vezes faz com que todas as diferenças estatísticas entre os grupos desapareçam por completo. (Na verdade, o segundo e o terceiro pontos costumam se contrapor, enfraquecendo ainda mais a abordagem.) No final das contas, os argumentos determinísticos materiais, embora possuam algum mérito, tendem em grande medida a criar um refúgio para a teoria crítica da raça recuar, para que possa parecer baseada no empirismo em vez de ser uma questão de fé semelhante à religião.

Claro que a própria ideia de que as condições materiais são *deterministicas* para o caráter, pontos de vista, a moral, entre outros, é uma visão repulsiva, que tem dificuldade em explicar exceções à regra sem recorrer a alegações regressivas e difamatórias. Segundo essa visão, o sucesso que costuma ser atribuído a "agir como branco", "buscar reconhecimento social como branco" ou ser uma "minoria exemplar" e a discordância com a teoria crítica da raça por pessoas que não são brancas são enquadrados como "racismo internalizado", "proximidade com o branco" ou ser um "traidor da raça". Todas essas ideias são apenas versões racializadas de conceitos marxianos e neomarxianos mais antigos, como a falsa consciência e o pertencimento à pequena burguesia. Embora as análises materialistas *liberais* possam oferecer contribuições valiosas, as análises *críticas* não têm praticamente nada para recomendá-las.

MARXISMO RACIAL

Construção social (e imposição) da raça

No outro lado da divisão entre "idealistas" e "materialistas" em todas as teorias críticas desde a entrada em cena do construtivismo social, encontramos outra tese fundamental da teoria crítica da raça: sua própria tese de construção social. Em suma, os teóricos críticos da raça não acreditam que as categorias raciais sejam verdadeiras em qualquer aspecto significativo (devemos observar que isso difere da visão liberal de que *pode haver* algumas diferenças, mesmo abaixo da superfície da pele, mas que, por fatores éticos e práticos ao nível individual, devem ser ignoradas). Para tornar as coisas mais complicadas, embora eles estejam equivocados nessa visão em um ponto importante (seu construtivismo social é demasiado rígido), em outro aspecto eles estão em grande parte corretos (temos muito mais em comum do que não temos entre os grupos raciais, e a única *raça* de fato significativa em nossa espécie é a raça humana como um todo — essa seria a tese *liberal* da construção social da raça). É bastante complicado, irrelevante em termos éticos e além do escopo deste trabalho, envolver-se com a literatura biológica sobre grupos populacionais humanos e como se relacionam com as amplas categorias que rotulamos como "raças" hoje em dia. No entanto, vale ressaltar a existência de algumas diferenças relevantes sob o ponto de vista médico, que podem colocar em risco inúmeros indivíduos de certas raças, muito provavelmente os negros, conforme a tese construtivista social bastante rígida da teoria crítica da raça.

Com razão, os teóricos críticos da raça consideram as categorias raciais que tendemos a reconhecer atualmente — branco, negro, asiático e latino — como ficções sociais grosseiras que refletem apenas de forma inadequada quaisquer realidades biológicas subjacentes (cuja existência, a princípio, eles negam de maneira enfática). Eles vão além e também afirmam que as categorias raciais não apenas são socialmente construídas como também recebem significado social por meio da relação com a dinâmica de poder, às quais alguns (brancos e seus próximos) têm acesso, e outros não. Durante grande parte das últimas décadas, de modo bastante irracional e desconectado da realidade, os teóricos críticos da raça têm levado essa visão ainda mais longe e

EM QUE ACREDITA A TEORIA CRÍTICA DA RAÇA

afirmado que as categorias raciais são invenções dos brancos que foram historicamente usadas e continuam sendo usadas, sobretudo para manter a predominância racial branca e oprimir outros grupos raciais (principalmente os negros). Sem dúvida, há alguma verdade nessa visão radical — ocasionalmente, as categorias raciais *foram criadas* dessa maneira no passado —, mas a maneira como a ideia é utilizada na teoria crítica da raça é equivocada acerca da realidade social da atualidade, que, em linhas gerais, aceita a tese liberal da construção social e enxerga as pessoas como indivíduos humanos, e não como membros de categorias raciais. Por exemplo, lembremos como o glossário da Universidade Brandeis define "raça", afirmando que os brancos criaram a identidade racial branca como o "arquétipo da humanidade" especificamente para se dar poder e excluir os não brancos desse poder. Praticamente ninguém aceitaria essa afirmação hoje em dia, independentemente do que estivesse acontecendo em 1750 ou mesmo em 1950.

Não só os teóricos críticos da raça acreditam que as categorias sociais são socialmente construídas e definidas de maneira mais significativa em relação à dinâmica de poder que a teoria crítica da raça afirma descrever de forma única e precisa, mas também afirmam que os brancos *impõem* identidades raciais aos demais especificamente para poder discriminá-los e privá-los de direitos (isso se parece mais com uma teoria da conspiração). Essa compreensão em duas partes da tese de construção social — a raça é (1) socialmente construída pelos brancos para fazer política identitária em benefício próprio e (2) imposta pelos brancos aos outros para extrair esses benefícios — é necessária para que entendamos como a teoria crítica da raça pensa sobre raça, racismo e poder (portanto, tudo em que ela pensa). Embora a primeira dessas ideias esteja presente tanto no liberalismo quanto na teoria pós-moderna, ainda que de maneiras diferentes, essas visões construtivistas sociais da raça são consideradas "vulgares" pela teoria crítica da raça. Esse ponto é uma das teses principais de "Mapping the Margins", artigo de Kimberlé Crenshaw de 1991. O argumento dela é que, ao negar a *imposição estrutural da raça como uma categoria* (necessariamente a partir de uma posição privilegiada para uma posição marginalizada), o "construcionismo vulgar" não consegue lidar com a raça de forma precisa, ao mesmo tempo que também nega qualquer

MARXISMO RACIAL

esperança de uma política identitária significativa: o verdadeiro objetivo declarado de Crenshaw.[20]

É difícil considerar todas essas visões de maneira sucinta. Historicamente, há muita verdade no fato de que as categorias raciais abrangentes que reconhecemos hoje foram criadas para justificar a predominância branca, o colonialismo e a escravidão, e que as categorizações, os estereótipos e preconceitos raciais foram impostos por brancos sobre as outras raças com propósitos nefastos, pelo menos até algumas décadas atrás. Há muito menos evidências para sugerir que isso ainda ocorre na era pós-direitos civis em todo o mundo ocidental. Como a teoria crítica da raça acredita que essa criação e imposição de categoriais sociais raciais são endêmicas ao sistema (significando o liberalismo iluminista), e que o sistema ainda perdura, de modo que o racismo tem permanência (mesmo quando se desloca para a pós-modernidade), também acredita que esse racismo histórico deve ainda existir de alguma forma mais sutil (em conformidade com a tese da convergência de interesses e seus corolários). Essa característica da teoria crítica da raça é uma das razões pelas quais muitas vezes parece que ela está falando como se a década de 1950 e até mesmo a de 1850 fossem indicativos da situação em que nos encontramos atualmente.

Assim, a combinação da *tese construtivista social* e da *tese de imposição* da teoria crítica da raça constitui a base para a fusão do neomarxismo e da teoria pós-moderna, como será discutido em detalhes no próximo capítulo. O resultado da fusão da teoria crítica neomarxista com o construtivismo social pós-moderno é conhecido formalmente como *construtivismo crítico* (que eu também chamei de "justiça social crítica", seguindo Robin DiAngelo e Özlem Sensoy[21]). Em termos de relevância para a teoria crítica da raça e outras teorias críticas identitárias conforme a doutrina e a prática da interseccionalidade, o construtivismo crítico pode ser considerado como tendo adquirido a maior parte de sua importância por meio de "Mapping the Margins", artigo de Kimberlé Crenshaw de 1991.

O parágrafo anterior é bastante detalhado e explica que a maneira como a teoria crítica da raça considera a raça como um constructo social é aquela em que seus defensores não ocupam uma posição de poder para desmantelá-lo por quaisquer meios diretos. Ou seja, mesmo que não considerem a raça como algo *real*, a raça é imposta *pelo poder sistêmico* sobre os "grupos minorizados" (tornados minoria por essa imposição, independentemente da faixa demográfica verdadeira) e tornada estruturalmente "real", sendo assim, determinística para os resultados da vida (ao nível do grupo). Dessa maneira, a teoria crítica da raça pode de fato ser racialmente essencialista (atribuindo características essenciais aos grupos raciais), ao mesmo tempo em que evita a acusação de que se envolve em essencialismo racial, afirmando que a experiência vivida de ser membro de um grupo racial específico é aproximadamente essencial para ele, por intermédio da prática moralmente ilegítima de o grupo racial branco impor a categorização racial a todas as raças (exceto a si mesmo, de certo modo).

Crença no determinismo material por categoria racial

Quando análises materialistas cínicas, como a tese da convergência de interesses, dão lugar a alguma crença no determinismo material na teoria crítica da raça, a tese construtivista crítica da raça leva a uma crença no *determinismo estrutural*, que é muito mais proeminente. Assim como seu parente materialista, o determinismo estrutural sustenta, em linhas gerais, que as *condições estruturais*, que são definidas pelo *poder sistêmico*, tornam-se a base da "realidade vivida" de uma pessoa na vida; como consequência, seu caráter, valores, atitudes e visões. Portanto, o determinismo estrutural sustenta que as condições estruturais da organização da sociedade (incluindo o que é considerado conhecimento, como a linguagem é utilizada, as normas, as expectativas, os hábitos, os fatos demográficos etc.) criam resultados discrepantes ao nível de grupo de modo estatisticamente determinística, ao mesmo tempo em que também levam as pessoas a terem visões específicas associadas à sua relação "posicional" com o poder sistêmico. (Nesse caso, "estatisticamente determinístico" significa que, embora seja impossível prever os resultados da vida de qualquer indivíduo em particular, independentemente da identidade ou categoria racial, as médias grupais por categoria são previsíveis.)

MARXISMO RACIAL

Em termos funcionais, na teoria crítica da raça, a crença no determinismo estrutural inclui outra crença básica que ela procura com frequência (e de forma inadequada) reivindicar para si: que é *antiessencialista* quanto à raça. O essencialismo é a crença de que existem traços essenciais específicos associados a uma determinada característica, como raça ou sexo, e assim o essencialismo racial acredita que os diversos grupos raciais possuem certos traços essenciais que os caracterizam: pacatos, violentos, inteligentes, burros, atléticos, preguiçosos etc. Em geral, essa caracterização de acordo com a doutrina essencialista é entendida como *biologicamente essencial*, e não culturalmente essencial ou essencial de alguma outra forma (como, por exemplo, *estruturalmente* essencial). Com razão, o essencialismo racial está associado ao racismo biológico, ainda que este último nem sempre derive do primeiro (na prática, tende a acontecer). A teoria crítica da raça alega ser antiessencialista por meio de sua tese construtivista social da raça — a raça nem sequer é uma coisa "real"; então, como ela pode essencializar as pessoas por ela classificadas? —, mas é, por uma boa razão (que é óbvia), muitas vezes acusada de ser essencialista em relação à raça de outra maneira (porque é). Efetivamente, o "determinismo estrutural" constitui a maneira pela qual ele divide esse meio para si mesmo (uma síntese dialética dessas posições). Delgado e Stefancic definem a conclusão dessa solução, uma "voz de pessoas de cor" exclusiva, como existindo numa "tensão um tanto desconfortável" com o antiessencialismo,[22] o que é uma maneira acadêmica pomposa de dizer que estão falando besteira em causa própria.

A crença no determinismo estrutural leva a teoria crítica da raça a acreditar que a experiência "como" membro de uma categoria racial específica (ou outro grupo identitário) é, em grande medida, essencial no âmbito das dinâmicas de poder sistêmico vigentes, que são os princípios fundamentais de organização da sociedade. Ou seja, embora não haja nada essencial em ser negro ou branco, há algo estruturalmente essencial em ser negro ou branco *num sistema dominado pelos brancos*. Ademais, seja o que for esse algo, ele gera resultados previsíveis e descritíveis na vida e na vivência que refletem as "realidades vividas" de tal circunstância, seja ela de privilégio ou opressão. A teoria crítica da raça se considera a única voz abalizada sobre como essas "realidades vividas" se parecem

EM QUE ACREDITA A TEORIA CRÍTICA DA RAÇA

e como elas moldam os resultados ao nível de grupo. Essas "realidades vividas" cujo entendimento exclusivo a teoria crítica da raça reivindica, por sua vez, moldam os valores, as visões, o caráter, as ideias e assim por diante de maneira determinística. O resultado esperado dessa doutrina é que as pessoas de cada grupo racial venham a "dizer a verdade ao poder" *apenas* da forma prescrita pela teoria crítica da raça, *porque elas **sabem***, e isso não tem nada a ver com as próprias pessoas, mas é culpa dos brancos por criar, manter e impor o sistema supremacista branco em que todos nós devemos viver para que eles possam se beneficiar, mesmo que não saibam disso. (A visão expressa na frase anterior, em minha opinião, é outro resumo sucinto e preciso da teoria crítica da raça.)

Por causa da crença no determinismo estrutural, a teoria crítica da raça está comprometida com a ideia de análise ao nível grupal e, portanto, com a política identitária. No pensamento interseccional, um ideal geralmente expresso em relação a isso é que a posicionalidade deve ser intencionalmente considerada, em que a posicionalidade se refere à posição social de uma pessoa em relação aos diversos sistemas de poder de intersecção identificados pelas teorias críticas identitárias, como a teoria crítica da raça. Como Özlem Sensoy e Robin DiAngelo afirmaram: "Aqueles que dizem ser a favor da justiça social devem estar empenhados na autorreflexão acerca da própria socialização nesses grupos (sua 'posicionalidade') e devem agir estrategicamente a partir dessa consciência de maneira que desafiem a injustiça social."[23] Em resumo, o determinismo estrutural constitui a justificativa para que todos tenham sempre que pensar em termos de raça e política identitária racial conforme as regras da teoria crítica da raça.

A aceitação da doutrina do determinismo estrutural também explica o compromisso da teoria crítica da raça com aquilo a que ela se refere como "justiça social (crítica)",[24] que considera os direitos individuais menos interessantes e importantes que os direitos de grupo[25] e que busca criar "justiça" no mundo igualando, em média, os resultados dos grupos (além de compensar injustiças históricas; ou seja, reparações) sob a marca registrada de "equidade". (Muito mais luz será lançada sobre as ideias afins de "equidade" e "justiça" segundo a abordagem da justiça social crítica no Capítulo 4.) Portanto, a identidade grupal é infinitamente mais relevante do que a identidade individual, e a autenticidade de uma pessoa "como" membro de um grupo racial pode ser determinada pelo grau em que ela é capaz de falar "como" membro desse grupo de acordo com a maneira como a teoria crítica da raça caracteriza sua experiência. É por isso que os negros que são contra a teoria crítica da raça são taxados de "traidores da raça" ou de pessoas que estão "agindo como brancos", e por que os asiáticos, judeus e muitos latinos são considerados "próximos aos brancos" mesmo não sendo brancos.

Uma voz exclusiva de pessoas de cor (epistemologia do ponto de vista posicional)

Como a teoria crítica da raça essencializa as experiências vividas e as "realidades vividas" por raça (mas não raças, *per se*), ela atribui uma "voz exclusiva de pessoas de cor" a grupos supostamente oprimidos pela raça. Essa "voz de pessoas de cor" é considerada "autêntica" ao expressar o que a teoria crítica da raça afirma acerca da experiência vivida e das "realidades vividas" referentes ao pertencimento a uma categoria racial específica numa cultura vigente dominada pelos brancos ou supremacista branca. Eis como Delgado e Stefancic explicam isso:

> Um último elemento envolve a noção de uma voz exclusiva de pessoas de cor. Ao coexistir numa tensão um tanto incômoda com o antiessencialismo, a tese da voz de pessoas de cor sustenta que, por causa de suas diferentes histórias e experiências de opressão, os escritores e os pensadores negros, indígenas, asiáticos e latinos podem ser capazes de comunicar a seus congêneres brancos questões que estes provavelmente desconhecem. Em outras palavras, o status de minoria traz consigo uma suposta competência para falar sobre raça e racismo.[26]

A voz de pessoas de cor é considerada autoritária e para além de contradição porque, em linhas gerais, a teoria crítica da raça assinala a opressão sistêmica por raça, em virtude de sua imposição pelo poder sistêmico detido por grupos dominantes (pessoas brancas), como adequadamente básica, filosoficamente falando. Ou seja, é simplesmente verdadeira (se e apenas se estiver de acordo com a teoria crítica da raça) e uma base incontestável para reivindicar conhecimento. Alguém que experimenta a opressão sistêmica, estruturalmente determinante em sua vida e em visões, é, portanto, uma voz exclusiva que fala a partir dessa posição e que deve existir e ser considerada fidedigna. Como veremos no Capítulo 4, as raízes dessa linha de pensamento equivocada se situam em Jean-Jacques Rousseau, que acreditava de maneira errada que a sinceridade é um convincente árbitro da verdade. Filosofia à parte, os efeitos práticos dessa doutrina incluem o avanço da tendência de minimizá-la e da impossibilidade de discordar de uma teoria crítica da raça quando ela vem de alguém que reivindica uma consciência crítica de sua própria categoria racial minorizada (pelo menos se alguém tiver maior acesso ao privilégio racial do que essa pessoa). Por sua vez, as avaliações subjetivas prevalecem sobre as objetivas (que são negadas por serem falsamente objetivas e, muitas vezes, "brancas"), que chegam à verdade em grande medida apenas por acaso, capacitam vigaristas e concedem autoridade máxima àqueles do Partido — uma fórmula comprovada para o desastre social.

Delgado e Stefancic não só reconhecem que a "voz exclusiva de pessoas de cor" existe em "tensão um tanto desconfortável" com a rejeição do essencialismo racial, mas também reconhecem que é racista de outras maneiras. "A 'voz de pessoas de cor', como é denominada, parece implicar que os teóricos críticos da raça dispõem de uma compreensão mais profunda de certas questões do que seus congêneres brancos",[27] eles escrevem, abordando uma crítica comum (e precisa) da teoria crítica da raça. Aliás, essa linha de pensamento também tem suas raízes em Rousseau, sobretudo o que veio a ser chamado de "dialética do senhor e do escravo", como veremos. Delgado e Stefancic procuram solucionar esse problema flagrante com a doutrina ao insistir: "Os teóricos críticos da raça acreditam que, embora os acadêmicos brancos não devam ser excluídos de escrever sobre tais assuntos, eles costumam ser mais bem abordados pelas minorias."[28] Eles também reconhecem que isso leva a problemas de "reputação" quando a teoria crítica da raça é utilizada para abordar questões.[29] Isso significa que, embora, em geral, os teóricos

MARXISMO RACIAL

críticos da raça evitem deliberadamente essa terminologia específica, a teoria crítica da raça endossa o que as teóricas feministas chamam de "epistemologia do ponto de vista"; ou seja, a crença de que quem você é em relação aos sistemas de poder em jogo determina o que você pode e não pode entender. (Tal crença é uma consequência direta do determinismo material e estrutural, quando mantida de maneira estrita.)

Na prática, essa doutrina resulta, previsivelmente, em disputa por posição, ao falar sobre pessoas consideradas "privilegiadas" e examinar constantemente se a reivindicação de alguém sobre um ponto de vista oprimido (portanto, esclarecido) é válida ou não. Ou seja, traz à tona o pior no comportamento tribal humano em torno do que pode ser a pior base possível quanto ao tribalismo humano: a raça. Então, esse tribalismo é rigorosamente aplicado, de forma que os membros de um grupo racial que não professam sua "voz exclusiva de pessoas de cor" do modo que a teoria crítica da raça considera "autêntico" são excluídos de todos os tipos de autoridade. Quando figuras públicas negras falam de uma maneira fora do roteiro racial aprovado pela teoria crítica da raça — incluindo Larry Elder (chamado de "o rosto negro da supremacia branca" pelo *Los Angeles Times* ao concorrer a governador como conservador), Condoleezza Rice (chamada de "soldado de infantaria em favor da supremacia branca" depois de discordar da abordagem das relações raciais implantada pela teoria crítica da raça na prática), Dave Chappelle (cujas piadas sobre ativistas trans se originam de seu "privilégio branco") ou Kanye West (não deve mais ser considerado "negro", de acordo com Ta Nehisi Coates, depois que ele vestiu o boné "Make America Great Again" e apoiou o presidente Donald Trump em algumas questões) —, não são apenas consideradas equivocadas ou mesmo "traidoras da raça" (entre outras calúnias), mas *não são mais representantes autênticas da raça*. Portanto, na teoria crítica da raça, a doutrina da "voz exclusiva da pessoa de cor" transforma a identidade racial de alguém numa *identidade política*, e a identidade política de alguém *constitui* a identidade racial de alguém. "Não podemos mais ter rostos negros e pardos que não queiram ser vozes negras e pardas",[30] opinou Ayanna Pressley, congressista de extrema esquerda, consolidando essa visão. Eis o que diz sem rodeios um tuíte logo apagado por

EM QUE ACREDITA A TEORIA CRÍTICA DA RAÇA

Nikole Hannah-Jones, mentora do 1619 Project:* "Há uma diferença entre ser racialmente negro e politicamente negro."[31] A antiga falácia feminista "o pessoal é político" torna-se uma identidade verdadeira e apropriada segundo as teorias identitárias marxistas como a teoria crítica da raça: a política de alguém *é* a pessoa.

Narrativa, trama e contranarrativa

Como vimos, a teoria crítica da raça é cética em relação ao racionalismo iluminista. Via de regra, também tem consciência do poder de contar histórias. Dado que o determinismo estrutural deve conferir uma "voz exclusiva de pessoas de cor", essas duas características se combinam para levá-lo a favorecer o ato de contar histórias e a produção de narrativas em detrimento da lógica, da razão, da racionalidade e de outras ferramentas do que alguns filósofos chamam de "adequação epistêmica". Eles fazem isso com orgulho e sem nenhum reconhecimento explícito de que a implicação é que os grupos raciais não brancos são, com isso, caracterizados como irracionais e baseados em narrativas — o que pode ser reconhecido como certo fanatismo em relação a baixas expectativas, exceto pelo fato de que a teoria crítica da raça diria que as próprias expectativas são um artefato da "cultura da supremacia branca" para evitar a acusação. Segundo essa doutrina, não apenas as expectativas como também os fatos são considerados constitutivos das dinâmicas de poder que criam a ordem social existente. Em outras palavras, a teoria crítica da raça considera os fatos e a dependência dos fatos como de caráter racial e político. De forma mais sucinta e familiar, a teoria crítica da raça favorece a narrativa ao considerá-la como uma das "outras maneiras de saber" empregadas pelas raças não brancas para desafiar a ordem social existente, e vê sua exclusão do raciocínio jurídico e científico, por exemplo, como parte da ampla conspiração da branquitude contra todas as outras raças.

---

* O 1619 Project [Projeto 1619] é uma iniciativa jornalística e educacional do jornal *The New York Times* que investiga o impacto da escravidão e da opressão racial na sociedade norte-americana ao longo do tempo, reexaminando a história dos Estados Unidos a partir de 1619, ano que marca o início da escravidão na colônia britânica de Jamestown, na Virgínia. (N. do T.)

MARXISMO RACIAL

Evidentemente, a ênfase emotiva da concepção rousseauniana de sinceridade volta a transparecer, assim como o subjetivismo tendencioso de uma suposta voz de pessoas de cor.

Para surpresa da maioria dos não familiarizados com a teoria crítica da raça, ela defende às claras a narrativa como um meio de conhecer (não branco e não eurocêntrico) e transmitir "conhecimento" sobre as "realidades vividas" de experiência com o racismo sistêmico, inclusive na ciência e no direito. Por exemplo, *Critical Race Theory: An Introduction* dedica todo um capítulo à ideia de "narrativa jurídica" e afirma: "Embora alguns autores critiquem a TCR por excessiva negatividade e falta de desenvolvimento de um programa positivo, a narrativa jurídica e a análise narrativa são avanços inequívocos que o movimento pode reivindicar."[32] Sua justificativa para essa prática questionável é direta: "Os advogados e os professores do estudo teórico e prático do direito têm aplicado a narrativa e a análise narrativa para entender como a dinâmica da persuasão funciona no tribunal. Eles também as utilizam para compreender a interação de poder e autoridade interpretativa entre advogado e cliente."[33] Isso significa que as histórias são persuasivas — muitas vezes mais persuasivas do que os fatos (e em uma frase encontramos quase toda a justificação social para o movimento Black Lives Matter, assim com a absolvição de O. J. Simpson).

Entre os diversos usos do ato de contar histórias e tramar narrativas que a teoria crítica da raça defende, inclui-se o que ela chama de "contranarrativas". Trata-se de histórias — em forma de ficção, alegoria ou parábola — que desafiam narrativas predominantes, estereótipos e expectativas e, portanto, destinam-se a "perturbar o poder hegemônico" e suas expectativas sobre raça. Naturalmente, várias dessas "expectativas" são apenas tropos raciais ultrapassados e projetados como crenças amplamente difundidas em pessoas brancas — essa é uma das técnicas favoritas de Ibram X. Kendi. Em outras palavras, as contranarrativas costumam ser anedotas baseadas em emoções que às vezes indicam dados e em outros momentos apresentam exceções à regra (um exemplo deste último tipo, que não tem nada a ver com raça, poderia ser o conhecimento de alguém que fumava dois maços de cigarro por dia e ainda assim viveu até os cem anos).

EM QUE ACREDITA A TEORIA CRÍTICA DA RAÇA

Essa abordagem pode parecer mais razoável ao leitor do que de fato é. Fica difícil avaliar quão ridícula pode ser a (contra)narrativa na teoria crítica da raça sem a leitura direta por si mesmo de algumas anedotas. Ao que se revela, não se trata apenas de fabricar narrativas sobre as circunstâncias de mortes cometidas por policiais, ter dificuldade com estatísticas ou falar sobre os sentimentos ou intuições (interpretação fenomenológica) das circunstâncias — por exemplo, a afirmação de que, embora apenas alguns poucos negros desarmados morram por letalidade policial a cada ano nos Estados Unidos, "parece" que eles estão sendo "assassinados" nas ruas todos os dias. Esse tipo de delírio é a variedade mais branda e comum em comparação com a forma como isso acontece na literatura jurídica e educacional. Nesse caso, podemos considerar um exemplo relatado por Gloria Ladson-Billings em seu capítulo no livro *The Handbook of Critical Race Theory in Education,* em que ela descreve um exemplo particularmente singular e paranoico de Derrick Bell, que era propenso a tais coisas:

Em outra crônica, Bell (1989) descreve o que ele chama de "A cura do crime negro", em que um grupo de jovens negros descobre uma pílula mágica que os converte de criminosos de rua insignificantes em cidadãos exemplares. Eles deixam de usar drogas, roubar, matar aulas ou participar de atividades de gangues. Tornam-se cidadãos modelo desde que continuem consumindo as pílulas. Infelizmente, a polícia tem menos trabalho a fazer — o grupo especial contra as gangues não é mais necessário, o grupo especial de combate às drogas não tem mais propósito, e as rondas noturnas nas comunidades negras não descobrem mais suspeitos. De início, a comunidade em geral fica satisfeita, mas logo as pessoas começam a se dar conta de como o crime é lucrativo para o resto da sociedade. Agora, ela precisa demitir policiais e agentes penitenciários. As empresas de segurança vendem menos dispositivos de segurança e precisam reduzir o quadro de funcionários. As escolas alternativas e os centros de detenção juvenil estão sem jovens. Toda a economia da cidade era baseada nos subprodutos do crime. Para restaurar as coisas à situação anterior, a polícia segue os jovens negros até uma caverna fora da cidade e descobre a fonte das pílulas mágicas. Após a

MARXISMO RACIAL

partida dos jovens, a polícia faz uma incursão na caverna, confisca todas as pílulas restantes e destrói o local.[34]

Antes de tecer um comentário adicional, vale a pena mencionar que essa contranarrativa não é apenas uma invencionice de Derrick Bell; ela foi repetida favoravelmente por outra acadêmica com pós-graduação (Ladson-Billings) em outro livro. Isso é espantoso, porque essa "contranarrativa" é simplesmente bizarra, sem falar que é quase incrivelmente paranoica e cínica (na realidade, é ridícula). Também é típico de Bell, que escreveu de forma memorável outra história intitulada "The Chronicle of the DeVine Gift" (1999) sobre uma personagem ficcional — curiosamente com o nome de Geneva Crenshaw (Kimberlé Crenshaw foi sua aluna de doutorado) — que supostamente se deparou com muitas das mesmas dificuldades de cargas de trabalho elevadas que ele enfrentou na faculdade de direito. Para Bell, o fato relevante sobre essa carga de trabalho era que ele era *o único professor afro-americano* (e de teoria crítica da raça) em uma prestigiosa faculdade de direito. Ao imaginar que essas demandas eram descomunais para ele e enraizadas no racismo, Bell conta uma parábola estranha e paranoica sobre como a faculdade poderia alcançar com o tempo um ponto de virada e mudar radicalmente — se algum doador continuasse a inserir cada vez mais negros (teóricos críticos da raça) na faculdade até que ela mudasse seu caráter em um nível fundamental. Essa ideia de que uma "massa crítica" de vozes "diversas" deve estar presente para existir uma diversidade genuína acabou por ser a base de duas das decisões mais impactantes da Suprema Corte sobre a questão das admissões atentas à raça em faculdades e universidades, em especial o caso *Grutter vs. Bollinger* (2003). O ponto de Bell era que a faculdade predominantemente branca resistiria a essa "diversificação" de forma avassaladora, de modo que um ponto de virada racial (crítico) talvez nunca ocorresse — por causa do racismo, e não por causa da metodologia ruim enraizada na teoria crítica. Ou seja, o objetivo de Bell era utilizar uma história para apresentar uma teoria da conspiração paranoica e um cinismo racial. (Ainda mais bizarra que esses exemplos é a história de Bell intitulada "Space Traders", em que ele enuncia uma crença de que a sociedade "branca" negociaria todos os negros do mundo por invasores alienígenas por muito dinheiro e para resolver grandes problemas como a mudança climática.)

Para que não pense que essa tendência peculiar, se não esquizoide, seja exclusiva de Derrick Bell, leve em conta este texto, de autoria do educador de teoria crítica Daniel Solórzano, também publicado em *Handbook of Critical Race Theory in Education*, que considera Bell um modelo a ser seguido.

> Este capítulo contém a história de como utilizei minhas habilidades arqueológicas educacionais para compreender a teoria crítica da raça (TCR) e como a TCR me levou a identificar e analisar diversos conceitos nos campos da educação, da sociologia, dos estudos étnicos, dos estudos feministas e do direito. Para ajudar a contar a história, usarei uma correspondência de e-mails reais e fictícios que troquei com Derrick Bell em abril de 2009 a respeito de seu uso de situações hipotéticas relacionados ao racismo. De fato, este capítulo foi inspirado vagamente em um artigo escrito por Derrick Bell em 1989 intitulado "An Epistolary Exploration for a Thurgood Marshall Biography". A princípio, eu não sabia o que significava *"epistolary"* ["epistolar"]. Após pesquisar, descobri que se trata de uma forma de escrita que emprega uma carta ou uma série de cartas para contar uma história. Em seu "epistolário", Bell (1989) recria uma série de cartas entre ele e um fictício Asa Bookman, presidente da Real World Books. Numa sequência de cartas, eles discutem a possibilidade da criação de uma biografia de Thurgood Marshall. Aqui, começo meu e-mail "epistolar" com o professor Bell acerca de minha jornada rumo à teoria crítica da raça na educação em geral e à TCR e resistência transformadora em particular.[35]

Nesse livro acadêmico, para garantir que a questão não seja perdida, o capítulo de Solórzano consiste em uma série de e-mails reais e fictícios que ele (finge ter) trocado com Derrick Bell, modelados com base nos estranhos hábitos narrativos de Bell, incluindo seu próprio fingimento de ter trocado cartas fictícias com uma pessoa fictícia. O assunto desses e-mails imaginários é a utilidade das situações hipotéticas de racismo na teoria crítica da raça, sobretudo quando aplicadas à educação. No entanto, situações hipotéticas são o que acabamos de ver em Bell — hipóteses de racismo, ou seja, suas estranhas "contranarrativas", que ele acreditava terem lugar não só em livros, mas também no *discurso jurídico*, quando não no *tribunal*. Sem querer ser muito incisivo, mas a teoria crítica da raça considera esse absurdo uma *metodologia profunda*, capaz de ser considerada um "avanço inequívoco" no estudo acadêmico.

Por que os teóricos críticos da raça favorecem essa abordagem, além do fato de que funciona nas emoções e, portanto, costuma ser taticamente bem-sucedida? Porque, de acordo com Delgado e Stefancic, as histórias podem ser "destrutivas" para a ordem existente:

> Alguns dos narradores críticos acreditam que as histórias também têm uma função destrutiva válida. A sociedade constrói o mundo social mediante uma série de acordos tácitos mediados por imagens, cenas, relatos e roteiros. Grande parte do que acreditamos é ridículo, egoísta ou cruel, mas não percebemos isso no momento. O ataque a preconceitos arraigados que marginalizam os outros ou ocultam sua humanidade é uma função legítima de toda ficção.[36]

Em consequência do uso de narrativas, tramas e contranarrativas — quando não se trata apenas de inventar algo sensacionalista, presuntivo e ridículo relacionado à raça —, a teoria crítica da raça costuma apresentar acusações de racismo em situações em que as evidências não se sustentam, e então considera pedidos de evidências como evidências adicionais de racismo. Por exemplo, na Evergreen State College, em Olympia, capital do estado de Washington, antes de ela entrar em crise em 2017, difundiu-se uma narrativa de que a instituição extremamente progressista era racista. Quando o professor de biologia (progressista) Bret Weinstein pediu evidências desse racismo (indicando que, se existisse, ele gostaria de corrigi-lo), disseram-lhe que se ele era vítima de racismo, ele já sabia, e, portanto, não precisava de evidências disso. Então, seu pedido de evidências foi enquadrado como um exemplo de seu próprio privilégio branco e, assim, como um exemplo adicional de racismo no sistema institucional da universidade. Portanto, em sua alegação, os teóricos críticos da raça têm razão. Quando favorecemos a ficção paranoica

Revisionismo histórico

Não se trata de uma caracterização incorreta abordar o trabalho no âmbito dos estudos críticos do direito por estudiosos jurídicos como Derrick Bell e Alan Freeman que levaram ao desenvolvimento da teoria crítica da raça como revisionismo histórico do direito durante e após o movimento pelos direitos civis. No entanto, isso seria simplesmente a ponta de um *iceberg* muito maior de revisionismo histórico, que é fundamental para a narrativa da teoria crítica da raça. Como muitas vezes tenho que fazer, para que ninguém pense que estou exagerando sobre isso, citarei Delgado e Stefancic sobre esse método chocante, ao qual eles dedicam toda uma seção:

> A análise de Derrick Bell do caso *Brown* ilustra um segundo tema inconfundivelmente característico da TCR: o revisionismo histórico. O revisionismo histórico reexamina o registro histórico dos Estados Unidos, substituindo interpretações majoritárias confortantes dos acontecimentos por aquelas que se ajustam de forma mais precisa com as experiências das minorias. Ele também apresenta evidências, por vezes suprimidas, nesse próprio registro, para corroborar essas novas interpretações.[37]

Tendo em conta o que acabamos de aprender sobre o papel da narrativa na teoria crítica da raça, isso é uma prioridade preocupante. Contudo, a frase-chave a se destacar aqui é que as interpretações da história estão sendo revisadas pelos teóricos críticos da raça especificamente para se ajustarem "de forma mais precisa com as *experiências* das minorias". Porém, segundo a teoria crítica da raça, essas são determinadas estruturalmente e, portanto, só são compreendidas com precisão quando estão

MARXISMO RACIAL

de acordo com a teoria crítica da raça, que por si só possui as ferramentas críticas necessárias para entender as estruturas e o que elas revelam sobre a sociedade.

Em resumo, a teoria crítica da raça acredita que toda a história ocidental e, em particular, a dos Estados Unidos foram contadas de maneira incorreta, de um modo "embranquecido", que favorece o racismo sistêmico. Portanto, ela requer uma reescrita e *releitura* da história que dá respaldo à teoria crítica da raça. Isso deve ser feito conforme o que é conhecido como "historiografia crítica" (marca registrada: "história honesta"), que se baseia nos piores aspectos da dinâmica racial e os aborda como indicativos das dinâmicas de poder existentes na sociedade enquanto ensino da história. O 1619 Project, que utilizou a *New York Times Magazine* para reformular a fundação dos Estados Unidos como uma "escravocracia" e a Guerra da Independência como um meio de manter a escravidão em oposição aos britânicos, é um exemplo. A interpretação revisionista de Derrick Bell do caso *Brown vs. Board of Education* e do movimento pelos direitos civis como resultado dos interesses "brancos" em rejeitar o comunismo é outro exemplo. Sob os métodos do revisionismo histórico da teoria crítica da raça, toda a história seria uma história contada para respaldar as alegações sobre o racismo sistêmico feitas pela teoria crítica da raça, incluindo a ideia da convergência de interesses (ensinada como fato, e não como conjectura baseada em leitura de pensamento) e toda a história dos Estados Unidos e do Ocidente como deliberadamente opressiva em termos raciais de maneira coerente com sua definição distorcida de "raça".

Os teóricos críticos da raça caracterizam sua revisão como "história honesta" ou "desracialização" de uma história já racializada (em favor dos brancos), e consideram esse projeto necessário para a educação e para entendermos a nós mesmos e nosso lugar no mundo. Óbvio que o verdadeiro fundamento lógico por trás da aplicação do revisionismo histórico é que, na práxis da teoria crítica da raça, todo assunto deve ser direcionado para o propósito de despertar a consciência crítica racial, ou seja, manipular os indivíduos para se tornarem teóricos críticos da raça. A história, por ter sido de fato racista sistêmica e institucionalmente de maneira que não se aplica com realismo ao presente nas sociedades ocidentais, é um

EM QUE ACREDITA A TEORIA CRÍTICA DA RAÇA

dos terrenos mais férteis para esse tipo de narrativa como metodologia "rigorosa", sobretudo porque quaisquer novas "descobertas" fornecidas por esse método se tornam a base para outras reivindicações sobre determinismo material e estrutural, todas as quais repetem a visão da teoria crítica da raça.

Crítica ao liberalismo e aos próprios fundamentos da ordem liberal

Tal como acontece com a verdade real da história, os teóricos críticos da raça não gostam do liberalismo e o percebem como mais um meio pelo qual a opressão racial é criada e mantida. Como Delgado e Stefancic afirmam em *Critical Race Theory: An Introduction*, "os acadêmicos críticos da raça estão descontentes com o liberalismo como uma estrutura para abordar os problemas raciais norte-americanos. Muitos liberais acreditam no daltonismo racial e nos princípios neutros do direito constitucional",[38] com os quais eles fundamentalmente discordam. Lembremos que eles apresentaram a teoria crítica da raça desta maneira: "(...) a teoria crítica da raça questiona os próprios fundamentos da ordem liberal, incluindo a teoria da igualdade, o raciocínio jurídico, o racionalismo iluminista e os princípios neutros do direito constitucional".[39] Eles amplificam esse desprezo pela ordem liberal ao comentar sem rodeios logo em seguida que "[os teóricos críticos da raça] também desconfiam bastante de outro pilar do liberalismo; especificamente, os direitos".[40]

Essa rejeição ao liberalismo na teoria crítica da raça, que é flagrantemente orientada à esquerda, pode ser um choque para os que se identificam como liberais ou que confundem a teoria crítica da raça com o "liberalismo" por qualquer outro motivo, tal como seu interesse declarado por temas relacionados aos direitos civis e seu foco incansável em grupos "minorizados". Contudo, não se trata de liberalismo. Trata-se de esquerdismo antiliberal, e eles são diferentes. Assim como na matemática, o oposto de "aberto" não é "fechado", mas sim "não aberto", o oposto de liberal não é conservador; é *iliberal*. Na verdade, muitos conservadores são liberais em sua filosofia política (assim, apoiam a ideia de

MARXISMO RACIAL

uma república constitucional como os Estados Unidos), mas muito poucos esquerdistas são liberais. Eles, assim como os direitistas iliberais que eles constantemente denunciam, tendem a ser profundamente iliberais. A única diferença é que eles querem que o esquerdismo, controlado por eles mesmos, organize a sociedade em vez de algo ligado à direita. Devemos nos lembrar de que o autoritarismo de esquerda foi experimentado diversas vezes em todo o mundo desde a Revolução Francesa no final do século XVIII, e sempre foi uma catástrofe.

A teoria crítica da raça é cética em relação ao liberalismo porque acredita que seus princípios básicos, como neutralidade perante a lei, daltonismo racial, individualismo, uma humanidade universal compartilhada independentemente da identidade, meritocracia, objetividade, razão, ciência, capitalismo e direitos de propriedade e governança democrático-republicana (em vez de meramente "democrática") são todos os meios pelos quais as supostas classes dominantes organizaram a sociedade para manter os próprios benefícios à custa de todas as demais classes. Naturalmente, essa visão é marxiana (e neomarxiana). Por exemplo, repetindo as palavras de Özlem Sensoy e Robin DiAngelo:

> A princípio, muitos desses movimentos [eles enumeram: antiguerra, feminista, direitos gays, poder negro, povos indígenas, o Movimento Chicano, os direitos das pessoas com deficiência e outros movimentos pela justiça social] defendiam um tipo de humanismo liberal (individualismo, liberdade e paz), mas logo passaram a rejeitar o humanismo liberal. A lógica da autonomia individual que fundamenta o humanismo liberal (a ideia de que as pessoas são livres para tomar decisões independentes e racionais que determinam seu próprio destino) foi vista como um mecanismo para manter os marginalizados em seu lugar, obscurecendo sistemas estruturais maiores de desigualdade. Em outras palavras, enganava as pessoas, fazendo-as acreditar que dispunham de mais liberdade e escolha do que as estruturas sociais de fato permitem.[41]

É fundamental que entendamos a teoria crítica da raça como uma *rejeição ao liberalismo*, ou seja, uma *rejeição à liberdade*, como podemos ler aqui em linguagem simples.

EM QUE ACREDITA A TEORIA CRÍTICA DA RAÇA

Mais uma vez, na justificativa dada para sua rejeição ao liberalismo, vemos a inclinação geral da teoria crítica da raça em direção à teorização conspiratória, o que ela compartilha com todas as outras teorias críticas relacionadas ao neomarxismo identitário, como a teoria *queer*. O liberalismo e seus valores fundamentais, segundo a visão de mundo que inclui a teoria crítica da raça, "*enganam* as pessoas, fazendo-as acreditar que dispõem de mais liberdade e escolha" do que de fato têm (por causa do determinismo estrutural). Os neomarxistas chamam isso de "falsa consciência", que é o que todos têm até se tornarem teóricos críticos, dotados de uma "consciência crítica" que percebe o mundo em termos da teoria crítica. Na mira dos teóricos críticos da raça, além das coisas já mencionadas: individualismo, liberdade, paz, autonomia individual e racionalidade. Por quê? A teoria da conspiração da teoria crítica as enxerga como "mecanismos para manter os marginalizados em seu lugar [ao não adotarem a teoria crítica]".

Uma das razões para essa mentalidade iliberal na teoria crítica da raça é que a própria teoria crítica é bastante crítica ao liberalismo desde o início. De fato, o neomarxismo (que é uma forma de teoria crítica) surgiu especificamente para descobrir como fazer com que a teoria marxiana prevalecesse sobre o liberalismo em todo o Ocidente. Como mencionado, na teoria crítica, essas mesmas crenças são centradas na doutrina da "falsa consciência" (que eles pegaram emprestada de Marx e Engels, que estavam apenas ligeiramente interessados nela), que sustenta que os interesses poderosos na sociedade organizam valores culturais e outros, assim como a ordem social, para enganar as pessoas, fazendo-as acreditar que estão felizes, seguras e satisfeitas, quando, "na verdade" (para os teóricos críticos), estão infelizes, em perigo iminente do fascismo, sujeitas à servidão capitalista e outras formas de opressão sistêmica. As principais obras de Herbert Marcuse ao longo das décadas de 1960 e 1970 se concentram nessa visão de forma extrema, sobretudo *One-Dimensional Man* e "Repressive Tolerance".

A "supremacia branca" e o "racismo sistêmico" focados pela teoria crítica da raça são exatamente essa mentalidade sobre raça e racismo, em vez de consumismo capitalista, centrado como o constructo mais envolvido com a desigualdade. Retomando nosso intento de definir a teoria

MARXISMO RACIAL

crítica da raça no capítulo anterior, podemos então estabelecer a definição mais sucinta: a *teoria crítica da raça* trata do estudo do que ela chama de "racismo sistêmico". Porém, essa definição só é compreensível quando percebemos que o "racismo sistêmico" é um constructo neomarxiano — um princípio fundamental de organização da sociedade que perpetua a opressão e a dominação, e é a explicação dada para todas as diferenças nos resultados quando os brancos superam em desempenho os outros grupos raciais em médias estatísticas sem nuances. Além disso, trata-se de um conceito do tipo Cavalo de Troia, ou seja, enganoso. Como já vimos, é fundamental para a ideia de racismo sistêmico que as pessoas, na maioria das vezes, tenham uma falsa consciência a respeito, seja por uma "ignorância branca" deliberada (Barbara Applebaum) ou "racismo internalizado".

A teoria crítica da raça também é hostil às ideias liberais iluministas de individualismo, mérito e objetividade, todas as quais são associadas explicitamente à "cultura da supremacia branca" pela TCR. Ainda que nenhum desses ideais seja alcançável com perfeição na prática — sentimento de grupo, corrupção e viés sempre existem em algum grau —, a teoria crítica da raça basicamente rejeita até mesmo a aspiração ao individualismo, meritocracia e objetividade. Em cada caso, os teóricos críticos da raça creem que essas ideias contêm definições "brancas" e não conseguem reconhecer que são definidas no âmbito da "cultura branca" (ou "cultura da supremacia branca"), portanto, não são só irreais como também são, na verdade, versões invertidas de si mesmas. De fato, os teóricos críticos da raça sustentam que os brancos invocam (de uma maneira conspiratória, embora sem saber) o individualismo, o mérito e a objetividade para justificar o próprio privilégio e para enganar os indivíduos de outras raças, fazendo-os acreditar que é algo além do *sistema* que explica as diferenças no sucesso. Isso resulta na depreciação do caráter individual de maneiras óbvias, e da ciência e da razão, no caso da negação da objetividade (que vai muito além do 1619 Project e chega ao ponto de afirmar que 2 + 2 nem sempre é igual a 4 por causa da necessidade de desafiar a objetividade). No que concerne à meritocracia, resulta em algo semelhante à versão da teoria crítica da raça do princípio de Peter, que afirma que a "mediocridade branca" é promovida a cargos de alto escalão pelas artimanhas do privilégio branco, que, de forma segura de si, finge ser meritocracia. Por sua vez, isso é usado para justificar a verdadeira versão da teoria crítica da raça do princípio de Peter: usar ideias enviesadas como "diversidade, equidade e inclusão" para admitir, contratar e promover burocratas profissionalmente despreparados em cargos influentes.

Outra crítica ao liberalismo que costuma ser apresentada pelos teóricos críticos da raça é que o progresso alcançado pelo liberalismo gera *complacência* (em vez de uma consciência mais revolucionária). Isso também se baseia em outra crítica neomarxista enviesada: que o capitalismo produz uma sociedade próspera e, por sua vez, elimina qualquer possibilidade de criação de um proletariado revolucionário. O fato de que o progresso de fato ocorre sob o liberalismo é, na verdade, uma das principais razões pelas quais os teóricos críticos abominam o liberalismo. Uma quantidade significativa de sua literatura (incluindo tanto *One-Dimensional Man*, de Herbert Marcuse, de 1964, quanto o infame livro *White Fragility*, de Robin DiAngelo, de 2018) é dedicada a críticas *implacáveis* aos triunfos liberais: prosperidade da sociedade para Marcuse e "liberais brancos bons" e "brancos progressistas" para DiAngelo (entre outros). Por exemplo, como DiAngelo afirma:

Acredito que os brancos progressistas provocam o maior dano diário aos não brancos. Defino um branco progressista como qualquer pessoa branca que acha que não é racista, ou que é menos racista, ou que faz parte do "coro" [antirracista] ou que já "sacou" [a questão racial]. Os brancos progressistas podem ser os mais difíceis para os não brancos, porque, na medida em que nós achamos que já chegamos lá, vamos investir nossa energia para garantir que os outros nos vejam como tendo chegado lá. Nada de nossa energia será investida para o que precisamos fazer pelo resto de nossa vida: nos engajar em autoconsciência constante, educação continuada, construção de relacionamentos e prática antirracista efetiva. De fato, os brancos progressistas sustentam e perpetuam o racismo, mas nossa atitude defensiva e certeza tornam praticamente impossível explicar para nós mesmos como fazemos isso.[42]

MARXISMO RACIAL

Para que não pense que apenas vozes como a de DiAngelo (que está parcialmente em descrédito no momento da escrita deste livro — porque ela torna a visão de mundo da teoria crítica da raça muito óbvia e obviamente terrível) usam esse argumento, lembre-se de que Barbara Applebaum e Shannon Sullivan utilizam argumentos semelhantes, basicamente em livros inteiros em ambos os casos. Outros teóricos críticos da raça também fazem isso, mas mais diretamente no âmbito da pura TCR. Por exemplo, vamos voltar a Delgado e Stefancic sobre o mesmo ponto:

> Além disso, os direitos são considerados alienantes. Eles separam as pessoas umas das outras — "não chegue perto, eu tenho meus direitos" — em vez de estimulá-las a constituir comunidades próximas e respeitosas. E em relação aos direitos civis, as instâncias inferiores da justiça têm encontrado facilidade em limitar ou discriminar uma decisão ampla e histórica como a do caso *Brown vs. Board of Education.* O grupo que supostamente se beneficia sempre recebe casos como o *Brown* com grande celebração. Mas após o entusiasmo arrefecer, a grande vitória é discretamente reduzida por interpretações restritas, obstrução administrativa ou atrasos. No final das contas, o grupo minoritário fica pouco melhor do que antes, se não pior. Seus amigos, os liberais, acreditando que o problema foi resolvido, passam para outra coisa, tal como salvar as baleias, enquanto seus adversários, os conservadores, furiosos pelo fato de a Suprema Corte ter cedido novamente a minorias que consideram indignas, intensificam sua resistência.[43]

Independentemente de onde procuremos na literatura de referência ou na subjacente à teoria crítica da raça (por exemplo, em *Pedagogia do oprimido*, livro bastante influente sobre a pedagogia crítica, de Paulo Freire), veremos várias vezes que a razão de ser dessas abordagens críticas é induzir uma *consciência crítica*, ou seja, uma *consciência revolucionária*. Isso significa convencer as pessoas de que elas são dependentes de um sistema que as oprime e que, em vez de assumirem a responsabilidade de superar essa situação de dependência, elas deveriam se unir para destruir o sistema. Por que Delgado e Stefancic destacam *de imediato* que rejeitam "abordagens tradicionais em relação aos direitos civis, que adotam o

EM QUE ACREDITA A TEORIA CRÍTICA DA RAÇA

incrementalismo e o progresso passo a passo"[44] no *primeiro parágrafo* de introdução ao assunto? Pela mesma razão que mais adiante, no mesmo parágrafo, conforme citado acima por Sensoy e DiAngelo, eles fazem questão de ressaltar que seus movimentos são "revolucionários". Essa é exatamente a mesma crítica que se pode encontrar às repúblicas liberais feita pelo neomarxista Herbert Marcuse na década de 1960, por exemplo em "Repressive Tolerance" e *An Essay on Liberation*: as sociedades liberais prósperas funcionam e impedem o fervor revolucionário marxiano. O liberalismo gera estabilidade, que é antitética à revolução, como esses autores observam com razão, e eles acreditam que o liberalismo rouba o fervor revolucionário das pessoas satisfeitas com as sociedades boas em geral e bem-sucedidas que são produzidas pelo liberalismo. Portanto, abominam aquilo que funciona, seja o capitalismo moderno ou a igualdade daltônica. A razão é simples. Se algo funciona, as pessoas querem mantê-lo em vez de se tornarem revolucionárias utópicas malucas.

Branquitude como uma forma de propriedade

Embora os teóricos críticos da raça *abominem* o liberalismo e queiram derrotá-lo por meio de uma revolução neomarxiana (ou seja, cultural), eles se satisfazem em aproveitar algumas das ideias liberais em favor de seus objetivos. Talvez essa tendência seja ainda mais evidente em outro princípio básico da teoria crítica da raça, que resulta de um artigo de autoria de Cheryl I. Harris, publicado na *Harvard Law Review* em 1993, cuja intenção é caracterizar a "branquitude como propriedade". O objetivo desse argumento é caracterizar a "branquitude" como uma espécie de propriedade criada pelos brancos para dar a si mesmos e para aqueles que consideram merecedores acesso exclusivo aos recursos da sociedade (ou seja, como *propriedade burguesa*). Aqueles que se mantiveram atentos durante o turbulento verão de 2020 perceberam que a "branquitude como propriedade" foi apresentada por figuras proeminentes em toda a sociedade como uma das justificativas para os tumultos associados à teoria crítica da raça, incluindo saques e incêndios criminosos, mesmo quando muitos dos negócios visados, roubados e destruídos não eram de propriedade de brancos (as pequenas empresas de propriedade de negros e outras minorias são geridas pela pequena burguesia, segundo a teoria crítica da raça, e, portanto, ainda são consideradas "branquitude" como propriedade).

Nesse artigo de revisão jurídica (quer dizer, revisionismo jurídico), Harris defende a ideia de que a "branquitude" se qualifica como uma forma de propriedade, já que atende os direitos básicos associados com os direitos de propriedade em sociedades liberais: "direitos de disposição",* "direito de uso e usufruto", "propriedade de reputação e status" e "o direito absoluto de exclusão".[45] Embora seu argumento seja duvidoso, aparentemente é bastante persuasivo para os teóricos críticos da raça, que passaram a adotá-lo como princípio básico de sua doutrina. Assim, a natureza conspiratória e paranoica da teoria crítica da raça mais uma vez fica facilmente perceptível, bem como seu importante vínculo com as raízes marxianas da teoria. Harris, como a maioria dos teóricos críticos da raça, propõe que os brancos criaram a raça e a identidade racial branca para concederem a si mesmos um status especial na sociedade e, de maneira significativa, para reservarem o direito de excluir as outras raças da branquitude e dos benefícios que ela confere aos brancos e às suas vizinhanças raciais ("o direito absoluto de exclusão"). A ideia é utilizada como justificativa para a "abolição" da branquitude, tal como Marx e Engels preconizavam a abolição da propriedade burguesa no *Manifesto do Partido Comunista*. Em outras palavras, a teoria crítica da raça é uma teoria marxiana que vê a branquitude como propriedade burguesa a ser abolida por meio da luta de classe racial.

O ardil é o habitual. Assim como tantos argumentos do ramo materialista da teoria crítica da raça, a ideia de que a branquitude atuou de certa forma como propriedade — criada por e para os brancos, que podiam decidir quem era bem-vindo ou não, como em relação aos irlandeses, alemães, italianos e judeus em diferentes momentos da história — *era* o caso *antes da Lei dos Direitos Civis*. As injustiças históricas ainda devem ser relevantes no momento atual, e seus fundamentos lógicos não devem ter mudado, de acordo com a teoria crítica da raça — pelo menos sempre que

---

* Direitos de uma pessoa de dispor, transferir ou controlar uma propriedade. (N. do T.)

invocar essas injustiças ou sustentar esses fundamentos lógicos significa beneficiar os teóricos críticos da raça. Um dos propósitos em termos funcionais da TCR é adotar uma postura suficientemente paranoica e conspiratória para concluir que a Lei dos Direitos Civis realmente não mudou nada, exceto tornar o racismo mais difícil de identificar e combater (e, ao que tudo indica, rejeitar o comunismo global). Portanto, encontramos Cheryl Harris designando "branquitude como propriedade" em 1993, Delgado e Stefancic (e diversos outros autores) codificando-a no cânone doutrinário da teoria crítica da raça em 2001 (etc.), e os ativistas, acadêmicos e políticos embasados por essa teoria invocando-a para defender os saques e os incêndios criminosos de estabelecimentos comerciais ao longo de 2020.

Por que Harris e outros teóricos críticos da raça queriam caracterizar a branquitude como *propriedade*? Porque eles são teóricos marxianos. Essa é a única razão. O primeiro princípio do *Manifesto do Partido Comunista*, escrito por Karl Marx e Friedrich Engels em dezembro de 1847, preconiza a abolição da propriedade privada "burguesa":

> A característica distintiva do comunismo não é a abolição da propriedade em geral, mas a abolição da propriedade burguesa. Porém, a moderna propriedade privada burguesa constitui a expressão final e mais completa do sistema de produção e apropriação de produtos, que se baseia em antagonismos de classe, na exploração de muitos por poucos. Nesse sentido, a teoria dos comunistas pode ser resumida em uma única frase: abolição da propriedade privada.[46]

Para os teóricos críticos da raça, a "branquitude" constitui a "propriedade privada burguesa", porque os brancos são a burguesia (classe privilegiada e proprietária de forma injusta) da dinâmica de poder do "racismo sistêmico" que acreditam ser o princípio fundamental de organização da sociedade. Eis por que Robin DiAngelo nos diz que não existe "identidade branca positiva" e que ela se esforça para ser "menos branca" (algo repetido de maneira infame no treinamento em "diversidade" dos recursos humanos promovido pela Coca-Cola em 2021).[47] A teoria crítica da raça considera a "branquitude como propriedade" porque isso

MARXISMO RACIAL

lhe possibilita fazer a transição da revolução comunista da esfera econômica para a esfera racial-cultural — tornando a raça o constructo central para entender a desigualdade. Tornar-se "menos branco" e "abalar a branquitude" é uma tentativa de consumar a visão comunista de Marx da abolição da propriedade privada burguesa em um novo domínio ao qual a cultura norte-americana é mais sensível.

Interseccionalidade

A teoria crítica da raça, cujo nome e elaboração se devem a Kimberlé Crenshaw, faz parte e inclui um conceito afim chamado *interseccionalidade*, que também foi desenvolvido por ela. Formalmente, Crenshaw expôs a ideia de interseccionalidade em um artigo de 1989 intitulado "Demarginalizing the Intersection of Race and Sex", ainda que a ideia já estivesse circulando tanto na teoria *queer* quanto nos grupos do Feminismo Negro da década anterior.

Aparentemente, a interseccionalidade parece razoável e até mesmo senso comum, e se não fosse aplicada no contexto de um paradigma construtivista crítico (o que Jordan Peterson chamou com razão de "neomarxismo pós-moderno"), poderia ser assim. Em sua interpretação mais benevolente, ela afirma que alguém que ocupa duas categorias identitárias ao mesmo tempo pode ser discriminado não só em cada categoria, mas também em ambas as categorias ao mesmo tempo e de uma maneira única que se aplica somente a identidades "de intersecção". Por exemplo, como Crenshaw mostra com êxito no artigo, seria concebível que as mulheres negras pudessem ser especificamente discriminadas numa empresa que contrata homens negros em quantidade suficiente para não ser considerada discriminatória por raça, e mulheres brancas em quantidade suficiente para não ser considerada discriminatória por sexo. Além disso, as mulheres negras talvez enfrentem estereótipos singulares além dos estereótipos associados à raça e ao gênero, os quais atuam como base injusta para essa discriminação, como Patricia Hill Collins descreve de maneira bem detalhada em *Black Feminist Thought* [*Pensamento Feminista Negro*]. Em minha opinião, esse reconhecimento sobre a identidade abre

EM QUE ACREDITA A TEORIA CRÍTICA DA RAÇA

realmente um domínio desafiador e importante no âmbito do direito da antidiscriminação. Contudo, eu rejeito a interseccionalidade porque acredito que ela deveria ter sido buscada por meios liberais em vez dos propostos por Crenshaw (por exemplo, com inclinações mais a individualismo, objetividade e meritocracia, em vez de se direcionar cada vez mais para a política identitária competitiva e tendenciosa), que atacaram aberta e vigorosamente o liberalismo como o motivo de permitir que essa questão ficasse sem resposta.

A interseccionalidade, em vez de ser apenas um nome esquisito para um fenômeno no direito da antidiscriminação, digno de consideração de modo responsável, é a crença de que não é possível levar em conta nenhuma forma de opressão sistêmica de maneira isolada. Todas as formas de opressão estão interligadas mutuamente de modo *interseccional*. Portanto, a interseccionalidade faz dois apelos explícitos àqueles que a adotam: *engajamento de posicionalidade* e *solidariedade* com todas as outras pessoas que são sistematicamente oprimidas, como preconizado pelas teorias críticas identitárias e por outras teorias críticas neomarxianas. Em outras palavras, não é possível evitar o engajamento na política identitária e no que é conhecido como "pensamento que prioriza a identidade" segundo a interseccionalidade, e, assim, todos devem ser considerados membros de diversos grupos identitários de intersecção e estruturalmente determinantes, e não como indivíduos singulares com suas próprias opiniões.

De acordo com a doutrina de engajamento da posicionalidade, uma pessoa deve ser percebida não como um indivíduo (como vimos anteriormente no resumo da crítica da teoria crítica da raça ao liberalismo), mas sim como membro de diversos grupos de intersecção que, de alguma maneira, são posicionados socialmente pelas diferentes dinâmicas de poder sistêmico existentes na sociedade. Então, a política identitária é colocada em primeiro lugar em todas as coisas. Quem você por acaso é — não sua personalidade individual ou humanidade, como Crenshaw assinala explicitamente em "Mapping the Margins"[48] — fica colocado em *segundo lugar*, logo depois de quão crítico sua política reflete quem você por acaso é, e você e suas ideias só são inteligíveis em relação a como as teorias críticas identitárias interpretam as posições sociais dos diversos grupos identitários aos quais você pode pertencer. Afinal de contas, lembre-se

MARXISMO RACIAL

de que esses são estruturalmente determinísticos e delimitam o alcance "autêntico" de sua voz de forma correspondente. É por isso que é melhor chamar a interseccionalidade, como ela de fato existe no mundo, por seu nome correto: *marxismo identitário.*

O propósito subjacente a esse "engajamento posicional" também é explicado de forma muito clara em "Mapping the Margins": é impossível fazer uma política identitária eficaz de outra maneira. "Assim, o construcionismo vulgar distorce as possibilidades de uma política identitária significativa",[49] Crenshaw afirma logo após invocar a necessidade do pensamento interseccional que prioriza a identidade. Então, o objetivo da interseccionalidade é conseguir que o maior número possível de membros de diversos grupos identitários "minorizados" pense em si mesmos dessa maneira, para que preparem o terreno e promovam ativamente a revolução cultural neomarxiana (a revolução que provavelmente não se importará muito com eles ou com a liberdade no final). Segundo Crenshaw: "Ao recorrer à força da experiência compartilhada, as mulheres reconheceram que as demandas políticas de milhões são expressas de forma mais poderosa do que os pleitos de algumas vozes isoladas."[50] Essa é mais ou menos a essência. Teve bastante êxito em gerar essa solidariedade multi-identitária, transformando rapidamente *todas* as teorias críticas de identidade em interseccionais, sujeitando-as a uma vigorosa crítica interna ao longo de qualquer eixo de política identitária em que possam não estar centralmente focadas (por exemplo, chamando o feminismo de "feminismo branco" e o acusando de sustentar o racismo ao ignorar as mulheres negras e as questões delas, e assim por diante).

Curiosamente, a própria Crenshaw não gostava de chamar a interseccionalidade de *teoria.* Pelo contrário, ela se referia à interseccionalidade como um "conceito provisório",[51] uma "prática"[52] e, mais tarde, uma "sensibilidade".[53] De fato, em "Mapping the Margins", ela afirma especificamente que não apresentou o conceito como uma "teoria totalizante de identidade",[54] mas sim como uma lente para ver "como o mundo social é construído".[55] De algum interesse adicional, ainda que Crenshaw não cite Herbert Marcuse (mas cite a aluna dele Angela Davis, feminista radical negra) em "Mapping the Margins",[56] em seu *An Essay on Liberation* Marcuse preconiza especificamente o desenvolvimento de uma "Nova sensibilidade" e "Solidariedade", sendo esses dois dos quatro títulos de seção/capítulo nesse ensaio. Dado que Marcuse também preconizava "Uma base biológica para o socialismo" (primeira seção/capítulo) e deixava muito claro que a libertação significava a libertação em um novo tipo de socialismo que ainda não existia (elogiando a revolução maoísta na China em curso na época — à custa de dezenas de milhões de mortos), compreender a interseccionalidade como a dimensão sociocultural da "nova sensibilidade" (nova maneira de pensar sobre tudo) que precederá a revolução cultural se torna praticamente inevitável. (Observação: Acredito que a "sustentabilidade" é essa "nova sensibilidade" em sua expressão mais plena, e um arcabouço de equidade interseccional — quer dizer, socialismo identitário — é considerado necessário para alcançá-la e mantê-la.)

Então, no que concerne à teoria crítica da raça, a interseccionalidade é tanto parte integrante de como a teoria crítica da raça enxerga o mundo *quanto* um conceito mais amplo em que o pensamento teórico crítico da raça é aplicado. A melhor maneira de conceber isso é que todas as teorias críticas identitárias — que são a categoria principal na qual a teoria crítica da raça se encaixa — estão interligadas com uma metateoria sob a interseccionalidade, que as torna todas adjacentes umas às outras. Patricia Hill Collins se referiu ao emaranhado de dinâmicas de poder e arranjos hierárquicos na sociedade como a "Matriz de Dominação", que é apenas uma teoria conspiratória marxiana ainda mais difusa sobre como a sociedade é organizada.

Antirracismo como práxis

Finalmente, pelo menos para esta lista de princípios básicos da teoria crítica da raça, essa teoria sustenta aquilo a que ela se refere como "*antirracismo*" como práxis. Como explicado no capítulo anterior, a teoria crítica da raça não é teoria crítica da raça sem a práxis crítica da raça, o que significa colocar a teoria em aplicação e implementação (o jornalista Tim Pool se referiu de maneira cômica e correta a isso como "Critical Race Applied Principles (CRAP)" ["Princípios aplicados críticos da raça"; o

MARXISMO RACIAL

acrônimo CRAP significa porcaria, lixo, bobagem, abobrinha, merda]). As duas — teoria e práxis — são *inseparáveis* no sentido de que a teoria crítica da raça sem a práxis não é teoria crítica da raça, e a práxis crítica da raça que não se baseia na teoria crítica da raça é, por definição, sem sentido. Como mencionado, a teoria crítica da raça é como a teoria crítica da raça faz.

A razão para isso é que, por definição, *todas as teorias críticas* devem incluir a práxis (ativismo social em prol de sua visão normativa para a sociedade). Quero sublinhar isto: *por definição.* Como vemos no verbete da *Encyclopedia of Marxism* (marxists.org) para "práxis": "[Práxis] é apenas outra palavra para prática no sentido em que prática é entendida pelos marxistas, em que nem a teoria nem a prática são inteligíveis isoladas uma da outra. Lukács utiliza o termo em 1923, e desde então foi usado com frequência pelos marxistas ocidentais".[57] Como veremos no próximo capítulo, costuma-se considerar que a teoria crítica possui pelo menos três elementos, e o terceiro deles é colocá-la em *práxis.* Em outras palavras, não há separação entre teoria e práxis, quando uma teoria é uma teoria crítica.

"Antirracismo" soa como se fosse contra o racismo, mas isso é um ilusionismo linguístico perpetrado pela teoria crítica da raça, que utiliza definições específicas próprias para praticamente tudo; sendo essa outra característica de uma teoria crítica. Aliás, como Herbert Marcuse expressou em seu ensaio *Counterrevolution and Revolt* publicado em 1972:

> A recusa radical, o protesto, aparece na maneira em que as palavras são agrupadas e reagrupadas, libertas de seu uso e abuso habitual. *Alquimia da palavra*; a imagem, o som, a criação de outra realidade a partir da existente: uma revolução imaginária permanente, a emergência de uma "segunda história" no âmbito do continuum histórico. Subversão estética permanente — esse é o caminho da arte.[58] [Itálicos no original.]

Na teoria crítica da raça, ser contra o racismo é bastante simples, mas, por exemplo, Robin DiAngelo e Ibram X. Kendi são muito claros sobre o fato de que não só não é suficiente ser "não racista", mas também que *não é possível* ser "não racista". Ambos, ao seguir as feministas neomarxistas da década de 1970, como Patricia Bidol e Judith Katz, oferecem uma escolha maniqueísta (e bolchevique): "racista" ou "antirracista", conforme eles definem os termos, e além disso, forçar a direção dessa escolha é uma manifestação da (ou parte da) práxis da teoria crítica da raça. Portanto, é preciso ter muito cuidado para discernir o contexto em que o termo "antirracismo" é usado para determinar se a teoria crítica da raça está por trás dele, e nas circunstâncias atuais, geralmente está.

Para Kendi, como explicado em seu livro *How to Be an Antiracist* [*Como ser antirracista*], de 2019, ser antirracista requer estar alerta a cada possível ação ou "política" que produz o que ele descreve como resultados "racistas". Eis como ele começa o livro:

DEFINIÇÕES
RACISTA: Aquele que apoia uma política racista por meio de ações ou de inação, ou que expressa uma ideia racista.
ANTIRRACISTA: Aquele que apoia uma política antirracista por meio de ações, ou que expressa uma ideia antirracista.[59]

Assim, para Kendi, para quem definições não parecem ser um ponto forte, as ideias racistas são aquelas que produzem resultados discrepantes ao nível dos indivíduos ou grupos (sempre que brancos ou grupos raciais classificados como "próximos aos brancos" superam em desempenho outros grupos raciais). Em 2019, quando questionado pela *Politico Magazine* para explicar como "corrigir a desigualdade", Kendi reiterou essa visão, preconizando de forma ameaçadora que o "antirracismo" fosse apoiado por força constitucional:

O Departamento de Antirracismo, a ser estabelecido por emenda constitucional, seria responsável por pré-aprovar todas as políticas públicas locais, estaduais e federais para assegurar que elas não gerassem iniquidade racial, que monitorassem essas políticas, que investigassem políticas racistas privadas se a iniquidade racial viesse à tona, e que controlassem os funcionários públicos em busca de manifestações de ideias racistas.[60]

MARXISMO RACIAL

Na medida em que isso requer monitoramento constante, reflexão e aplicação de mudanças, a ideia de "antirracismo" de Kendi é, em outras palavras, uma *práxis* contínua. O leitor perspicaz também perceberá que esse trecho descreve, na prática, as bases para uma ditadura sob o controle de pessoas que concordam com ele.

Para DiAngelo, a relação com a práxis, em seu sentido tradicional, é ainda mais clara (e mais religiosa). Ela descreve o antirracismo como um compromisso permanente com um processo contínuo de autorreflexão, autocrítica e ativismo social, em que "ninguém nunca está pronto",[61] o que quer dizer ser um teórico crítico da raça — para sempre. (Kendi afirma que seu Departamento de Antirracismo também deve ser preenchido com "especialistas oficialmente capacitados em racismo",[62] ou seja, teóricos críticos da raça.) Isso é *práxis*, interpretada tão religiosamente quanto de fato é. Para dar uma ideia de que isso é mesmo práxis, eis como a palavra aparece no prefácio de Richard Shaull para a obra *Pedagogia do oprimido* [*Pedagogy of the Oppressed*], de autoria de Paulo Freire, teórico da educação marxista:

Farto como estou da abstração e da esterilidade de grande parte do trabalho intelectual nos círculos acadêmicos hoje em dia, sinto-me animado com um processo de reflexão que se insere num contexto profundamente histórico, que é realizado no meio de uma luta para criar uma nova ordem social e, assim, representar uma nova unidade de teoria e *práxis*.[63] [Itálico no original.]

Ou como o próprio Freire afirma: "Isso só pode ser feito por meio da práxis: reflexão e ação sobre o mundo para transformá-lo."[64] Ele acrescenta detalhes ao que essa ideia significa e sua relevância para a reflexão da seguinte maneira:

Este livro apresentará alguns aspectos do que o autor chamou de pedagogia do oprimido, uma pedagogia que deve ser forjada *com*, e não *para*, os oprimidos (sejam indivíduos ou povos), na incessante luta para readquirirem sua humanidade. Essa pedagogia converte a opressão e suas causas em objetos de reflexão pelos oprimidos, e dessa reflexão surgirá seu necessário engajamento na luta por sua libertação. E na luta, essa pedagogia será feita e refeita.[65] [Itálicos no original.]

Ao retornarmos a Kendi, podemos juntar facilmente muitos fios dessa argumentação ao ver o que o antirracismo enquanto práxis — ou seja, bolchevismo racial — exige, além de um "compromisso permanente" com a autorreflexão, autocrítica e ativismo social (e talvez autoaversão):

O único remédio para a discriminação racista é a discriminação antirracista. O único remédio para a discriminação do passado é a discriminação do presente. O único remédio para a discriminação do presente é a discriminação do futuro.[66]

Dessa maneira, vemos que uma práxis neomarxiana de "antirracismo" requer uma discriminação que favoreça a reorganização do mundo segundo a teoria crítica da raça, como se só ela tivesse o poder de fazê-lo. Esse entendimento lança uma boa quantidade de luz na rejeição ao liberalismo pela teoria crítica da raça e, em particular, à neutralidade, ao individualismo daltônico, à meritocracia, ao racionalismo e à teoria da igualdade, todos os quais impediriam que a teoria discriminasse para ordenar o mundo como desejaria, independentemente dos danos. Entre Kendi, que quer literalmente ordenar o mundo segundo a teoria crítica da raça, e DiAngelo, que quer induzir uma estrutura de crença quase religiosa que usa a branquitude como bode expiatório, fica claro o entendimento de que o antirracismo como práxis é a característica prática principal da teoria crítica da raça. Vale ressaltar que, na eleição de 2020, o estado da Califórnia tentou colocar em prática (práxis) as ideias mal concebidas de Kendi sobre discriminação, promovendo um referendo bem financiado (que felizmente foi derrotado na votação) para eliminar a linguagem antidiscriminação da constituição do estado da Califórnia.

Como a teoria crítica da raça é marxiana, ela está flagrantemente interessada em sua própria autocapacitação; assim, a abordagem de Kendi em relação ao antirracismo é mais simples de entender. Claro que a de DiAngelo também é simples, mas é mais desafiadora, pois, ao mesmo tempo, está mais profundamente enraizada na facção idealista da teoria crítica da raça *e se distancia um pouco da* TCR *em geral.* DiAngelo é uma "educadora crítica da branquitude", como descrito, e é para o estudo crítico da branquitude que devemos agora nos voltar para entender plenamente no que a teoria crítica da raça acredita. Em minha opinião, é preferível vermos a visão de DiAngelo como uma espécie de puritanismo racial descontrolado e extremamente envolvido em um comportamento religioso bastante ultrapassado, conhecido como "humilhação" (que sucede a salvação e antecede a justificação, para os teologicamente inclinados). Em outras palavras, o antirracismo de DiAngelo é um culto religioso, e sua práxis é um trabalho de culto espiritual enraizado nas próprias crenças dela sobre a (sua própria) depravação racial (projetada em todos os brancos).

ESTUDOS CRÍTICOS DA BRANQUITUDE

A teoria crítica da raça é "antibrancos"? Sim (sem dúvida) e não — e na medida em que é, deve ser também o fator menos interessante a seu respeito. O que é mais interessante é que ela é neomarxista, e o que é mais exato é que a teoria crítica da raça usa a *branquitude* como bode expiatório para alcançar seus objetivos. No entanto, a teoria sustenta que a branquitude é uma *ideologia e um conjunto de práticas culturais* criadas e mantidas pelos brancos para controlar quem tem pleno acesso à sociedade e a seus benefícios. Os leitores sensíveis reconheceriam essa característica de imediato — tanto a centralização em relação à raça quanto o uso de um bode expiatório junto com a alegação de privilégio racial acumulado — como reminiscente do nacional-socialismo, mas felizmente não é o caso. Os teóricos críticos da raça reproduzem esses modos de pensamento horripilantes, mas, em última análise, são *marxistas* em sua abordagem, e Hitler *odiava* profundamente os marxistas (mesmo que ele admita ter dominado e empregado seus métodos para os próprios objetivos em *Mein Kampf* [*Minha luta*]: "Aos poucos, tornei-me um especialista na doutrina dos marxistas e utilizei esse conhecimento como instrumento para enfatizar minhas próprias convicções"[67]). A teoria crítica da raça usa a branquitude como bode expiatório enquanto uma forma de propriedade racial e cultural burguesa. Contudo, a mesma distinção não pode ser feita para todas as pessoas que financiam a implantação da teoria crítica da raça. Sua ideologia tecnocrática, eugênica e transumanista, elogiada especificamente em luxuosos resorts de esqui suíços, reproduz muito da *Weltanschauung* (visão de mundo) do nacional-socialismo de Hitler sob uma nova forma e para uma nova hiperelite supranacionalista e auto-ordenada (que adotou esse aspecto do comunismo, junto com a análise da teoria crítica da raça, em sua concepção fascista do mundo).

Embora a teoria crítica da raça propriamente dita seja, em grande medida, uma teoria da conspiração paranoica acerca de pessoas brancas, uma subdivisão da TCR conhecida como estudos críticos da branquitude (ou simplesmente "estudos da branquitude" ou de vez em quando "educação da branquitude") não pode ser considerada nada além de antibranca. (De fato, seria mais correto afirmar que os estudos críticos da branquitude, que são predominantemente realizados por brancos, é uma forma de supremacia branca autoaversiva, que tem como razão de ser despertar uma consciência racial branca que é tão autoconsciente de sua própria superioridade que deve se denunciar constantemente.) Dito isso, deve-se notar que a teoria crítica da raça é "antibranca/antibranquitude" porque é *neomarxista* e utiliza a raça no contexto ocidental, que é, em grande medida, demograficamente branco, sobretudo historicamente. Ou seja, a teoria crítica da raça não é antibrancos por intenção, mas sim por conveniência, pois os comunistas que remontam à década de 1930 sabiam que a divisão racial norte-americana seria a linha de massas mais profícua para pavimentar o caminho da sociedade para uma revolução comunista nos Estados Unidos.[68]

Os estudos críticos da branquitude estão flagrantemente ligados à teoria crítica da raça, mas é com igual evidência que são um problema para os teóricos críticos da raça, porque esses estudos são muito grosseiros, racistas e conspiratórios. Portanto, muitas vezes são retratados pelos teóricos críticos da raça — quando estão na defensiva em relação à TCR — como não relacionados ou, no máximo, como digressões ou ramificações intelectuais da teoria. Contudo, a mentira é óbvia. É difícil ignorar o fato de que, seja ou não formalmente parte da "teoria crítica da raça", uma vez que esses estudos são uma teoria crítica de um grupo racial e sua relação

MARXISMO RACIAL

com outros grupos raciais, eles são, no mínimo, uma teoria crítica referente à raça. Se isso se qualifica estritamente como parte da teoria crítica da raça é, portanto, quase em totalidade uma questão semântica, e, em minha opinião, os estudos críticos da branquitude devem ser incluídos como parte da teoria crítica da raça.

Richard Delgado e Jean Stefancic parecem não discordar, já que incluem uma seção inteira sobre o tópico em *Critical Race Theory: An Introduction*, em que o descrevem da seguinte maneira:

Outra área emergente da investigação crítica é o estudo da raça branca. Durante muitas décadas, os cientistas sociais estudaram as comunidades de cor, discorrendo de forma instrutiva sobre seus problemas, histórias, culturas e perspectivas futuras. Agora, uma nova geração de acadêmicos está analisando com atenção a branquitude e a construção da raça branca. Se, como a maioria dos pensadores contemporâneos acredita, a raça não é objetiva nem biologicamente significativa, mas construída pelo sentimento social e pela luta pelo poder, como a raça branca nos Estados Unidos veio a se definir? (...) Abordar essa questão inclui examinar o que significa ser branco, como a branquitude se estabeleceu legalmente, como certos grupos entraram e saíram da categoria de branquitude, o fenômeno do poder branco e da supremacia branca, e os privilégios automáticos advindos da condição de membro da raça dominante.[69]

A própria ideia de "branquitude como propriedade", um dos princípios básicos da teoria crítica da raça, também parece indicar que os estudos críticos da branquitude são integrantes da própria teoria crítica da raça, pois tal análise certamente se enquadra nesse domínio. A palavra "branquitude" também aparece cerca de cento e cinquenta vezes em *Critical Race Theory: The Key Writings that Formed the Movement*, em muitas ocasiões teorizando acerca de como a cultura ocidental é uma "cultura de branquitude" que precisa ser analisada criticamente (esse livro também inclui, na íntegra, o ensaio "Whiteness as Property", de Cheryl Harris). Nesse sentido, considero que podemos concordar que os estudos críticos

EM QUE ACREDITA A TEORIA CRÍTICA DA RAÇA

da branquitude não são algo que a teoria crítica da raça possa honestamente renegar.

No entanto, os estudos críticos da branquitude são um tanto diferentes da teoria crítica da raça em termos mais gerais, à medida que estão *completamente centrados na* raça branca, nas pessoas brancas e na branquitude. Entre seus objetivos declarados incluem-se questionar a produção cultural da branquitude e também o privilégio branco conferido às pessoas brancas, desenvolver uma teoria abrangente de "cumplicidade branca" no racismo e atribuir "responsabilidade moral branca" às pessoas brancas por meio dela,[70] e gerar uma consciência racial de branquitude nas pessoas brancas (nunca positiva), incentivando-as a se tornarem autocríticas dela e que ajudem em seu desmantelamento (como *práxis*). Esses projetos existem além dos alvos listados acima por Delgado e Stefancic. Nessas iniciativas, costuma-se dizer de forma aberta e direta (ao contrário do que muitos teóricos críticos da raça declaram publicamente) que todos os brancos são racistas pelo fato de serem brancos e, portanto, beneficiam-se do suposto sistema de predominância branca que criam e mantêm na sociedade. Robin DiAngelo enfatiza explicitamente esse ponto em *White Fragility*[71] (entre outros lugares), e Barbara Applebaum o menciona pelo menos uma dúzia de vezes em seu livro *Being White, Being Good: White Complicity, White Moral Responsibility, and Social Justice Pedagogy*, de 2010. DiAngelo coloca desta maneira:

> Os brancos criados na sociedade ocidental são condicionados a uma visão de mundo supremacista branca, porque é a base de nossa sociedade e suas instituições (...) Participar da discussão com essa compreensão é libertador, pois nos permite enfocar como — e não se — nosso racismo se manifesta.[72]

Applebaum enquadra isso em termos do que ela chama de sua "afirmação de cumplicidade branca", à qual dedica todo um capítulo, que começa da seguinte maneira:

> A afirmação da cumplicidade branca sustenta que todos os brancos, em virtude do privilégio branco sistêmico, que é inseparável das maneiras

brancas de ser, estão envolvidos na produção e reprodução da injustiça racial sistêmica.[73]

Essa é uma afirmação bastante espantosa, não só na implicação de que todos os brancos são racistas, mas, sobretudo, na tese em que ela se baseia (e que Applebaum sustenta amplamente em outras partes do livro; grande parte do terceiro capítulo, na verdade): que, para os brancos, "ser e fazer são inseparáveis e que fazer constitui ser".[74] Para ela, é impossível que os brancos não sejam racistas, pois quem eles são e o que fazem (beneficiar-se do privilégio branco) *são a mesma coisa*. (Pode-se suspeitar que o foco na mentalidade orientada pela práxis, em que o ser e o fazer teóricos são inseparáveis, está induzindo Applebaum a pensar dessa maneira: a Lei de Ferro da Projeção *Woke*.) Pouco antes de dizer isso, ela tenta negar que esteja essencializando racialmente as pessoas brancas (mais uma vez, o determinismo estrutural é como os teóricos críticos da raça fingem contornar isso), mas, na realidade, ela está essencializando racialmente as pessoas brancas.

No entanto, Applebaum não limita a isso suas afirmações de que todos os brancos são racistas. Ela chama a atenção para isso *repetidas vezes* ao longo do livro. Como exemplo, vejamos esta colocação:

A branquitude beneficia todos aqueles a quem é atribuída a branquitude, e é o investimento das pessoas brancas na branquitude que pode encobrir como os brancos, *mesmo aqueles com as melhores intenções*, estão comprometidos com a manutenção do sistema racialmente injusto. A cumplicidade dos brancos *bem-intencionados* é o foco principal deste livro. O conceito da cumplicidade branca aparece em diversas manifestações do estudo acadêmico crítico da branquitude. Há pelo menos dois tipos de afirmação da cumplicidade branca que devem ser discernidos. Primeiro, a cumplicidade branca costuma ser tratada como produto de atitudes e crenças negativas inconscientes sobre pessoas não brancas, que afetam todos os brancos e impactam suas práticas. Essa é uma maneira de explicar como as pessoas brancas bem-intencionadas desempenham um papel na perpetuação do racismo sistêmico.[75] [Itálicos no original.]

EM QUE ACREDITA A TEORIA CRÍTICA DA RAÇA

E ela continua:

De acordo com Trepagnier, o racismo silencioso não diz respeito à psicologia de um indivíduo distinto, mas sim com um "fenômeno cultural". Ele é silencioso na medida em que essas crenças e emoções não são expressas verbalmente, porém alimentam o racismo cotidiano e outras ações racistas. Trepagnier sublinha que as pessoas brancas não são afetadas da mesma maneira, mas todas são "contagiadas". A supremacia branca, segundo Trepagnier, "habita as mentes de todas as pessoas brancas".[76]

E continua:

Por exemplo, Wildman e Davis sustentam que a supremacia branca constitui um sistema de opressão e privilégio do qual todos os brancos se beneficiam. Portanto, todos os brancos "(...) são racistas nesse sentido do termo, porque se beneficiam do privilégio branco sistêmico. Em geral, os brancos consideram o racismo uma conduta voluntária e intencional praticada por outras pessoas horríveis. Os brancos dedicam muito tempo tentando convencer a si mesmos e aos outros de que não são racistas. Um grande passo seria os brancos admitirem que são racistas e, em seguida, considerarem o que fazer a esse respeito".[77]

Além disso, Applebaum acrescenta a afirmação de que todos os brancos são racistas porque seu "próprio ser depende" da "predominância branca":

O privilégio branco protege e sustenta a reputação moral branca, e esse escudo protetor depende da existência de um "outro abjeto" que constitui o branco como "bom". Assim, as pessoas brancas se beneficiam do privilégio branco de maneira muito profunda. Como Zeus Leonardo ressalta, todos os brancos são responsáveis pela predominância branca, pois seu "próprio ser depende disso".[78]

Vale destacar que Zeus Leonardo ainda é um teórico crítico da raça muito ativo em questões educacionais, e vem trabalhando na concepção e elaboração de grades curriculares baseadas na teoria crítica da raça para as escolas norte-americanas. Dito isso, Applebaum também apresenta essa caracterização: "(...) o poder circula através de todos os corpos brancos de maneiras que os tornam diretamente cúmplices por contribuir para a perpetuação de um sistema que eles não criam como indivíduos".[79]

E aqui, expressando talvez da forma mais simples de que ela é capaz: "Por enquanto, a questão relevante é que todos os brancos são racistas ou cúmplices por se beneficiarem dos privilégios a que não são voluntariamente capazes de renunciar."[80]

Esse — o despertar de uma identidade racial branca negativa e carregada de culpa em pessoas brancas — é o objetivo essencial dos estudos críticos da branquitude, que está bem no domínio da teoria crítica da raça. Embora vá um pouco além para desenvolvê-la aqui, essa visão acerca do despertar racial remonta historicamente a W. E. B. Du Bois, que talvez seja a "raiz profunda" mais direta da teoria crítica da raça. Martin Luther King Jr. explora isso em sua famosa "Letter from Birmingham Jail", como os teóricos críticos da raça são rápidos em apontar. Em geral, também aparece no guia de recursos humanos *White Awareness*, publicado em 1978 pela feminista Judith Katz, que parece não ser uma teórica crítica da raça propriamente dita, mas que baseia seu trabalho em grande medida em Du Bois (junto com Stokely Carmichael e Malcolm X). A obra de Katz, longe de ser uma curiosidade da história burocrática racial, também é a base para o infame infográfico de 2020 sobre a "cultura da supremacia branca" do Museu de História e Cultura Afro-Americana da Smithsonian Institution, que caracterizou virtudes como trabalho duro e pontualidade como características do que significa ser branco (supremacista). Também parece provir do livro de outra feminista, Patricia Bidol, que escreveu *Developing New Perspectives on Race* em 1970, que talvez tenha sido a primeira obra de verdade sobre estudos críticos da branquitude.

O livro de Bidol merece um momento de reflexão, pois é o primeiro a enquadrar explicitamente a dicotomia neomarxiana de "racista ou antirracista" sem neutralidade. Como é ecoado por Katz no final da década, também enquadra o racismo branco como um transtorno psiquiátrico; na verdade, uma forma de esquizofrenia. É provável que mais relevante para os leitores de hoje, o livro de Bidol também é o ponto de origem da infame definição "racismo é preconceito mais poder", significando que o racismo só pode ser definido em termos da dinâmica de poder neomarxiana e pressagiando Robin DiAngelo e Ibram Kendi ao enquadrar as pessoas como parte do problema ou parte da solução (mais uma vez, sem neutralidade). *Developing New Perspectives on Race* foi transformado em um guia intitulado *Racism in Education* em 1973, que é talvez o primeiro manual de "diversidade" do mundo. Ele foi encomendado, pago e distribuído pelo maior sindicato de professores dos Estados Unidos, a National Education Association (NEA), em 1971-1972. Sem dúvida, o livro de Katz pode ser visto como uma adaptação do de Bidol (a quem ela cita), e ambos são precursores óbvios do programa que Robin DiAngelo procurou impor às pessoas em diversos ambientes empresariais e profissionais enquanto desenvolvia sua infame teoria da resistência, "fragilidade branca".

Embora esses exemplos pareçam bastante extremos, é claro que outros livros da área não são muito melhores, incluindo *Revealing Whiteness* e *Good White People*, de Shannon Sullivan, *What Does It Mean to Be White?* e o novo *Nice Racism*, de Robin DiAngelo, e até mesmo o icônico *The Racial Contract*, de Charles Mills. Os artigos sobre estudos críticos da branquitude podem ser ainda mais aterradores, como o capítulo de Alison Bailey sobre "fala branca" (presente no livro intitulado *White Self-Criticality Beyond Anti-Racism: How Does it Feel to Be a White Problem?* — uma alusão a uma famosa frase de Du Bois), e destaque para o artigo incrivelmente estranho "Beyond the Face of Race: Emo-Cognitive Explorations of White Neurosis and Racial Cray-Cray", de Robin DiAngelo (com Cheryl E. Matias), que ressuscita as ideias de racismo como doença mental.

Como mencionado, uma das abordagens mais importantes nos estudos críticos da branquitude é impor uma consciência racial branca às pessoas brancas, o que, junto com a teoria crítica da raça, acredita ser capaz de evitar como parte de seu privilégio branco e assegurar que essa consciência racial branca seja *sempre negativa*. "Não existe uma identidade branca positiva",[81] Robin DiAngelo afirma com toda a força dos estudos críticos da branquitude por trás. No entanto, esse fato acerca da teoria crítica da raça revela algo muito importante sobre ela: trata-se de uma teoria *racista*, não apenas por padrões razoáveis, mas também conforme *seus próprios padrões*. Por ser racista de acordo com os seus próprios padrões, também deve ter consciência de que é uma teoria racista e, portanto, é *intencionalmente racista*. Nesse sentido, é bastante correto afirmar que a teoria crítica da raça é uma teoria racista neomarxiana.

Eis o motivo. Segundo a teoria crítica da raça, uma identidade racial só pode ser imposta pela aplicação do poder sistêmico em relação à raça. Esse é, em linhas gerais, o argumento de Kimberlé Crenshaw perto do fim de "Mapping the Margins", em que ela se opõe ao "construcionismo vulgar" da teoria pós-moderna. Essa questão é *central* ao construtivismo crítico. A teoria crítica da raça também reconhece que a imposição de uma *identidade racial negativa* sobre um grupo de pessoas é *racismo sistêmico*. No entanto, isso é justamente o que os estudos críticos da branquitude (uma subdivisão da teoria crítica da raça) pretendem fazer: impor uma identidade racial negativa a um grupo de pessoas com o propósito de diminuir o status social delas. Assim, a teoria crítica da raça não só se revela como um *sistema de crenças racista*, que é antibrancos no sentido de considerar a raça branca como um bode expiatório racial, mas também que deve deter poder "sistêmico" suficiente (se bem-sucedida) para ser racista.

Por que faria isso? Porque é marxismo racial. O marxismo racial deve induzir a identidade de classe racial, a consciência de classe racial e a luta de classes racial. Isso só é possível ao impor uma identidade racial branca sobre os brancos, que é compreendida como inerentemente burguesa — portanto, problemática e com necessidade de disrupção e desmantelamento, que considera ainda que deve vir *de dentro*. Como veremos com mais detalhes no Capítulo 4, tudo isso é resultado de uma invocação completa micro e macrocósmica da dialética do senhor e do escravo de Rousseau e Hegel, que, em última análise, impulsiona a teoria crítica da raça e todas as suas agendas.

Concluindo, agora que definimos a teoria crítica da raça e a caracterizamos em termos de suas próprias crenças, o que muitos leitores certamente acharão chocante, mesmo que estejam familiarizados com a TCR. Voltaremos nossa atenção para a origem dessa teoria repugnante: o neomarxismo, que se combinou com a teoria pós-moderna. Como mencionei anteriormente, só é de fato possível entender a teoria crítica da raça se compreendermos que ela é neomarxista. Nos próximos dois capítulos, desenvolveremos o que isso significa e revelaremos as raízes marxianas, hegelianas e rousseaunianas mais profundas das quais ela se origina. No que diz respeito à minha metáfora da lança para a teoria crítica da raça, agora que descrevemos a ponta da lança, devemos dirigir nossa atenção ao cabo.

CAPÍTULO 3

AS ORIGENS IDEOLÓGICAS MAIS PRÓXIMAS DA TEORIA CRÍTICA DA RAÇA

É claro que a teoria crítica da raça não surgiu do nada na década de 1970 com Derrick Bell, Alan Freeman, Pat Bidol e outros, nem mais tarde, na década de 1980, enquanto o Feminismo Negro avançava com dificuldade, causando vários problemas, até aquela decisiva conferência em Madison, Wisconsin, em 1989, quando Kimberlé Crenshaw, entre aquele "grupo de marxistas", deu-lhe o nome. A TCR tem origens ideológicas que a precedem. Até agora neste livro, foram feitas várias referências explícitas a essas origens, incluindo menções a Karl Marx, G. W. F. Hegel, Jean-Jacques Rousseau, W. E. B. Du Bois entre outros, que abordaremos no próximo capítulo. Neste capítulo, não iremos tão longe ao passado. Outras referências mencionadas, como Max Horkheimer, Herbert Marcuse e Jacques Derrida, serão abordadas primeiro. Para mim, compreender a história intelectual subjacente à teoria crítica da raça é um pouco como descascar uma cebola; então, precisamos trabalhar de forma retroativa ao longo do tempo. (Isso pode induzir o efeito de que este livro fará muito mais sentido em uma segunda leitura, que o leitor esteja alertado.)

Inúmeros leitores de minha obra estarão familiarizados com meu livro em coautoria com Helen Pluckrose, *Teorias Cínicas*, que em seu quinto capítulo trata da teoria crítica da raça. Em tal livro, situamos a teoria crítica da raça no fluxo contínuo do pensamento filosófico e expomos o erro em que o livro se concentra: a teoria pós-moderna. Isso é apenas parte da história e, sem dúvida, a menor parte. Em *Teorias Cínicas*, mostramos que as teorias do "estudo acadêmico sobre justiça social" ou da "justiça social crítica" surgiram quando certos ativistas e acadêmicos

AS ORIGENS IDEOLÓGICAS MAIS PRÓXIMAS DA TEORIA CRÍTICA DA RAÇA

adotaram elementos da teoria pós-moderna para criar algo novo, que chamamos de "pós-modernismo aplicado". Isso, como sustentamos, aconteceu sobretudo nas décadas de 1980 e 1990. O problema é que o livro *Teorias Cínicas* não fala muito acerca de *quem* foram esses ativistas que reformularam alguns elementos da teoria pós-moderna para se tornar justiça social crítica — ou no que eles acreditavam. A resposta breve para essa questão é que eles eram *neomarxistas*, que adotaram políticas identitárias, seguindo os passos das visões de Herbert Marcuse de reunir um novo "proletariado" a partir da *intelligentsia* esquerdista e de diversos grupos minoritários radicais da década de 1960. Em grande medida, a relevância do pós-modernismo reside em ter dado a esses ativistas uma vantagem em nossa nova era de meios de comunicação de massa, com imagens e retórica; portanto, armas poderosas para influenciar e controlar a sociedade numa nova realidade tecnológica: a Era da Informação. Em outras palavras, a pós-modernidade é o solo em que a revolução marcuseana pode brotar.

No ponto mais próximo, a teoria crítica da raça se originou de algumas linhas de pensamento entrelaçadas e interdependentes, sobretudo os estudos críticos do direito, nos quais Derrick Bell trabalhou e inseriu uma teoria crítica referente à raça em sua intersecção (material) com o direito. Também surge do movimento de Libertação Negra e de seu desdobramento feminista, o Feminismo Negro (escrevo ambos com letras maiúsculas para indicar que são linhas de pensamento, o que pode confundir as pessoas). Também deve muito ao movimento da pedagogia crítica para seu desenvolvimento, apesar da mentira audaciosa de que a teoria crítica da raça é *apenas* uma teoria jurídica e não está profundamente envolvida e entrelaçada na educação. Como vimos no capítulo anterior, o ramo do feminismo marxista identitário que surgiu na década de 1970, que podemos chamar de "feminismo de consciência branca", também desempenhou um papel significativo como precursor imediato de várias ideias fundamentais da teoria crítica da raça.

Mais importantes do que essas linhas de pensamento — embora sejam evidentemente de enorme importância para a compreensão da teoria crítica da raça, de onde ela se origina e, portanto, como ela interpreta o mundo — são o neomarxismo (teoria crítica), o marxismo cultural e o

MARXISMO RACIAL

pós-modernismo. A teoria crítica da raça é, na análise mais direta, uma teoria crítica referente à raça que adotou diversas ferramentas pós-modernas. O quinto capítulo de *Teorias Cínicas* documenta esses elementos pós-modernos de forma bem detalhada. Embora o marxismo cultural e o neomarxismo tenham muito em comum, eles não são exatamente a mesma coisa. Ao me referir à teoria crítica da raça como a ponta de uma "lança centenária", estou apontando principalmente para o marxismo cultural e o neomarxismo. Essa parte da história começa com o trabalho dos marxistas culturais, em particular o marxista húngaro György Lukács e o marxista albanês-italiano Antonio Gramsci, que antecederam e auxiliaram no desenvolvimento do Instituto de Pesquisa Social, mais conhecido como Escola de Frankfurt de Teoria Crítica. Seu trabalho nas décadas de 1910 e 1920 (e também a produção considerável de Gramsci após sua prisão em 1926 pelos fascistas italianos) preparou o terreno no qual a teoria crítica da raça posteriormente veio a germinar.

A FUSÃO ENTRE TEORIA CRÍTICA E PÓS-MODERNISMO

Se o leitor não absorver mais nada deste capítulo, deve pelo menos reter o seguinte: *as teorias da Justiça Social Crítica, incluindo a teoria crítica da raça, surgem de uma fusão deliberada da teoria crítica (neomarxismo) com a teoria pós-moderna* que ocorreu principalmente no meio acadêmico nas décadas de 1980 e 1990. Em outras palavras, a teoria crítica da raça constitui a dimensão racial do que Jordan Peterson chamou com razão de "neomarxismo pós-moderno". De fato, que esse é o caso já foi discutido no capítulo anterior quando tratamos do surgimento da visão *construtivista crítica* (que é um termo acadêmico formal para "neomarxismo pós-moderno"). O objetivo desta seção é explicar um pouco o que são cada uma dessas duas teorias — a teoria crítica (na verdade, o neomarxismo e o marxismo cultural ao lado dela e subjacentes a ela) e o pós-modernismo — e, depois, como elas foram combinadas nos cerca de doze anos centralizados por volta da década de 1990. Entender isso também requer compreender como a teoria crítica evoluiu para o marxismo identitário desde a década de 1960 até aquele momento.

AS ORIGENS IDEOLÓGICAS MAIS PRÓXIMAS DA TEORIA CRÍTICA DA RAÇA

Antes de nos empenharmos em fazer isso, é importante destacar que ambas as (ou todas as três) linhas de pensamento são, basicamente, marxianas. Sem dúvida, o marxismo cultural é mais ou menos marxismo, ainda que seus métodos se apliquem a questões culturais em vez de econômicas. Por sua vez, o neomarxismo incorpora bastante do marxismo cultural e apresenta críticas profundas ao marxismo clássico. Ambas as linhas da teoria marxiana surgiram para explicar o fracasso do marxismo clássico, que foi assim tratado como "vulgar". Contudo, o entendimento do pós-modernismo como teoria marxiana é um pouco mais complicado. Embora, por exemplo, o filósofo Stephen Hicks (que escreveu *Explaining Postmodernism* [*Explicando o pós-modernismo*]) tenha razão em identificar grande parte dos pensadores pós-modernos com o marxismo, o pós-modernismo é mais precisamente *pós-marxista* do que propriamente marxista. Ou seja, o pós-modernismo *se desesperançou e abandonou em grande medida* o marxismo em virtude de seu fracasso absoluto, mas manteve a maior parte do etos subjacente e grande parte de metodologia que os pensadores marxistas trouxeram à tona — não menos importante, uma profunda rejeição ao liberalismo e ao capitalismo. Para complicar ainda mais as coisas, na época em que o neomarxismo entrou em cena na década de 1960, também estava antecipando a pós-modernidade e já explicando alguns temas pós-modernos. Nesse sentido, destaca-se *Negative Dialetics* [*Dialética negativa*], obra de Theodor Adorno publicada em 1966, mas as ideias também estão presentes em *An Essay on Liberation* [*Um ensaio para a libertação*], de Herbert Marcuse, publicado em 1969. Contudo, afirmar que todas as três linhas de pensamento são amplamente marxianas é correto e importante para o entendimento.

Dito isso, como esclarecimento, não temos tempo nem espaço para fazer um resumo completo dessas duas (ou três) linhas de pensamento e não pretendemos tentar tal coisa. Como *Teorias Cínicas* demonstra, todas as três merecem abordagens extensas próprias, mesmo sem tentar conectá-las. Por enquanto, uma amostra é suficiente.

MARXISMO RACIAL

Neomarxismo (ou seja, teoria crítica) e marxismo cultural

Visto que a história da teoria crítica e do marxismo cultural é relevante, mas pode ser um tanto densa filosoficamente, vamos começar resumindo sua relevância para a teoria crítica da raça. Sem dúvida, a teoria crítica da raça é uma *teoria crítica* (da raça); então, a conexão entre teoria crítica e teoria crítica da raça não é exatamente tênue. Kimberlé Crenshaw explicitou a conexão quando explicou numa palestra pública como a teoria crítica da raça recebeu esse nome: "Descobrimos que éramos teóricos críticos que tratavam da questão racial e que éramos defensores da justiça racial que se dedicavam à teoria crítica".[1] Simples assim. No entanto, apenas para tornar a conexão mais explícita, eis parte da descrição da conferência de fundação referente à teoria crítica da raça como aparece na introdução de *Critical Race Theory: The Key Writings that Formed the Movement*:

> Nossas reuniões *ad hoc* antes e durante diversas conferências propiciaram uma oportunidade ocasional para a discussão de nossas visões; no entanto, o evento formativo mais importante foi a fundação do seminário da teoria crítica da raça. Organizado principalmente por Kimberlé Crenshaw, Neil Gotanda e Stephanie Phillips, o seminário reuniu trinta e cinco acadêmicos de direito que atenderam a um convite para sintetizar uma teoria que, embora **fundamentada na teoria crítica**, fosse responsiva às realidades da política racial nos Estados Unidos. De fato, os organizadores criaram a expressão "teoria crítica da raça" **para deixar claro que nosso trabalho se situa na intersecção entre teoria crítica** e raça, racismo e o direito.[2] [Negritos adicionados.]

Portanto, não resta dúvida de que a teoria crítica da raça é uma *teoria crítica referente à raça*, e o conjunto desse aparato intelectual — incluindo o marxismo cultural que ela redirecionou — deve ser entendido para a compreensão plena da teoria crítica da raça. (A propósito, na próxima frase, os autores esclarecem que o que eles querem dizer com "intersecção entre teoria crítica e raça, racismo e o direito" é uma síntese dialética hegeliana da teoria crítica, marxismo negro e direitos civis liberais, o que, em termos funcionais, sobretudo lhes permite evitar a acusação, por tecnicalidade, de serem o que são: neomarxistas que acreditam que a economia deveria ser subordinada à raça, e não o contrário. Mais detalhes sobre isso no próximo capítulo.) Então, para entendermos a teoria crítica da raça, precisamos entender o neomarxismo e o marxismo cultural.

Em resumo, o neomarxismo é uma admissão marxiana de que o capitalismo avançado funciona em combinação com a crença de que isso é um problema sério que precisa de uma solução radical para que o comunismo ainda possa ser alcançado. Em outras palavras, trata-se da crença de que fatores psicológicos, sociológicos e culturais, sem mencionar a prosperidade e o conforto materiais, levam à persistência dos regimes capitalistas e, assim, impedem as revoluções marxistas "libertadoras". Portanto, o neomarxismo está muito mais interessado na ideia de *falsa consciência* — a ideia de que as pessoas nas sociedades capitalistas acreditam estar felizes e prósperas apenas porque carecem das ferramentas necessárias (neomarxistas) para entender que, na verdade, são infelizes e oprimidas — do que Marx e Engels, que mencionaram isso sucintamente apenas algumas poucas vezes e não se aprofundaram no conceito. Em outras palavras, o neomarxismo acredita que o capitalismo avançado não funciona na verdade, mas engana de forma muito eficaz as pessoas para que acreditem que funciona, aquietando-as na complacência e as isolando contra o comunismo e a vontade revolucionária. Em consequência, desloca a categoria "oprimida" de sua teoria do conflito marxiana para além da classe trabalhadora e a insere em diversas outras dinâmicas de poder culturalmente relevantes, sobretudo a política identitária por volta do final da década de 1960. O neomarxismo também sustenta a crença, tal como o marxismo de onde se origina, de que o capitalismo é inerentemente instável e acabará desmoronando. Enquanto Marx acreditava que a revolução socialista era inevitável, os neomarxistas percebiam duas possíveis consequências dialéticas do capitalismo: ou seu socialismo libertador ou o fascismo.

Sua doutrina da falsa consciência derivou, em grande medida, do marxista húngaro György Lukács, que trabalhou em estreita colaboração com o sociólogo Max Weber, junto com suas próprias tentativas de

MARXISMO RACIAL

incorporar a teoria psicanalítica freudiana ao marxismo. Assim, seu objetivo não é simplesmente despertar a consciência de classe como Marx defendia, mas também desmantelar a consciência existente, enquadrando-a como falsa, destrutiva e escravizante. Em certo sentido, portanto, o neomarxismo é uma teoria marxiana que acredita ter mais acesso ao conteúdo da mente de uma pessoa do que ela própria. A falsa consciência constitui uma crença profundamente conspiratória e presunçosa de que as pessoas subjugadas tendem a não estar cientes desse fato e acreditam que são mais livres e felizes do que de fato são. Então, o objetivo imediato de uma teoria crítica é romper a falsa consciência e despertar uma consciência crítica; em outras palavras, fazer com que as pessoas pensem em termos da teoria crítica. Isso é apresentado como uma consciência "libertadora" e revolucionária, pela qual as pessoas se conscientizam de seu próprio "sofrimento" e "servidão", apesar de sua convicção em seu próprio contentamento e felicidade.[3] Para os neomarxistas, a libertação significa libertação de toda a opressão, fadiga, exploração, alienação e todo o trabalho desnecessário (também da realidade), todos os quais eles associam ao capitalismo.

Os neomarxistas acreditavam que a falsa consciência resultava do condicionamento social por meio do poder sistêmico, criado e mantido por aqueles que se beneficiam dele — sobretudo, os capitalistas —, ainda que eles tenham começado a expandir sua análise para outros domínios da opressão sistêmica, como raça, gênero, sexualidade e assim por diante, mesmo na década de 1930. Eles acusam três inimigos principais de criar e manter a falsa consciência. Primeiro, há a sociedade de consumo, que os neomarxistas enxergam como uma forma especialmente perversa do capitalismo, que aliena cada vez mais as pessoas da realidade para lucrar com a venda de mercadorias desnecessárias para elas. Segundo, há as elites privilegiadas da sociedade que se beneficiam ao manter as pessoas aprisionadas nesse sistema. Terceiro, há algo a que eles se referiam como "a indústria cultural", criada por esses dois primeiros interesses para manter o esquema em funcionamento. A indústria cultural produz um tipo de "cultura" falsa, popular ou mediana para as pessoas comuns a fim de mantê-las como consumidores falsamente felizes. Acredita-se que essas três forças se combinam para gerar a falsa consciência por intermédio de meios culturais em favor dos interesses interligados de poder da sociedade (liberal, livre). Em consequência, a maioria das críticas neomarxistas visa (e apreende) os *meios de produção cultural* em vez de os meios de produção econômica enfocados por Marx.

Para esse propósito, os neomarxistas desenvolveram a teoria crítica, que está sem dúvida no cerne da teoria crítica da raça. Vale ressaltar brevemente que um teórico da educação marxiano (pedagogo crítico) chamado Isaac Gottesman se refere à teoria crítica como "*marxismo* crítico" (itálico adicionado) em seu importante livro *The Critical Turn in Education*, publicado em 2016.[4] Essa ideia foi exposta a princípio por Max Horkheimer em 1937, quando ele era o diretor do Instituto de Pesquisa Social, mais conhecido como Escola de Frankfurt. A Escola de Frankfurt era um centro de estudos neomarxistas, que surgiu em Frankfurt, mas foi transferido para os Estados Unidos em 1933 (os membros da Escola de Frankfurt eram quase todos judeus e, portanto, escaparam da Alemanha assim que Adolf Hitler assumiu o cargo de chanceler em 1933). De acordo com Horkheimer, a teoria crítica existe para lidar com a crença (fundamental para a teoria crítica) de que os termos da própria sociedade estão tão corrompidos que uma sociedade alternativa não pode mesmo ser concebida nos termos existentes (a tentativa de impor o socialismo aos termos sociais existentes é o diagnóstico oferecido pelos teóricos críticos para os fracassos do regime soviético, sobretudo sob Stálin). Uma teoria crítica também deve possuir três componentes: (1) deve apresentar uma visão idealizada da sociedade; (2) deve se envolver em crítica para explicar por que a sociedade existente deixa de corresponder ou alcançar essa visão idealizada; e (3) deve promover e se envolver em ativismo social (práxis) em favor dessa visão em conformidade com a teoria.[5] Como se sabe, é exatamente isso o que a teoria crítica da raça faz, e é por isso que seus fundadores tinham razão em considerá-la como uma espécie de teoria crítica.

O neomarxismo, na medida em que visa a cultura, também é, em certo sentido, uma forma ou uma evolução do marxismo cultural, que o antecedeu. O marxismo cultural começou a evoluir nas décadas de 1910 e 1920, conforme os marxistas da época procuravam promover o marxismo por toda a Europa e encontraram dificuldades extremas. De

MARXISMO RACIAL

fato, eles descobriram que, sob certos aspectos, como por exemplo a crença na inevitabilidade do despertar de uma consciência de classe por parte da classe trabalhadora e de uma revolução proletária espontânea, Marx parecia estar equivocado, e eles queriam entender o motivo. Marx enxergava o progresso da História pelo materialismo dialético através de seis estágios, e o capitalismo seria o quarto e o socialismo pós-revolucionário logo em seguida, mas apenas a Rússia camponesa, presa na *terceira fase da História* (propriedades feudais), havia alcançado a Revolução e ingressado no socialismo. Os bastiões capitalistas na Europa e nos Estados Unidos não tinham saído do lugar. Algo estava errado com a teoria.

Os marxistas culturais emergentes encontraram uma resposta na cultura, que os neomarxistas posteriormente tornaram mais capitalista ao associá-la à "indústria cultural". Os mesmos valores que geram as sociedades capitalistas acabam por *rejeitar energicamente* o socialismo marxiano (provavelmente porque o socialismo rejeita a liberdade, sendo, de maneira muito tangível, um retrocesso para um novo feudalismo ainda mais corrupto e grotesco, em que o Partido substitui os senhores e as senhoras feudais). Em consequência, os marxistas culturais acreditavam que a cultura e os valores predominantes de uma sociedade deveriam ser modificados primeiro se a Revolução fosse ocorrer. Portanto, o programa deles consistia em um ataque cultural que engendraria uma *revolução cultural* antes de uma revolução social plena. Poucos pensadores marxistas foram mais claros sobre isso do que o húngaro György Lukács, que era um personagem extremamente nefasto, bem versado em contestar e envenenar os valores culturais de uma sociedade.

Se Lukács possuía um equivalente teórico, era na figura de um de seus contemporâneos e colaboradores: Antonio Gramsci. Gramsci reconheceu que a cultura é produzida, sustentada e transmitida por meio de instituições culturais importantes, e também que a modificação de uma cultura para abrir caminho para o marxismo deveria ser realizada mediante a infiltração e a mudança dessas instituições-chave de dentro para fora. Em suma, ele defendeu visar cinco dessas instituições: religião, família, educação, mídia e direito. Voltaremos a esses personagens na próxima seção.

AS ORIGENS IDEOLÓGICAS MAIS PRÓXIMAS DA TEORIA CRÍTICA DA RAÇA

Para deixar claro, a teoria crítica da raça se encaixa perfeitamente nesse molde marxista cultural e neomarxista. Concentra-se implacavelmente em instituições culturais (começou no direito e se disseminou rapidamente para a educação e depois para a mídia) e trabalha para se apoderar dos meios de produção cultural, para que possa transformá-los de dentro para fora em seus próprios órgãos. Portanto, a teoria crítica da raça pode ser entendida como uma espécie de marxismo cultural que confunde culturas com raças (o que pode ser atribuído em grande medida a W. E. B. Du Bois, pelo menos no lado teórico). Se alguém aceita a ideia racista de que raças possuem culturas distintas, a construção básica vem na sequência. Essa nova forma de teoria marxiana é ao que me refiro como "marxismo identitário". A teoria crítica da raça é o marxismo racial no âmbito dessa constelação mais ampla de ideias terríveis.

Aqui nos deparamos com uma consideração importante. A expressão "marxismo cultural" é delicada, pois os neomarxistas foram bastante eficazes em rotulá-la como uma "teoria da conspiração antissemita" (sendo eles os supostos conspiradores contra o Ocidente — o que é mesmo verdade, mas não porque eles fossem judeus). De fato, em 2020, na Wikipédia, o verbete "marxismo cultural" foi substituído por um novo verbete: "teoria da conspiração do marxismo cultural". Além disso, a expressão "marxismo cultural" é obsoleta e imprecisa em relação ao pensamento marxista identitário. A "cultura" que os marxistas culturais enfocavam na época não era o conceito antropológico que associamos com a palavra no momento atual. Em vez disso, estava mais nos termos do que queremos dizer com "culto" quando falamos de ópera, boas maneiras e apreço pela música clássica, o que, em linhas gerais, significa ser da classe alta. O "marxismo cultural" da atualidade ataca sobretudo a ideia dos valores liberais universais de forma diferente: sem alegar que são burgueses, mas por meio da política identitária. Essa segunda fase do neomarxismo, que podemos chamar de "marxismo identitário" para evitar confusão, usa a ideia de "cultura" de uma maneira que, desde a década de 1960 aproximadamente, substituiu o significado mais antigo e que tinha muito mais em comum com o movimento alemão *Völkisch* [étnico] do que com a dicotomia entre alta cultura e baixa cultura. Essa nova abordagem baseada em identidade surgiu principalmente a partir das iniciativas de Herbert Marcuse (naquilo que às vezes chamo de Segunda Fase da Escola de Frankfurt — Horkheimer liderou a primeira, e Habermas assumiu a terceira, o que não é muito relevante para a história da origem da teoria crítica da raça).

Agora que entendemos um pouco de como o neomarxismo e o marxismo cultural são relevantes para a teoria crítica da raça, podemos dirigir nossa atenção para saber como eles surgiram para acrescentar profundidade.

Embora costumem ser considerados modos distintos do pensamento esquerdista, acredito que o neomarxismo e o marxismo cultural sejam em grande medida a mesma coisa, apresentando-se em diferentes níveis de especificidade da tarefa. Portanto, vou tratá-los em conjunto. Alguns dos pensadores, como Antonio Gramsci, são facilmente classificados como ligados a um modo de pensamento, e não ao outro. Gramsci era um marxista cultural no sentido de que sua orientação era muito mais puramente marxista, embora ele compreendesse o lado cultural da sociedade talvez melhor do que qualquer pensador até o momento de sua morte prematura em 1937. Outros, como Max Horkheimer, Theodor Adorno e Herbert Marcuse, também são classificados com muita facilidade. Eles eram teóricos críticos na linha do neomarxismo, embora Horkheimer, pelo menos, tenha trabalhado diretamente com Gramsci antes de este ser preso. Outras figuras são muito mais ambíguas, em particular György Lukács e Carl Grünberg, que foram fundamentais (junto com alguns outros) na fundação da Escola de Frankfurt em 1923, mas que não se encaixam claramente em nenhuma das duas categorias (eles eram marxistas à procura de entender seu tempo). Além disso, parece claro que, no final da década de 1960, muitas das ideias iniciais do marxismo cultural estavam retornando para o pensamento neomarxista mais puramente teórico de Herbert Marcuse, o que provavelmente, em última análise, deu início à "longa marcha através das instituições", sobretudo em educação, direito e mídia. Essas distinções não são particularmente importantes para nossa discussão, mas uma breve explanação pode ser interessante.

AS ORIGENS IDEOLÓGICAS MAIS PRÓXIMAS DA TEORIA CRÍTICA DA RAÇA

A teoria crítica propriamente dita foi desenvolvida inicialmente e nomeada por Max Horkheimer em 1937, em um ensaio intitulado "Traditional and Critical Theory", e recebeu sua primeira exposição completa por meio de Horkheimer junto com Theodor Adorno no livro deles de 1944 intitulado *The Dialectic of Enlightenment* [*Dialética do esclarecimento*], que foi revisado e reeditado em 1947. Como Gramsci foi preso em 1926 e realizou a maior parte da escrita na prisão até a morte em 1937 (seus textos, agora intitulados *The Prison Notebooks* [*Cadernos do cárcere*], se mantiveram escondidos em armários na prisão durante esses onze anos), sua exposição mais detalhada das ideias que agora identificamos como marxismo cultural não estaria disponível para Horkheimer. Qualquer influência de Gramsci no desenvolvimento da teoria crítica, que também foi desenvolvida para criticar (impiedosamente) os elementos culturais do liberalismo e capitalismo, teria sido a partir de seu trabalho anterior à prisão, sobretudo entre 1916 e seu encarceramento em 1926. Durante esse período, sabe-se que ele se encontrou com Horkheimer e Lukács e compartilhou algumas ideias com eles, pelo menos (e, ao que tudo indica, também por ter confrontado Lênin acerca do caráter de Stálin). Assim, o neomarxismo e o marxismo cultural estrito de Gramsci compartilham raízes comuns, mas são necessariamente desenvolvimentos teóricos um tanto diferentes. No entanto, como a teoria crítica neomarxista ataca a cultura ocidental, liberal e iluminista, às vezes também é referida como "marxismo cultural". Dito tudo isso, de agora em diante tratarei as duas ideias como quase sinônimas. A teoria crítica será especificada como a ferramenta que é, devendo ser reconhecida como a metodologia motriz do neomarxismo (e de grande parte do marxismo cultural).

Entre esses pensadores, Lukács deve ser mencionado primeiro em detalhes, pois sua obra é talvez a mais antiga, a mais danosa e a mais impactante na criação das condições dos dias de hoje, além da de Herbert Marcuse. Via de regra, Lukács era leninista e ocupou um cargo importante na República Soviética da Hungria, que durou pouco mais de quatro meses em 1919, até o povo húngaro reagir vigorosamente contra ela (uma lição para nossos tempos atuais). Então, ele fugiu para Viena, onde mais tarde trabalhou com Gramsci e Horkheimer. Durante a efêmera República Soviética da Hungria, Lukács se tornou vice-comissário do povo

MARXISMO RACIAL

para Educação e Cultura — ou seja, ele era propagandista e doutrinador. A partir dessa posição, Lukács se tornou o teórico da versão húngara do Terror Vermelho bolchevique, e uma de suas primeiras linhas de ação em massa foi solapar a moralidade tradicional húngara por meio do ensino de sexualidade libertina aos estudantes (temos um problema semelhante de cunho lukacsiano nas escolas norte-americanas, não é mesmo?). No geral, ele não era uma pessoa agradável. No entanto, seu foco em educação e cultura foi determinante na formação das ideias que se transformaram no marxismo cultural.

Embora Lukács tenha escrito muitas obras em vida, na época, é provável que seu trabalho mais influente tenha sido *History and Class Consciousness* [*História e consciência de classe*], de 1923. Nesse livro, ele expõe várias ideias que mudaram o curso do pensamento marxista (sobretudo no Ocidente), incluindo o conceito de reificação (a visão de que as relações sociais são percebidas como atributos das pessoas envolvidas nelas), um impulso para tornar o marxismo utópico *normativo* (uma questão de imperativo ético) no pensamento marxiano, e um desenvolvimento sobre a "necessidade" de uma revolução no partido de vanguarda (leninista), ou seja, a ideia de que o proletariado deve tomar o poder e estabelecer uma ditadura brutal como parte do processo de alcançar um estado socialista e, posteriormente, comunista. Lukács também mudou consideravelmente o pensamento marxiano, remontando-o a suas origens hegelianas, em vez de depender do "materialismo dialético" derivado de Marx, que ele considerava imperfeito pelas razões já mencionadas. O mais importante a extrair dessa análise breve de Lukács é que ele direcionou o pensamento marxiano na década de 1920 para questões sociológicas e culturais, em parte ao torná-lo mais hegeliano. Dada sua propensão à violência (e sua utilização deliberada da degeneração sexual no povo húngaro e nas crianças para abri-los à subversão cultural), ele também trouxe certa postura do tipo "custe o que custar" ao marxismo ocidental que não era importante no sistema de crenças muito mais historicista de Marx. (Marx acreditava que as revoluções simplesmente aconteceriam, mais ou menos, mesmo que uma revolução violenta fosse necessária no último momento, quando as condições estivessem adequadas; Lukács entendia que as condições tinham que *ser tornadas* "adequadas".)

AS ORIGENS IDEOLÓGICAS MAIS PRÓXIMAS DA TEORIA CRÍTICA DA RAÇA

Antonio Gramsci, mais sutil, se baseava numa espécie de entrismo (conquista de acesso a uma instituição para mudá-la de dentro para fora) subversivo, em vez da subversão moral direta e da violência vanguardista. Gramsci estava convencido de que a chave para abrir as sociedades ocidentais capitalistas e liberais ao marxismo era um ataque total contra as instituições culturais que mantinham seus valores. Ele chamou o *soft power** de amplo alcance da cultura e dos valores de "hegemonia cultural" (a ideia de que certos valores culturais são dominantes e estáveis ao longo das gerações, interpretados como uma espécie de poder), e realizou uma análise detalhada de como esse "campo de força" cultural era produzido e como poderia ser desativado e até mesmo revertido. Sua conclusão foi que as principais instituições que produzem e mantêm a cultura tinham que ser infiltradas por marxistas (culturais) e modificadas de dentro para fora para criar uma cultura mais propícia ao pensamento marxiano. Os cinco principais pilares culturais que ele identificou foram a religião, a família, a educação, a mídia e o direito, e deu especial ênfase à educação. O educador marxista brasileiro Paulo Freire, que foi mencionado no capítulo anterior e que é fundamental para a parte da teoria da educação relativa ao desenvolvimento da teoria crítica da raça, era entusiasta gramsciano nesse aspecto. Assim, considerando a incrível influência de Freire, essa linha de pensamento é efetivamente dominante nas escolas norte-americanas atuais.

A visão de Gramsci era que os pensadores marxistas precisavam se infiltrar nessas instituições culturais fundamentais e mudá-las de dentro para fora para estabelecer uma "contra-hegemonia" subversiva (nova contracultura dominante) que as tornasse progressivamente mais marxistas. Embora tivesse sido nomeada após o que Mao Tsé-Tung vinha fazendo na China na época durante a década de 1960 com sua revolução cultural, essa maneira de pensar passou a ser conhecida naquela década como "a longa marcha através das instituições".** A ideia é que se você

---

* *Soft power* é uma expressão usada na teoria das relações internacionais para descrever a habilidade de um corpo político — um Estado, por exemplo — de influenciar indiretamente o comportamento ou os interesses de outros corpos políticos por meios culturais ou ideológicos.
** A frase é atribuída ao marxista alemão Rudi Dutschke e foi adotada com entusiasmo pelo neomarxista Herbert Marcuse.

MARXISMO RACIAL

consegue capturar as instituições por meio de revoluções culturais internas (que podem ser realizadas de maneira muito discreta), então é possível mudar completamente a cultura *dentro das instituições que produzem a cultura mais ampla* e preparar o terreno para a revolução marxiana plena. Já foi dito que "Mao fez o que Gramsci pensou",[6] quer Mao tivesse ou não conhecimento das ideias de Gramsci acerca do estabelecimento de contra-hegemonias em instituições culturais fundamentais, sobretudo de educação (é possível, mas não se sabe ao certo se Mao leu as obras relevantes de Gramsci, embora seja certo que tenha ouvido falar do pensador italiano). Em resumo, Gramsci (sem dúvida com estímulo de Lukács) é o pai *teórico* da revolução cultural (Mao é seu criador *prático*), que é exatamente aquilo que a teoria crítica da raça está tentando executar na sociedade norte-americana e em outras sociedades ocidentais: a ponta de uma lança centenária.

A esta altura, Gramsci e Lukács podem ser deixados em grande parte de lado como criadores do marxismo cultural e impulsionadores do que veio a ser conhecido como revolução cultural. Enquanto isso, em 1923, Carl Grünberg e alguns outros marxistas alemães — financiados pelo rico socialista Felix Weil —, e em pelo menos em algum grau de coordenação com os marxistas culturais, estabeleceram um centro de estudos (neo)marxista, o Instituto de Pesquisa Social na Universidade Goethe de Frankfurt (a Escola de Frankfurt). O objetivo era descobrir por que as sociedades capitalistas ocidentais não estavam avançando em direção às revoluções socialista e comunista (embora a Rússia camponesa tivesse feito isso), incluir as ciências sociais emergentes (sobretudo a psicanálise freudiana e a sociologia weberiana) na teoria marxiana e fomentar as ambições do pensamento marxista (cultural) em desenvolvimento da época. Em particular, seus membros procuraram corrigir os aparentes erros de Marx e reconduzir sua teoria para as origens mais hegelianas (detectando relações mais dialéticas). De certo interesse para a história e as origens filosóficas da teoria crítica da raça, Grünberg foi aluno do economista e "reformador social" alemão Gustav von Schmoller, que também orientou W. E. B. Du Bois — considerado amplamente o mentor intelectual da teoria crítica da raça e, por vezes, o primeiro teórico crítico da raça de fato —, e cujas

AS ORIGENS IDEOLÓGICAS MAIS PRÓXIMAS DA TEORIA CRÍTICA DA RAÇA

visões fundamentaram grande parte do projeto de Du Bois e da Escola de Frankfurt.[7] (Durante sua estada na Alemanha, Du Bois não foi orientado apenas por Schmoller, mas também nas filosofias idealistas de Johann Gottfried Herder e G. W. F. Hegel, em especial por convictos nacionalistas alemães do movimento *Völkisch*, aos quais voltaremos no próximo capítulo.)

Foi na Escola de Frankfurt que a teoria crítica (precursora intelectual óbvia da teoria crítica da raça) teve seu desenvolvimento. Ela foi dirigida por Grünberg de 1923 a 1929, e então a direção foi entregue a Max Horkheimer, que assumiu plenamente a função de diretor em 1930. Foi Horkheimer quem primeiro desenvolveu a teoria crítica como alternativa ao que ele chamava de "teoria tradicional". No ensaio seminal sobre o assunto, intitulado "Traditional and Critical Theory", que Horkheimer escreveu em 1937, ele basicamente reformulou a famosa injunção de Marx de que o objetivo do estudo da filosofia não é só compreendê-la, mas também mudá-la (lembremos que essa recomendação é parafraseada no segundo parágrafo de *Critical Race Theory: An Introduction* como parte da descrição do que *é* a teoria crítica da raça). Assim, Horkheimer faz uma separação entre a "teoria tradicional", que serve para saber como o mundo funciona, e a "teoria crítica", que se destina a mudá-la no nível mais fundamental. A teoria tradicional foi relegada a um patamar inferior de "entendimento" (em alemão: *Verstand*, segundo Hegel), para que ela pudesse se tornar subordinada de uma teoria crítica impregnada de forma ética que ainda estava dotada adicionalmente com uma Razão mais robusta e multidimensional (em alemão: *Vernunft*, segundo Hegel). Como já mencionado, isso significa que a teoria marxiana, como um sistema ético, e o método Crítico defendido por Marx ("crítica implacável contra tudo o que existe") representavam uma abordagem superior e mais refinada do conhecimento (em alemão: *Wissenschaft*).

Talvez mais especificamente para entendermos como se chegou à teoria crítica da raça, a teoria crítica foi desenvolvida, primeiro sob Max Horkheimer e depois sob Herbert Marcuse, para alcançar três objetivos principais. Em primeiro lugar, procuraram tornar a teoria marxiana mais dialética em sua natureza, ou seja, mais hegeliana em sua abordagem. Em segundo lugar, quiseram mostrar que a sociedade existente reproduz a opressão, mesmo após uma revolução, se não há uma ruptura total com os modos de pensamento existentes (explicando assim os fracassos do socialismo de estilo soviético sem precisar admitir que o problema é a própria teoria marxiana) — e que esses não podem ser enquadrados na linguagem ou nos ideais da sociedade existente. E em terceiro lugar, e possivelmente o mais importante, eles tiveram que lidar com o fato de que o *capitalismo funcionava visivelmente* e, portanto, gerava sociedades funcionais e prósperas, o que, segundo os neomarxistas, roubava a vontade revolucionária do proletariado e o cooptava para o sistema capitalista. Este último objetivo teve consequências enormes no desenvolvimento da teoria crítica da raça depois que Herbert Marcuse o utilizou para buscar, nas diversas comunidades de minorias radicais da década de 1960, sobretudo a "população do gueto", como ele a chamava, por um novo proletariado que pudesse pôr em prática suas ambições revolucionárias. Como vivemos atualmente no mundo delineado por Herbert Marcuse de maneiras significativas, essa mobilização de diversos contingentes de minorias radicais (militantes negros, minorias sexuais, feministas, entre outras) provou ser decisiva na criação tanto da teoria crítica da raça como da interseccionalidade.

Acerca dos objetivos da teoria crítica, Horkheimer e Marcuse concordaram plenamente. Em uma entrevista de 1969, alguns anos antes de sua morte, Horkheimer explicou:

> Essa sociologia foi além da teoria crítica da sociedade concebida por Marx para refletir a realidade de maneira mais adequada. Um aspecto é bastante importante: Marx tinha o ideal de uma sociedade de seres humanos livres. Ele acreditava que essa sociedade capitalista teria necessariamente que ser superada pela solidariedade resultante da crescente pauperização da classe trabalhadora. Essa ideia não é correta. A sociedade em que vivemos não pauperiza os trabalhadores, mas os ajuda a construir uma vida melhor. E além disso, Marx não percebeu que a liberdade e a justiça são conceitos dialéticos. Quanto mais liberdade, menos justiça, e quanto mais justiça, menos liberdade. A teoria crítica que eu concebi mais tarde se baseia na ideia de que não podemos determinar o que é bom, como seria uma sociedade boa e livre, a partir de

dentro da sociedade em que vivemos agora. Carecemos dos meios. Mas em nosso trabalho, podemos abordar os aspectos negativos dessa sociedade que queremos mudar.[8]

Com respeito ao último ponto — que Horkheimer identifica como a razão de ser da teoria crítica —, Marcuse concorda. Em *An Essay on Liberation*, ele afirma, de forma um tanto funesta:

A proposição "o fim justifica os meios" é, de fato, uma afirmação genérica intolerável — mas também é, como afirmação genérica, sua negação. Na prática política radical, o fim pertence a um mundo diferente e contrário ao universo estabelecido do discurso e do comportamento. Porém, os meios pertencem a este último e são julgados por este último, em seus próprios termos, os mesmos termos que o fim invalida. Por exemplo, supondo que uma ação se destine a impedir crimes contra a humanidade cometidos em nome do interesse nacional declarado; e os meios para atingir esse objetivo sejam atos de desobediência civil organizada. De acordo com a lei e a ordem estabelecidas, não são os crimes, mas sim a tentativa de impedi-los que é condenada e punida como crime; portanto, é julgada pelos mesmos padrões que a ação denuncia. A sociedade existente define a ação transcendente em seus próprios termos — um procedimento de autovalidação, totalmente legítimo, até mesmo necessário para essa sociedade: um dos direitos mais eficazes do Soberano é o direito de estabelecer definições de palavras aplicáveis.[9]

Nesse caso, o que Marcuse está dizendo é que não é possível julgar a sociedade existente nos termos estabelecidos pela própria sociedade. Para julgá-la de fato, precisamos de termos diferentes, que ele indica que serão fornecidos pela teoria crítica. Sua visão é que os fins (uma nova sociedade baseada no comunismo) justificarão os meios para chegar lá, porque será muito melhor na nova sociedade (comunismo) e todos concordarão em geral que era necessário tomar medidas radicais para romper com a sociedade que, a partir de dentro, não pode ser compreendida como opressiva.

Não é só com esse princípio nobre de que a opressão pode se reproduzir quando é ilegítima que eles concordam acerca da teoria crítica. Todos os três pontos-chave já mencionados estão presentes na descrição de Horkheimer, que ele deu numa entrevista no mesmo ano em que Marcuse escreveu *An Essay on Liberation*. Essas ideias são centrais para o que é a teoria crítica — assim como é a crença de que os fins esquerdistas justificam os meios esquerdistas — e em linhas gerais, a premissa subjacente do ensaio "Repressive Tolerance", de autoria de Marcuse e publicado em 1965, e algo que ele sustenta explicitamente em *An Essay on Liberation*. No entanto, isso representa um problema para os comunistas. O ponto específico de que a "sociedade existente" funciona. Como Horkheimer deixa claro ao afirmar que a sociedade atual permite à classe trabalhadora construir uma vida melhor, invalidando assim Marx. Segundo Marcuse, isso exige que os teóricos críticos procurem um *novo "proletariado"* em busca de seus objetivos revolucionários.

Em *One-Dimensional Man*, por exemplo, Marcuse afirma: "O novo mundo do trabalho tecnológico, portanto, impõe um enfraquecimento da posição negativa da classe trabalhadora: esta última já não parece ser a contradição viva da sociedade estabelecida".* Em outras palavras, a classe trabalhadora não vai ser uma base adequada para um proletariado com consciência de classe nas sociedades capitalistas avançadas. Em *An Essay on Liberation*, Marcuse escreve sobre esse assunto de modo muito mais claro. Primeiro, ele estabelece que a sociedade de consumo capitalista existente estabiliza a classe trabalhadora. Seu argumento deve ser lido em sua expressão completa:

> Não foi simplesmente o padrão de vida mais elevado, a ilusória superação da diferença de consumo entre os governantes e os governados, que obscureceu a distinção entre o interesse real e o interesse imediato dos governados. A teoria marxiana logo percebeu que o empobrecimento não necessariamente propicia o terreno para a revolução, que uma consciência e imaginação altamente desenvolvidas podem gerar uma

---

* *One-Dimensional Man*, p. 35. (Para crédito de Marcuse, ele prossegue explicando que essas mesmas mudanças também estavam alterando a natureza da dominação, convertendo-a em dominação pela administração, sendo um diagnóstico preciso da nossa atual situação.)

necessidade vital a favor de uma mudança radical em condições materiais avançadas. O poder do capitalismo corporativo tem reprimido o surgimento de tal consciência e imaginação; seus meios de comunicação de massa têm ajustado as capacidades racionais e emocionais a seu mercado e a suas políticas, direcionando-as para a defesa de seu domínio. O encolhimento da diferença de consumo possibilitou a coordenação mental e instintiva das classes trabalhadoras: a maioria da força de trabalho organizada compartilha as necessidades de estabilização e contrarrevolução das classes médias, como evidenciado pelo comportamento como consumidores de mercadorias materiais e culturais e pela repulsa emocional contra a *intelligentsia* inconformista. Por outro lado, onde a diferença de consumo ainda é grande, onde a cultura capitalista ainda não chegou a todas as casas ou casebres, o sistema de necessidades de estabilização tem seus limites; o contraste gritante entre a classe privilegiada e os explorados leva à radicalização dos desfavorecidos. Esse é o caso da população do gueto e dos desempregados nos Estados Unidos; também é o caso das classes trabalhadoras nos países capitalistas mais atrasados.[10]

Aqui, vemos Marcuse explicar que o capitalismo avançado foi bem-sucedido e que a classe trabalhadora foi estabilizada, em vez de ser desestabilizada em direção a uma vontade revolucionária. No entanto, ele mostra a contradição dialética, reconhecendo que a prosperidade de estabilização do capitalismo avançado ainda não alcançou a todos, citando especificamente "a população do gueto e os desempregados" como reservatórios em potencial de grupos suscetíveis à radicalização. Então, Marcuse continua, aprofundando o argumento:

Em virtude de sua posição fundamental no processo de produção, em virtude de seu peso numérico e do peso da exploração, a classe trabalhadora ainda é o agente histórico da revolução; em virtude de seu compartilhamento das necessidades de estabilização do sistema, ela se tornou uma força conservadora, até mesmo contrarrevolucionária. Objetivamente, "em si mesma", a força de trabalho ainda é potencialmente a classe revolucionária; subjetivamente, "para si mesma", não é. Essa concepção teórica possui significado concreto na situação vigente, em que a classe trabalhadora pode contribuir para circunscrever o alcance e os alvos da prática política.[11]

Aqui, Marcuse vai além e afirma que a classe trabalhadora *deve ser*, ou é *em essência*, a classe revolucionária que ele imagina, mas, devido à sua estabilização pelo capitalismo avançado, ela não consegue corresponder a esse fato "em si mesma". O motivo desse "problema" é que o capitalismo avançado permite que a classe trabalhadora "compartilhe as necessidades de estabilização do sistema", tornando-a "conservadora" e "contrarrevolucionária" (pode-se notar no trecho anterior que ela também não gosta de professores esquerdistas radicais e outros membros da "*intelligentsia* inconformista"). De fato, como estamos prestes a ver, Marcuse atribui a culpa desse estado de coisas a um sistema oculto de lavagem cerebral, perpetrado em virtude de não se ter uma vida terrível, "uma prisão da consciência socialmente engendrada". Esse é um problema para os teóricos críticos como Marcuse (e Horkheimer a seu lado). A solução de Marcuse é, como costumamos ver no pensamento comunista, que não só precisamos encontrar um novo reservatório radical e revolucionário em potencial, mas também devemos mudar o Homem em um nível fundamental para fazê-lo *precisar* do comunismo (aqui: "libertação") para sobreviver e funcionar:

> Nos países capitalistas avançados, a radicalização das classes trabalhadoras é neutralizada por uma prisão da consciência socialmente engendrada e pelo desenvolvimento e satisfação das necessidades que perpetuam a servidão do explorado. Um interesse pessoal no sistema existente é assim fomentado na estrutura instintiva do explorado, e a ruptura com o *continuum* da repressão — uma precondição necessária para a libertação — não ocorre. Resulta que a mudança radical que deve transformar a sociedade existente em uma sociedade livre precisa alcançar uma dimensão da existência humana quase não considerada na teoria marxiana: a dimensão "biológica" na qual as necessidades e as satisfações vitais e imperativas do homem se impõem. Na medida em que essas necessidades e satisfações reproduzem uma vida em

servidão, a libertação pressupõe mudanças nessa dimensão biológica, ou seja, diferentes necessidades instintivas, diferentes reações do corpo e da mente.

A diferença qualitativa entre as sociedades existentes e uma sociedade livre afeta todas as necessidades e satisfações além do nível animal, isto é, todas aquelas que são essenciais para a espécie humana, o homem como animal racional. Todas essas necessidades e satisfações são permeadas pelas exigências de lucro e exploração. Todo o âmbito das performances competitivas e diversão padronizada, todos os símbolos de status, prestígio de poder, da virilidade e do encanto propagandeados, da beleza comercializada — todo esse âmbito aniquila nos cidadãos a disposição própria, os órgãos, para a alternativa: liberdade sem exploração.[12]

Em outras palavras, o que vemos aqui em Marcuse, indicativo da teoria crítica do final da década de 1960, é uma crença permanente de que essa "força de estabilização" (prosperidade e uma sociedade funcional) ajuda a manter as pessoas acreditando que são livres no âmbito da exploração, e que a incapacidade de entender que a vida boa é de fato ruim vai tão fundo a ponto de funcionar como uma espécie de "segunda natureza", o que ele busca mudar. É óbvio que essa mesma linha de pensamento repercute na teoria crítica da raça atual, ou mais especificamente, nos estudos críticos da branquitude, em que o "conforto branco" é tido como "suspeito" e como algo que mantém a "supremacia branca".[13] A teoria crítica pretende ser o meio para mudar a sociedade, para libertá-la dessa prosperidade estabilizadora, "introjetando" uma nova moralidade no ser humano que o tornará biologicamente (ou seja: psicologicamente) dependente de alguma forma de libertação neossocialista. Nas palavras de Marcuse:

Na medida em que essa base é em si mesma histórica e a maleabilidade da "natureza humana" alcança a profundidade da estrutura instintiva do ser humano, as mudanças na moralidade podem "afundar" na dimensão "biológica" e modificar o comportamento orgânico. Uma vez que uma moralidade específica é solidamente estabelecida como uma norma do comportamento social, ela não é só introjetada, mas também atua como uma norma de comportamento "orgânico": o organismo recebe e reage a certos estímulos e "ignora" e rejeita outros de acordo com a moralidade introjetada, que está assim promovendo ou impedindo a função do organismo como uma célula viva na respectiva sociedade. Dessa forma, a sociedade recria constantemente, deste lado da consciência e da ideologia, padrões de comportamento e aspiração como parte da "natureza" de seu povo, e a menos que a revolta alcance essa "segunda" natureza nesses padrões entranhados, a mudança social permanecerá "incompleta", até mesmo autodestrutiva.

A chamada economia de consumo e a política do capitalismo corporativo criaram uma segunda natureza do ser humano, amarrando-o libidinal e agressivamente à forma de mercadoria. A necessidade de possuir, consumir, manusear e renovar constantemente os aparelhos, dispositivos, instrumentos e motores ofertados e impostos às pessoas, de usar esses produtos mesmo com o perigo da própria destruição, tornou-se uma necessidade "biológica" no sentido há pouco definido. Portanto, a segunda natureza do homem milita contra qualquer mudança que perturbe e talvez até suprima a dependência do homem num mercado cada vez mais abarrotado de mercadorias — abolindo sua existência como consumidor que consome a si mesmo ao comprar e vender. Assim, as necessidades geradas por esse sistema são necessidades eminentemente estabilizadoras e conservadoras: a contrarrevolução ancorada na estrutura instintiva.

O mercado sempre foi de exploração e, portanto, de dominação, garantindo assim a estrutura de classes da sociedade. No entanto, o processo produtivo do capitalismo avançado alterou a forma de dominação: o véu tecnológico encobre a presença bruta e a atuação do interesse de classe na mercadoria. Será que ainda é necessário dizer que a tecnologia, a técnica e a máquina não são os motores da repressão, mas sim a presença, nelas, dos senhores que determinam sua quantidade, sua vida útil, sua potência, seu lugar na vida e sua necessidade? Será que ainda é necessário repetir que a ciência e a tecnologia são os grandes veículos da libertação, sendo apenas seu uso e sua restrição na sociedade repressiva que as tornam veículos da dominação?[14]

AS ORIGENS IDEOLÓGICAS MAIS PRÓXIMAS DA TEORIA CRÍTICA DA RAÇA

Como consequência dessa linha de pensamento, Marcuse acredita que a classe trabalhadora não será mais uma base adequada para a Revolução. Uma "nova classe trabalhadora" é necessária, mas Marcuse se frustra com o fato de que os diversos ingredientes necessários não se encontram em uma única população.

Essa tendência [de estabilização] é reforçada pela mudança na composição da classe trabalhadora. A proporção decrescente de trabalhadores braçais e o aumento da quantidade e da importância dos trabalhadores de escritório, técnicos, engenheiros e especialistas dividem a classe. Isso significa que justamente esses estratos da classe trabalhadora que suportaram e ainda suportam a carga mais pesada da exploração bruta desempenharão uma função gradualmente decrescente no processo de produção. A *intelligentsia* adquire um papel cada vez mais decisivo nesse processo; uma *intelligentsia* instrumentalista, mas ainda assim *intelligentsia*. Essa "nova classe trabalhadora", em virtude de sua posição, poderia perturbar, reorganizar e redirecionar o modo e as relações de produção. No entanto, ela não tem o interesse nem a necessidade vital de fazê-lo: ela está bem integrada e bem recompensada. (...) O fator objetivo, ou seja, a base humana do processo de produção que reproduz a sociedade estabelecida, existe na classe trabalhadora industrial; o fator subjetivo, ou seja, a consciência política, existe entre a jovem *intelligentsia* inconformista; e a necessidade vital de mudança é a própria vida da população do gueto; e dos segmentos "desprivilegiados" das classes trabalhadoras nos países capitalistas atrasados.[15]

Portanto, Marcuse estabelece as bases que se tornaram o marxismo identitário atual, buscando um novo proletariado capaz de se sublevar com a consciência necessária e em número suficiente, unindo esses grupos em "solidariedade", que agora é o fator unificador da interseccionalidade.

Para a teoria marxiana, a localização (ou melhor, espasmo) de oposição em certos estratos da classe média e na população do gueto aparenta ser um desvio intolerável — assim como a ênfase nas necessidades biológicas e estéticas: regressão a ideologias burguesas ou, ainda pior, aristocráticas. Porém, nos países capitalistas avançados dominados por monopólios, o deslocamento da oposição (das classes trabalhadoras industriais organizadas para minorias militantes) é provocado pelo desenvolvimento interno da sociedade; e o "desvio" teórico apenas reflete esse desenvolvimento. O que aparenta ser um fenômeno superficial indica tendências básicas que sugerem não só perspectivas de mudança diferentes como também uma profundidade e extensão de mudança muito além das expectativas da teoria socialista tradicional. Sob esse aspecto, o deslocamento das forças de negação de sua base tradicional entre a população subjacente, em vez de ser um sinal de fraqueza da oposição em relação ao poder de integração do capitalismo avançado, pode muito bem ser a lenta formação de uma nova base, trazendo à tona o novo Sujeito histórico de mudança, respondendo às novas condições objetivas, com necessidades e aspirações qualitativamente distintas.[16]

Em outras palavras, Marcuse identifica certa afinidade radical entre as "populações do gueto" e os estudantes de classe média esquerdistas (em sua maioria, brancos) que a teoria marxiana não consegue enunciar de maneira adequada. Ao juntar esses grupos (levando a teoria ao gueto e os militantes Negros com N maiúsculo às universidades), Marcuse vislumbra uma oportunidade. Essa oportunidade é para um novo proletariado substituir a classe trabalhadora "estabilizada":

A tentativa anterior de analisar a oposição atual contra a sociedade organizada pelo capitalismo corporativo se concentrou no contraste marcante entre o caráter radical e total da rebelião, por um lado, e a ausência de uma base de classe para esse radicalismo, por outro. Essa situação proporciona a todas as iniciativas para avaliar e até discutir as perspectivas de mudança radical no domínio do capitalismo corporativo em seu caráter abstrato, acadêmico e irreal. Na verdade, a busca por agentes históricos específicos de mudança revolucionária nos países capitalistas avançados é sem sentido. As forças revolucionárias emergem no próprio processo de mudança; a conversão da possibilidade em realidade constitui o trabalho da prática política. E assim como é sem sentido a busca por agentes históricos específicos, a teoria crítica não pode

AS ORIGENS IDEOLÓGICAS MAIS PRÓXIMAS DA TEORIA CRÍTICA DA RAÇA

orientar sua própria prática política por meio de um conceito de revolução que pertence ao século XIX e ao início do século XX, embora ainda seja válido em grande parte do Terceiro Mundo. Esse conceito prevê a "tomada do poder" no curso de uma sublevação em massa, liderada por um partido revolucionário que atuaria como a vanguarda de uma classe revolucionária e estabeleceria um novo poder central que daria início às mudanças sociais básicas. Mesmo em países industrializados, em que um forte partido marxista organizou as massas exploradas, a estratégia não é mais orientada por essa noção — prova disso é a política comunista de longo prazo de "frentes populares". Além disso, o conceito é completamente inaplicável aos países em que a integração da classe trabalhadora é fruto de processos estruturais econômico-políticos (produtividade alta e prolongada, grandes mercados, neocolonialismo, democracia administrada) e onde as próprias massas são forças do conservadorismo e da estabilização. É o próprio poder dessa sociedade que contém novos modos e dimensões de mudança radical.[17]

O argumento de Marcuse, no contexto da seção que antecede esta, é que a classe trabalhadora não deve mais ser considerada a base de um movimento proletário ou de uma revolução marxiana, porque ela foi subornada pelos sucessos do capitalismo. Mediante o que ele descreve como capitalismo avançado, tornando as sociedades "prósperas" e "funcionais", "as próprias massas são forças do conservadorismo e da estabilização". Em outras palavras, Marcuse acredita que o sucesso do capitalismo em estabilizar a sociedade e torná-la próspera e funcional é um grande problema (na verdade, ele tem certeza de que isso levará ao fascismo). Em consequência, ele busca uma nova localização para a vontade revolucionária e a encontra numa fusão profana da *intelligentsia* esquerdista, sobretudo sob a forma de estudantes e professores radicais, que então levarão a teoria crítica às populações de minorias radicais e militantes (as quais serão utilizadas para se alcançar a Revolução). Como ele afirma:

Mas embora a imagem do potencial libertário da sociedade industrial avançada seja reprimida (e odiada) pelos gestores da repressão e seus

MARXISMO RACIAL

consumidores, ela motiva a oposição radical e lhe confere seu estranho caráter heterodoxo. Bastante diferente da revolução em estágios anteriores da história, essa oposição é direcionada contra a totalidade de uma sociedade próspera e funcional — um protesto contra sua Forma, a forma mercantil dos homens e das coisas —, contra a imposição de falsos valores e de uma falsa moralidade. Essa nova consciência e a rebelião instintiva isolam tal oposição das massas e da maioria da força de trabalho organizada, a maioria integrada, e tendem a resultar na concentração da política radical em minorias ativas, principalmente entre a jovem *intelligentsia* de classe média e as populações do gueto. Aqui, antes de toda estratégia e organização política, a libertação se torna uma necessidade vital, "biológica".

Claro que é absurdo dizer que a oposição da classe média está substituindo o proletariado como classe revolucionária, e que o *Lumpenproletariat* está se tornando uma força política radical. O que está acontecendo é a formação de grupos ainda relativamente pequenos e pouco organizados (muitas vezes, desorganizados) que, em virtude de sua consciência e suas necessidades, atuam como catalisadores em potencial da rebelião no âmbito das maiorias às quais pertencem, devido à sua origem de classe. Nesse sentido, na verdade, a *intelligentsia* militante se separou das classes médias, e a população do gueto se desligou da classe trabalhadora organizada. Porém, por isso mesmo, elas não pensam e agem no vazio: sua consciência e seus objetivos as tornam representantes do interesse comum muito real dos oprimidos.[18]

Aqui é onde as sementes da teoria crítica da raça foram semeadas no solo do marxismo cultural e do neomarxismo. De fato, é onde o neomarxismo começou a se transformar em política identitária, tornando-se assim marxismo identitário: a tentativa de Marcuse de levar a teoria crítica à "população do gueto" como meio de forjar um novo "proletariado", já que a classe trabalhadora havia sido capaz de construir uma boa vida para si mesma, como Horkheimer lastimou. Marcuse explicita:

A população do gueto dos Estados Unidos constitui essa força. Confinada a pequenas áreas de vida e morte, ela pode ser mais facilmente organizada e

AS ORIGENS IDEOLÓGICAS MAIS PRÓXIMAS DA TEORIA CRÍTICA DA RAÇA

dirigida. Além disso, localizados nas principais cidades do país, os guetos formam centros geográficos naturais em que a luta pode ser organizada contra alvos de importância econômica e política essencial; nesse aspecto, os guetos podem ser comparados aos *faubourgs* parisienses do século XVIII, e sua localização contribui para a propagação e as revoltas "contagiosas". Agora, a privação cruel e indiferente é encarada com crescente resistência, mas seu caráter ainda em grande parte apolítico facilita a repressão e o diversionismo. O conflito racial ainda separa os guetos dos aliados externos. Embora seja verdade que o homem branco é culpado, também é verdade que os homens brancos são rebeldes e radicais. Todavia, o fato é que o imperialismo monopolista valida a tese racista: ele submete cada vez mais populações não brancas ao poder brutal de suas bombas, de seus venenos e recursos financeiros; tornando assim até mesmo a população branca explorada nas metrópoles parceira e beneficiária do crime global. As lutas de classes estão sendo substituídas ou esquecidas pelos conflitos raciais: as separações por cor se tornam realidades econômicas e políticas — um desenvolvimento enraizado na dinâmica do imperialismo tardio e sua luta por novos métodos de colonização interna e externa.

O poder de longo prazo da rebelião negra é ainda mais ameaçado pela profunda divisão dentro dessa classe (o surgimento de uma burguesia negra), e por sua função social marginal (no que diz respeito ao sistema capitalista). A maioria da população negra não ocupa uma posição decisiva no processo de produção, e as organizações brancas de trabalhadores não se esforçaram muito para mudar essa situação. Nos termos cínicos do sistema, uma grande parte dessa população é "dispensável", ou seja, ela não contribui significativamente para a produtividade do sistema. Por conseguinte, os detentores do poder talvez não hesitem em aplicar medidas extremas de repressão se o movimento se tornar perigoso. O fato é que, atualmente nos Estados Unidos, a população negra aparenta ser a força de rebelião "mais natural".[19]

Tendo em conta essa visão, fica muito mais fácil entender a teoria crítica da raça como a cooptação dos negros norte-americanos (e das feministas) por neomarxistas (muitos dos quais eram feministas negras) para o programa revolucionário de Marcuse, em vez de reconhecê-la como uma nova dimensão de abordagem dos direitos civis. De fato, é como contemplar o assassinato do movimento pelos direitos civis com o propósito de promover uma diminuta coalizão de neomarxistas, alguns dos quais são "politicamente negros", ao papel de um movimento de vanguarda revolucionária idealizado pelo teórico comunista Herbert Marcuse na década de 1960 — uma Ditadura de Antirracistas, tentando impor uma visão enviesada de "libertação".

Como chegamos a isso? Ao dar um passo para trás, o papel da teoria crítica é, em última análise, adicionar uma segunda dimensão de pensamento que inclui uma versão modificada do marxismo na teoria: assim, como eu diria, favorecendo a teoria. Ou seja, é fazer com que toda teoria se adapte a alguma versão da teoria marxiana. Como Marcuse expõe, a teoria crítica existe para recolocar o "deve" no lugar do "é", para tornar o conhecimento moral. Isso está de acordo com o ensaio *Traditional and Critical Theory*, de autoria de Horkheimer e publicado em 1937, que lamenta a falta de uma dimensão moral na "teoria tradicional". Assim, o significado mais importante de *One-Dimensional Man* de Marcuse, de longe seu livro mais influente, fica claro. O homem é unidimensional somente quando leva a vida e só busca compreendê-la sem uma consciência crítica revolucionária (o que, aliás, levou Marcuse a passar grande parte de seus últimos anos vagando pela bela Santa Mônica, na Califórnia, odiando tudo o que via). O homem assume uma dimensão adicional quando desenvolve uma consciência crítica como uma Nova Sensibilidade, o que acontece após a adoção da teoria crítica. Mais uma vez, isso está em conformidade com a visão de Horkheimer da teoria crítica, que foi concebida como uma maneira de pensar além dos termos da sociedade existente para fins marxianos. Ao centralizar a validade (moral) do conhecimento sob a teoria crítica e no âmbito da consciência crítica, o neomarxismo tenta estabelecer uma nova autoridade eclesiástica — ou seja, uma igreja — que se disfarça de sociologia e, portanto, não se destina a ser reconhecida como tal.

Contudo, há outras dimensões importantes da teoria crítica para entender a teoria crítica da raça. A forte crítica ao liberalismo presente na teoria crítica da raça também deve muito a Horkheimer e a outros

AS ORIGENS IDEOLÓGICAS MAIS PRÓXIMAS DA TEORIA CRÍTICA DA RAÇA

teóricos críticos. Junto com Theodor Adorno (outro neomarxista da Escola de Frankfurt), Max Horkheimer escreve *The Dialectic of Enlightenment* [*Dialética do esclarecimento*] em 1944, que foi revisado e reeditado em 1947. (Para os leitores atentos, a invocação do pensamento dialético aqui faz parte do esforço de Horkheimer e Adorno para tornar a teoria marxiana mais hegeliana; mais detalhes a esse respeito no próximo capítulo.) *The Dialectic of Enlightenment* é amplamente reconhecido como a exposição mais clara do que é a teoria crítica. O argumento dos autores é que o próprio Iluminismo e a racionalidade acabam aos poucos se autodestruindo e, na rejeição absoluta da mitologia, tornam-se mitologia em si mesmos (Marcuse era mais radical e insistia que se tornavam fascismo, a menos que direcionados para o socialismo libertado). A tese do livro é que o processo dialético do racionalismo iluminista (lembremos que os teóricos críticos da raça questionam seus próprios fundamentos) leva a razão a se tornar irracionalidade, a racionalidade a se tornar irracional, e as sociedades liberais a se tornarem seu oposto: cada vez menos livres na busca por uma racionalidade e "justiça" cada vez mais claras (e falsas). Com o tempo, como Horkheimer e Adorno sustentam, o liberalismo se converterá em fascismo.

No entanto, a solução deles para o problema localizado nessa crença não é mais liberdade, exceto por apelos vagos de que a "libertação" deve trazer a "verdadeira" e definitiva liberdade. Em vez disso, Horkheimer sustentou que Marx não levou em conta que liberdade e "justiça" são "conceitos dialéticos", ideais que existem em oposição e contradição entre si: quanto mais liberdade temos, menos "justiça" obtemos, e vice-versa. Marcuse acreditava que vivemos em iminente perigo do fascismo, a menos que seu movimento de libertação socialista possa salvar o mundo. Em parte, a teoria crítica foi criada para promover essa nova maneira de ordenação do mundo. Dessa forma, sua solução para esse problema é *restringir* a liberdade, mas não de um modo que considerem fascista. Pelo contrário, a liberdade deve ser restringida de maneira desequilibrada e em causa própria, favorecendo os avanços neomarxistas e esquerdistas, ao mesmo tempo que suprime, censura e recorre à violência contra tudo o que percebe à sua direita. Isso pode parecer extremo, mas é literalmente a tese de "Repressive Tolerance" de Marcuse. Surge da crença errônea

MARXISMO RACIAL

e totalmente culto-religiosa de que a sociedade se tornará socialista libertada ou fascista, um drama cósmico em que eles se retratam como heróis iluminados que têm justificativas para usar quaisquer meios necessários para impedir "a calamidade total".

Essa é a base da teoria crítica e, portanto, do pensamento neomarxista: mais um delírio febril marxista transformado em uma teoria da conspiração absurda. Porém, no que concerne à teoria crítica da raça, a teoria crítica tradicional é menos relevante do que o marxismo identitário que se desenvolveu na segunda metade do século XX. Após a Segunda Guerra Mundial, e, talvez ainda mais importante, após as revelações de Nikita Kruschev dos crimes de Stálin, Herbert Marcuse — pai da Nova Esquerda — logo se tornou o principal teórico crítico. Sua tentativa de fundir Marx e Freud foi publicada em 1955 com o título *Eros and Civilization* [*Eros e civilização*], e essa obra teve o impacto de promover a noção de falsa consciência ao nível de "internalização" da opressão e até da predominância. Seu argumento era que o sistema capitalista de consumo ocidental força as pessoas a reprimir suas libidos e "sublimá-las" em produtividade e trabalho, e que esse era o mecanismo de escravização capitalista que as pessoas sofriam para reconhecer em si mesmas (como sua falsa consciência). Por causa das demandas éticas geradas e promulgadas pela sociedade de consumo capitalista ocidental, aqueles situados no topo passaram a internalizar predominância, enquanto aqueles na base internalizaram opressão, chegando a vê-la como natural e justificada, em vez de um mecanismo de opressão e escravização.

Na época em que Marcuse escreveu suas três obras mais influentes da década de 1960 — *One-Dimensional Man*, "Repressive Tolerance" (como parte de *A Critique of Pure Tolerance*) e *An Essay on Liberation* (em 1964, 1965 e 1969, respectivamente) —, ele havia se convencido de que esse processo era o principal obstáculo para uma sociedade verdadeiramente livre e libertada, do tipo que nunca existiu e que ainda não existia em nenhum lugar do mundo.* Marcuse também associou essa sociedade idealizada e "libertada" com "possibilidades históricas que parecem ter se tornado possibilidades utópicas",[20] o que significa (neo)comunismo.

---

* Essa afirmação é feita explicitamente em "Repressive Tolerance" desde o início.

AS ORIGENS IDEOLÓGICAS MAIS PRÓXIMAS DA TEORIA CRÍTICA DA RAÇA

Essa conexão se torna bastante explícita em *An Essay on Liberation*, em que, após argumentar de modo muito semelhante, Marcuse explica que o que ele entende por uma "sociedade libertada" é um socialismo bem-sucedido sem burocracias (Estado), ou seja, o comunismo (um que funcione). Marcuse também escreveu o influente *Counterrevolution and Revolt* em 1972, em que defende explícita e agressivamente o comunismo, pois percebe a possibilidade de sua revolução já escapulindo dele e, então, pede explicitamente que as palavras sejam despojadas de seus significados habituais (ele chama isso de "usos e abusos"), para que seu projeto possa continuar em uma nova era cada vez mais pós-moderna, em que o poder da linguagem e das imagens se torna primordial.

No entanto, esses dois ensaios de Marcuse da década de 1960 merecem uma consideração ainda mais especial porque são absolutamente aterrorizantes e, ao mesmo tempo, descrevem exatamente as condições em que nos encontramos hoje, incluindo via a teoria crítica da raça (embora a totalidade da "Nova Esquerda" os tenha adotado e os implementado). Eles delineiam a estrutura social desequilibrada e estabelecem as bases para o surgimento do marxismo identitário, como já discutimos.

Em "Repressive Tolerance", Marcuse preconiza um duplo padrão que favorece o esquerdismo e reprime o conservadorismo sob todas as formas. Nesse ensaio, ele escreve: "Então, a tolerância libertadora significaria intolerância contra movimentos da direita e tolerância em relação aos movimentos da esquerda". Ele também afirma que, embora até mesmo a violência da esquerda deva ser tolerada, a intolerância contra a direita "deve começar com o impedimento das palavras e imagens que transmitem essa consciência". Marcuse não faz isso sem entender o que está fazendo. Ele prossegue comentando: "Sem dúvida, isso é censura, até mesmo censura prévia" de todo pensamento de direita e conservador, que Marcuse identifica explicitamente como o precursor do "fascismo". Essas tendências podem parecer familiares aos leitores que viveram na época de 2015 a 2021, sobretudo nos últimos dois anos desse período. À medida que a teoria crítica foi se movendo em direção à sua primeira tentativa de revolução no final da década de 1960, o argumento ficou claro: a tolerância é para os radicais de esquerda, e ninguém mais. De fato, no ensaio, a violência da esquerda é perdoada e até defendida, ao passo que

MARXISMO RACIAL

a autodefesa da direita é condenada como violência repressiva indicativa de totalitarismo.

Mais uma vez, além do óbvio desejo de tomada do poder em causa própria, o fundamento lógico que Marcuse sustentava para esse evidente duplo padrão é uma crença curiosa, autorreferente e bastante paranoica que, sob vários aspectos, caracteriza o neomarxismo. Tendo testemunhado a ascensão dos nazistas (e fugido deles em 1933), os neomarxistas da Escola de Frankfurt, incluindo Marcuse e Horkheimer, estavam totalmente convencidos de que o capitalismo desmoronaria, uma visão que, em última análise, compartilhavam com Marx. Diferentemente de Marx, eles vislumbraram duas possibilidades para o futuro colapso do capitalismo: naturalmente dará lugar ao fascismo ou dará lugar ao socialismo por meio de uma revolução. Nesse sentido, o neomarxismo possui uma urgência psicótica ausente em outras formas da teoria marxiana. Seus devotos creem que estão salvando o mundo, e não apenas o levando na direção de uma Utopia definitiva. É fundamental entender essa motivação subjacente de todas as correntes de pensamento neomarxistas, incluindo o marxismo identitário e a teoria crítica da raça. Induzir essa paranoia nos outros é uma parte significativa do programa de "conscientização" neomarxista e contribui consideravelmente para explicar a mentalidade subjacente do movimento Antifa, que se autodenomina "antifascista" exatamente dessa maneira.

O objetivo do neomarxismo é a revolução cultural: um período de desestabilização em que a sociedade existente é solapada e desmoralizada em relação a sua capacidade de resistir a uma tomada de poder, principalmente burocrática, de suas instituições pelos neomarxistas. De fato, em *An Essay on Liberation*, Marcuse começa, após repetidos apelos por uma Utopia "libertada" e elogios à revolução cultural na China, com uma extensa seção intitulada "Uma base biológica para o socialismo?". Ele parece estar apresentando isso como uma pergunta, mas, ao longo da seção, argumenta que, se quisermos alcançar uma sociedade libertada (comunismo), só conseguiremos isso mudando a humanidade ao nível das necessidades instintivas humanas, ao que ele se refere como o nível "biológico". Aspectos do Novo Homem Soviético à parte, Marcuse também se apressa em dizer (ainda que apenas numa nota de rodapé) que por "biológico" ele não se refere de fato a biológico no sentido literal. E explica desta maneira:

> Emprego os termos "biológico" e "biologia" não no sentido da disciplina científica, mas a fim de designar o processo e a dimensão em que inclinações, padrões de comportamento e aspirações se tornam necessidades vitais que, se não satisfeitas, causariam uma disfunção do organismo. Por outro lado, as necessidades e as aspirações socialmente induzidas podem resultar num comportamento orgânico mais prazeroso. Se as necessidades biológicas são definidas como aquelas que devem ser satisfeitas e para as quais nenhum substituto adequado pode ser fornecido, certas necessidades culturais podem "mergulhar" na biologia do ser humano. Então, por exemplo, poderíamos falar da necessidade biológica de liberdade ou de algumas necessidades estéticas como tendo criado raízes na estrutura orgânica humana, em sua "natureza", ou melhor, "segunda natureza". Essa utilização do termo "biológico" não implica ou supõe qualquer coisa quanto à maneira como as necessidades são expressas e transmitidas fisiologicamente.[21]

Minha interpretação desse enigma — biologia que não é de fato biológica — é que Marcuse está preconizando a indução intencional de psicopatologias como uma forma de "consciência libertadora", no sentido de que ser incapaz de lidar com a vida cotidiana como ela é, por definição, é uma psicopatologia. Parece ser exatamente disso que Marcuse está falando "a fim de designar o processo e a dimensão em que inclinações, padrões de comportamento e aspirações se tornam necessidades vitais que, se não satisfeitas, causariam uma disfunção do organismo". Nesse sentido, o neomarxismo parece ser uma teoria concebida para fazer com que aqueles que a aceitam desenvolvam ou pelo menos imitem em termos funcionais um transtorno de personalidade paranoide, o que já vimos claramente em exibição em toda a teoria crítica da raça. (Pode-se acrescentar o transtorno da personalidade esquizoide a essa lista ao considerarmos as implicações de divisão relativas à adoção de uma consciência como a aludida pela noção de um "homem unidimensional" como um problema fundamental.) Então, essas pessoas desestabilizadas se tornarão revolucionárias culturais porque acham a sociedade em que vivem, e a cultura que a sustenta, totalmente inadequada às exigências relativas a seus benefícios e a seus transtornos psiquiátricos induzidos. (O fato de que o *"queer"* na teoria *queer* se referir a "uma identidade sem essência" e que isso seja tratado resolutamente com nossas crianças nas escolas em nossa revolução cultural permanente é, portanto, muito mais compreensível como uma estratégia deliberada de acordo tanto com Marcuse quanto com Lukács anteriormente.)

O que deve ser feito com essa disfunção induzida? Ela será a base da Revolução, assim como foi para Lukács na Hungria. Marcuse prossegue e explica que sua Utopia libertada só pode ser alcançada mediante uma "Grande Recusa" da ordem liberal vigente e de tudo mais que existe (incluindo a realidade) e com o desenvolvimento de uma "Nova Sensibilidade" que distorce o que os seres humanos consideram sensato e insensato, para sempre explicar a dinâmica de poder mediante uma consciência crítica e revolucionária. Em parte porque ele insiste que a "solidariedade" (contra todas as formas de opressão e violência) é um componente necessário dessa "Nova Sensibilidade", eu insisto que a interseccionalidade (um componente fundamental da teoria crítica da raça) representa (um aspecto da) realização exatamente do que ele está preconizando.* Como observado anteriormente, ao longo do ensaio, Marcuse sustenta que a linha de ação mais profícua para realizar essa revolução nos Estados Unidos está no descontentamento de sua "população do gueto", que poderia ser mobilizada adicionalmente seguindo as linhas da Libertação Negra. Isso reforça minha convicção na suposição de que a interseccionalidade está de acordo com sua "Nova Sensibilidade".

Em última análise, o propósito do projeto de Marcuse é rejeitar a realidade como ela é e substituí-la por uma neomarxiana. Ele afirma isso claramente:

> O conceito de instituições básicas e iniciais de libertação é suficientemente conhecido e concreto: propriedade coletiva, controle coletivo e planejamento dos meios de produção e distribuição. Essa é a base, uma condição

---

* A "Sustentabilidade" parece ser a outra parte; na verdade, a principal.

necessária, mas não suficiente, para a alternativa: tornaria possível o uso de todos os recursos disponíveis para a abolição da pobreza, que é o requisito prévio para a conversão da quantidade em qualidade: **a criação de uma realidade em conformidade com a nova sensibilidade e a nova consciência**.[22] [Negrito adicionado.]

Marcuse repete esse tema em *Counterrevolution and Revolt* ao assinalar que seu objetivo é a *"Alquimia da palavra;* a imagem, o som, a criação de outra realidade a partir da existente: uma revolução imaginária permanente, a emergência de uma "segunda história" no âmbito do *continuum* histórico".[23] Isso é ecoado de maneira ainda mais clara quanto à intenção de Horkheimer, que escreveu:

Há conexões entre as formas de julgamento e os períodos históricos. Uma breve menção mostrará o que se quer dizer. O julgamento classificatório é típico da sociedade pré-burguesa: é assim que as coisas são, e o homem não pode fazer nada a respeito. As formas hipotéticas e disjuntivas pertencem sobretudo ao mundo burguês: sob determinadas circunstâncias, esse efeito pode ocorrer; é de uma forma ou de outra. **A teoria crítica sustenta: não precisa ser assim; o homem pode mudar a realidade, e as condições necessárias para tal mudança já existem**.[24] [Negrito adicionado.]

Isso é o que motiva os teóricos críticos: a crença de que podem criar a Utopia (Marcuse até comenta no início de *An Essay on Liberation* que a tecnologia torna a Utopia possível hoje em dia). Tudo o que eles precisam fazer é utilizar a teoria crítica, inculcando-a em mentes o bastante para que possam mudar a humanidade e a própria realidade para se alinharem com a teoria neomarxiana. Alerta de *spoiler*: também não vai funcionar desta vez.

Depois de Marcuse, a teoria crítica em sua forma pura e acadêmica e a Escola de Frankfurt logo se tornaram menos relevantes para os problemas atuais em si mesmas. Isso parece ser porque seu apelo foi ouvido e atendido por radicais como Angela Davis, uma de suas alunas, e o apelo liberacionista radical foi adotado pela Nova Esquerda, pelos liberacionistas negros e pelas feministas negras que seguiram em frente para estabelecer grande parte dos fundamentos que se tornaram a teoria crítica da raça (juntamente com outras teorias da Justiça Social Crítica). Angela Davis afirmou que Herbert Marcuse foi quem a radicalizou, Kimberlé Crenshaw o citou em "Mapping the Margins"[25] (em que a interseccionalidade deslanchou), e Ibram X. Kendi dedica muitos elogios a Marcuse no último quinto (cerca de cem páginas) de seu livro *Stamped from the Beginning*. Tudo isso consolida o argumento de que a teoria crítica da raça apresenta profundas raízes marcuseanas (teoria crítica ativista).

Como último ponto para o entendimento da teoria crítica, ela se envolve quase inteiramente naquilo a que Herbert Marcuse se refere como "pensamento negativo" (uma referência clara a Hegel). O pensamento negativo é aquilo a que Horkheimer se referiu quando afirmou que pretendia mostrar os aspectos negativos da sociedade existente. No entanto, essa é uma ideia muito mais antiga. Na verdade, trata-se da parte fundamental do processo dialético exposto cento e sessenta anos antes por G. W. F. Hegel, que reformulou a dialética da seguinte maneira: considerar uma ideia abstrata, confrontá-la com sua *negação* e chegar a uma síntese concreta que leve em conta ambas, por meio do que os marxistas denominaram "suprassunção" (em alemão: *Aufhebung*). Basicamente, Marcuse e outros teóricos críticos acreditavam que, ao se engajar em críticas suficientes (ao que Lênin se referia como "acelerar as contradições"), o pensamento negativo se tornaria "positivo", e a Utopia emergiria (das cinzas). De fato, Marcuse observa em *An Essay on Liberation* que o "pensamento negativo é 'positivo', em função de seus próprios conceitos internos: orientado para o futuro e abrangendo esse futuro que está 'contido' no presente",[26] o que é exatamente a alquimia social que Hegel estava tentando codificar em sua obra *Phenomenology of Spirit* [*Fenomenologia do espírito*]. Naturalmente, é isso que a teoria crítica da raça está fazendo ao chamar tudo, exceto ela própria, de racista.

Pós-modernismo

O pós-modernismo é um assunto bastante complicado e muito difícil de definir ou resumir de maneira sucinta. Como já fiz isso com Helen Pluckrose em *Teorias Cínicas*, não apresentarei uma explicação detalhada do pós-modernismo aqui. Meu objetivo será abordar apenas o suficiente para explicar o que significa o fato de que as teorias "*woke*" da justiça social crítica são uma fusão entre o neomarxismo e a teoria pós-moderna. Se é melhor pensar nessas teorias "*woke*" [*woke*: despertar, conscientizar-se da injustiça] como o neomarxismo que adotou ferramentas pós-modernas para se adaptar ao ambiente da pós-modernidade (como faço agora) ou como o pós-modernismo que se tornou mais neomarxista (como Helen afirma) não é particularmente importante ou interessante para a discussão. As teorias da justiça social crítica não funcionariam se não fossem ambas, e sua fusão (da qual trataremos na próxima subseção) nas teorias atuais é inegável.

Em termos muito gerais, no contexto predominante deste livro, o pós-modernismo é uma teoria *pós-marxista* (na verdade, afirmarei que também é *pós-hegeliana*) sobre a situação da sociedade à medida que ela transita para uma era da informação. Uma teoria pós-alguma coisa é, em geral, algo que desistiu do objeto em questão sem abandonar seu sentido original (os leitores perspicazes se lembrarão aqui da palavra em alemão *Aufhebung*). De certa forma, não o abandonou, mas o superou, tal como seguir em frente após o fim de um relacionamento romântico difícil, mas muito transformado (afetado) por ele. Assim como a teoria pós-marxista, o pós-modernismo mantém a enorme desconfiança e aversão do marxismo ao liberalismo, ao capitalismo e à civilização ocidental, mas estende essa desconfiança e aversão, de forma bastante desesperada, também ao marxismo. Nesse sentido, o pós-modernismo é extremamente niilista e, na palavra-chave, *desconstrutivo*. Seu objetivo é desmontar tudo porque, em sua perspectiva, nada pode funcionar. No final das contas, isso é lamentável, porque, sob vários aspectos, os pensadores pós-modernos enxergaram mais longe, no futuro, a emergente era da informação do que talvez qualquer outra pessoa, mas o fizeram com o reflexo marxiano de culpar o capitalismo por

MARXISMO RACIAL

tudo e não apresentar soluções (além de se manter afastado da sociedade e criticá-la intensamente, como foi dito).

Em um resumo o mais breve possível, o pós-modernismo é a crença de que o conhecimento não diz respeito genuinamente às verdades sobre o mundo, mas é, em vez disso, outra expressão do poder político. Assim, segundo os pós-modernistas, o conhecimento é culturalmente contextual e asseverado pelo poder no âmbito desses contextos. Parafraseando Richard Rorty sobre o assunto, o pós-modernismo se baseia, em parte, na crença de que, embora o mundo possa estar por aí, a *verdade* não está, porque é um constructo cultural. Um exemplo geralmente dado é que algumas culturas (no passado) acreditavam que o Sol girava em torno da Terra — e isso era considerado *conhecimento*. Ser verdadeiro ou falso não é especialmente interessante na teoria pós-moderna. Fosse verdadeiro ou falso, era considerado verdadeiro, e essa percepção de verdade está intimamente relacionada ao poder e a como ele atua na sociedade. O pós-modernismo está preocupado com o processo pelo qual aqueles que detêm o poder de decidir se uma afirmação é "verdadeira" ou "conhecimento" vão agir em relação a isso, e então como esse status enquanto "conhecimento" impõe uma espécie de poder pela crença em toda a sociedade. Para os pós-modernistas, a verdade e a falsidade *desencaminham a discussão*, pois a questão é que, para alguém acreditar que algo é verdadeiro (ou seja, que é conhecimento), alguém deve ter recebido a autoridade para *afirmar* que é verdadeiro e *ser acreditado* ao afirmar isso. A teoria pós-moderna questiona *todos* esses processos de atribuição de autoridade às afirmações de conhecimento.

Isso significa que o pós-modernismo parte de uma tese *construtivista social* que considera o conhecimento e todos os meios de transmiti-lo como socialmente construídos e culturalmente contingentes, e, por isso, são expressões de poder por aqueles que detêm o poder para decidir o que é e o que não é "conhecimento" para aquela sociedade. Por exemplo, se confiamos nos biólogos para dizer o que constitui o conhecimento biológico, o processo político de quem pode se tornar um biólogo — quais métodos eles usarão e reconhecerão, quais ideias na biologia serão favorecidas ou consideradas válidas etc. — é todo uma expressão do poder político. Portanto, o próprio conhecimento biológico não é um reflexo de verdades

AS ORIGENS IDEOLÓGICAS MAIS PRÓXIMAS DA TEORIA CRÍTICA DA RAÇA

biológicas, mas sim uma expressão de poder por aqueles que detêm a autoridade para estabelecer o que torna alguém um "biólogo". Uma cultura diferente, com um processo diferente de formação de biólogos, poderia muito bem produzir uma biologia diferente, segundo os pós-modernistas. Ambas as biologias seriam consideradas "verdades biológicas" localmente em cada cultura, mesmo que discordassem entre si. (O uso dessa visão como arma pode envolver o uso de uma declaração de Diversidade como teste político para admissão em cargos em departamentos de biologia, como já está ocorrendo nas universidades norte-americanas, pelo menos inegavelmente na Universidade da Califórnia em Berkeley, que foi pega fazendo isso.) No âmbito do pós-modernismo, o poder de decidir quem pode ser um biólogo e, portanto, quais são as "verdades" biológicas é uma ficção baseada no poder, uma história que a sociedade conta a si mesma sobre o que é e o que não é conhecimento — sistemas diferentes, especialistas certificados diferentes, "verdades" biológicas diferentes. Para os pós-modernistas, esse poder de conceder autoridade é totalmente contingente à cultura em que existe e vai variar de uma cultura para outra, que, por conseguinte, não possuem as ferramentas epistêmicas necessárias para compreender ou julgar as afirmações umas das outras sobre o que é e o que não é verdade. Sendo extremamente benevolente (e consciente dos abusos de nossa sociedade atual), na medida em que os pós-modernistas tinham esse direito, eles estavam emitindo um aviso poderoso ao mundo sobre a corruptibilidade da *autoridade* científica, que não é a mesma coisa que a ciência em si.

De imediato, fica evidente, considerando a seção anterior sobre a teoria crítica, como essa visão de mundo seria benéfica para os neomarxistas, que veem tudo na sociedade, *exceto a verdade*, como corrompido pelo poder político. Ao adotar o pós-modernismo, a realidade não mais os limitaria, pois, segundo o pensamento pós-moderno, todas as afirmações sobre a realidade são, na verdade, apenas novas declarações de poder, controladas pelos interesses dominantes na sociedade (capitalistas, brancos, homens etc., dependendo da teoria crítica envolvida). Em outras palavras, a própria verdade é reorientada para a teia do poder sistêmico que o neomarxismo considera o princípio fundamental de organização da sociedade. Portanto, todas as várias teorias críticas identitárias adotaram o

MARXISMO RACIAL

pós-modernismo e, em grande medida, discutem sobre qual desses fatores identitários deve ser considerado central na análise (a teoria crítica da raça afirma que é a raça), com a interseccionalidade buscando unir todos eles e fazê-los concordar uns com os outros em vez de constantemente brigarem pela primazia total.

Contudo, há um problema para os neomarxistas na teoria pós-moderna. Se *todo* o conhecimento é socialmente construído, e se *todas* as reivindicações de conhecimento são apenas expressões de poder, então isso também é verdade em relação às reivindicações neomarxistas. As bases de suas reivindicações acerca do poder sistêmico são desconstruídas e colocadas no mesmo patamar que as reivindicações de todos os outros, e isso não é aceitável. A raça não pode ser uma base genuína para o poder sistêmico se ela é socialmente construída e capaz de ser desconstruída por meio de meios pós-modernos (ou liberais). Eis por que Kimberlé Crenshaw acabou criticando a teoria pós-moderna em "Mapping the Margins" e chamando de "vulgar" sua tese construtivista social. Ela precisava de uma base sobre a qual as reivindicações de sua emergente teoria crítica da raça, e de outras teorias críticas identitárias, fossem capazes de ser consideradas *conhecimento* que não pudesse ser contestado. Sua resposta para o problema foi que o poder sistêmico é imposto e (estruturalmente) determinante, sendo assim, em grande medida, isento dessa crítica da teoria pós-moderna. Dessa maneira, ela sintetizou dialeticamente a teoria crítica e o construtivismo social pós-moderno, tornando o próprio construtivismo social relevante para o poder.

Antes de nos adiantarmos e abordarmos a fusão entre o neomarxismo e o pós-marxismo nas teorias "*woke*", há um pouco mais que merece ser mencionado sobre o pós-modernismo, mesmo nessa extrema brevidade. A caracterização apresentada acima, por exemplo, não é exatamente "pós-modernismo", mas sim a visão do pós-modernista mais famoso, Michel Foucault, que considerava conhecimento e poder combinados como uma coisa só ("poder/saber"), conforme explicado.* Também importantes, entre talvez uma dúzia de pensadores pós-modernos

---

* Em consonância com os temas gnósticos que permeiam todo esse pensamento amplamente marxiano, Foucault também era conhecido por acreditar que basicamente tudo é uma prisão, incluindo o próprio conhecimento.

AS ORIGENS IDEOLÓGICAS MAIS PRÓXIMAS DA TEORIA CRÍTICA DA RAÇA

proeminentes, são Jackie "Jacques" Derrida, que analisou a linguagem de uma maneira pós-moderna (tecnicamente, pós-estruturalista); Jean-François Lyotard, que explicou como esses "regimes de verdade" atuam por consenso; e Jean Baudrillard, que previu a experiência pós-moderna do ambiente das redes sociais, necessária para entender como a justiça social crítica se popularizou e ganhou tanta predominância nos últimos vinte anos. Uma abordagem adequada de cada um desses temas deveria ser um capítulo por si só (e é o primeiro capítulo de *Teorias Cínicas*); assim, peço aos leitores que perdoem a abordagem propositadamente apressada que estão prestes a receber.

No entanto, o impacto do pensamento de Foucault no desenvolvimento da teoria crítica da raça merece pelo menos um pouco mais de menção antes de nos voltarmos para esses outros teóricos. No próximo capítulo, quando tratarmos de W. E. B. Du Bois, abordaremos uma curiosidade notável da teoria crítica da raça: sua impressionante dependência do nacionalismo ao estilo alemão do movimento *Völkisch*. Esse modo de pensar é de considerável importância para entendermos a aplicação da palavra aparentemente estranha "*folks*" [pessoas] na teoria crítica da raça, que constantemente se refere a "*black folks*" [gente negra], "*white folks*" [gente branca] e "*brown folks*" [gente parda] (e qualquer uma das "*folx*" acima mencionadas se também forem interseccionalmente *queer* ao mesmo tempo). O termo *Volk*, em alemão, consiste aqui nos "*folks*" pertinentes, e se refere a um povo ou a uma nação unido por uma herança cultural semelhante. A teoria crítica da raça, em grande medida decorrente dos ensinamentos de Du Bois, é *muito* racialmente *folkish* (ou seja, *Völkisch*), o que pode parecer estar em desacordo com o pós-modernismo foucaultiano, mas, na verdade, é potencializada por ele.

Eis como isso acontece. Foucault acreditava firmemente na contingência cultural do conhecimento. Uma afirmação de conhecimento é um produto característico de uma cultura, que ele associava com um "regime de verdade" ou *episteme* — em linhas gerais, uma maneira de conceber o mundo criada mediante a aceitação de certas afirmações como verdadeiras e de outras como falsas. A teoria crítica da raça importa essa ideia de que o conhecimento é um produto de uma determinada cultura e, portanto, sustenta que, como diferentes grupos raciais possuem

MARXISMO RACIAL

diferentes culturas a eles associadas (em consequência do determinismo estrutural), eles também devem ter conhecimentos diferentes (uma "voz exclusiva de pessoas de cor" que é "determinada estruturalmente"). Então, os epistemólogos (teóricos do conhecimento) da teoria crítica da raça como Kristie Dotson desenvolveram ideias rebuscadas acerca das maneiras pelas quais a branquitude exclui "outras maneiras de saber" de seu "terreno epistêmico", empregando termos como "opressão epistêmica" e "violência epistêmica" para caracterizar, por exemplo, a preferência por métodos científicos rigorosos em detrimento da narrativa ou trama, ou a preferência por matemática convencional em detrimento de "etnomatemática".* Portanto, as teorias de Foucault sobre o conhecimento possibilitam uma espécie de círculo vicioso que se aprofunda cada vez mais no folclorismo racial (nacionalismo) por meio de uma compreensão simplista do que a cultura de fato representa. Nesse sentido, ironicamente, a teoria crítica da raça se aproxima perigosamente tanto do protecionismo cultural (e, afinal, é disso que se trata a "apropriação cultural") quanto de um profundo paralelo com o nacional-socialismo, e as "nações" são simplesmente identidades raciais concebidas como entidades políticas em vez de, por exemplo, a Alemanha pós-República de Weimar.

As ideias de Foucault sobre conhecimento e poder são apresentadas de maneiras um pouco diferentes por outros teóricos pós-modernos. Em seu livro de 1979, *The Postmodern Condition* [*A condição pós-moderna*], Jean-François Lyotard inclui uma importante seção sobre aquilo a que ele se refere como "legitimação pela paralogia" em sua descrição do tema titular. A legitimação refere-se ao processo sobre como consideramos algo legítimo (ou sensato), sendo paralogia uma palavra pomposa que significa literalmente "ao lado da lógica", mas que se refere, em última análise, a consenso (geralmente falso). O que Lyotard está dizendo é que, na condição pós-moderna, não temos mais a capacidade de distinguir o que é

---

* Para os críticos, Dotson cita extensivamente a teórica pós-colonial Gayatri Spivak com respeito à "opressão epistêmica" e à "violência epistêmica", e Spivak baseou suas concepções diretamente em sua leitura (provavelmente ruim) de Michel Foucault. As citações são quase tão fáceis de seguir quanto de fingir que não existem. Dica: os artigos aludidos nesta nota foram publicados por Dotson em 2012 e por Spivak em 1988. Outro artigo de Dotson ainda mais obliquamente aludido no texto foi publicado em 2014 e procura enquadrar a opressão epistêmica como eu a descrevi mediante uma distorção do Mito da Caverna de Platão.

verdadeiro e o que não é na realidade; só podemos nos submeter ao consenso socialmente construído — que, no fundo, é uma função do poder. Esse é um alerta importante sobre o tempo em que vivemos agora, mas Lyotard também foi longe demais. Para ele, a condição pós-moderna é de que não existe análise legítima. *Tudo* é legitimado pela paralogia (e acaba sendo considerado verdadeiro ou confiável em virtude de um consenso falso de especialistas e leigos num determinado contexto cultural — portanto, dinâmico em termos de poder). Enquanto Lyotard alertava, ou se desesperava, sobre esse perigoso estado de coisas, as teorias da justiça social crítica o aceitam e procuram fazer uso prático dele (ou seja, elas o usam como arma). A ideia de que "outras maneiras de saber" são igualmente legítimas assim como a razão, a lógica e a ciência (porque mesmo essas são legitimadas meramente pelo consenso, ou seja, poder, como Foucault entenderia) está, portanto, profundamente enraizada nessa ideia pós-moderna.

Com relação a Jackie Derrida, a questão-chave a entender é que sua teoria da linguagem esvazia completamente a criação de significado. Simplificando ao extremo, sua visão é que a linguagem sempre aponta apenas para outra linguagem e, portanto, nunca para a coisa que espera descrever (ver *Of Grammatology* [*Gramatologia*]. Portanto, o significado é infinitamente adiado e inacessível. Assim, sob uma óptica derridiana, o significado está quase todo sujeito à interpretação (fazendo uso do conceito de "a morte do autor" de Roland Barthes). Então, a mentalidade de "impacto sobre a intenção" da teoria crítica da justiça social ganha destaque. O que algo significa é o que significa para *você*, sua "realidade vivida" disso, e isso não pode ser contestado assertivamente. Ao adicionarmos o fato de que o consenso social determina o significado, conforme Lyotard, isso resulta num ambiente extremamente perigoso, onde aqueles no poder podem determinar não só o que qualquer coisa significa, mas também *o que queremos dizer com o que dizemos e fazemos*, mesmo que discordemos.

Na teoria crítica da raça, isso acaba sendo muito importante. Se os teóricos críticos da raça insistem que "*master bedroom*" [quarto principal, mas, literalmente, quarto do senhor] evoca "lembranças" da escravidão, apesar do fato de que a expressão surgiu num catálogo de 1926, e não no

MARXISMO RACIAL

sul dos Estados Unidos pré-guerra civil, eles são incontestáveis e têm razão, e os corretores de imóveis e todos os outros precisam mudar de ideia e comportamento. Se eles decidirem que uma rocha de quarenta e duas toneladas que foi batizada com um termo racista em 1925 mantém o racismo e impede que um campus universitário na qual ela esteja situada seja "inclusivo", dezenas de milhares de dólares serão alegremente gastos para transferir a rocha de lugar, enquanto os administradores expressam orgulho de dar um passo tão importante em favor da "justiça". Se pessoas sem noção do fórum de discussão virtual insistirem que o gesto de mão para OK significa secretamente "poder branco", as pessoas terão que perder empregos por fazê-lo, mesmo que não saibam nada sobre a teoria crítica da raça ou palhaçada na internet. Não só a promoção da "experiência vivida" e das reivindicações subjetivas de avaliação de impacto do racismo têm raízes no pensamento derrideano, mas também as mudanças que os teóricos críticos da raça buscaram na legislação dos direitos civis que promovem o "impacto discrepante" como prova de discriminação. Essa, ao nível dos incentivos práticos, sempre foi a razão de ser da teoria crítica da raça, porque se trata de uma rota direta para uma capacitação incontestável de qualquer pessoa que acreditar nela, sendo, portanto, a estrutura de incentivos ao nível prático primário que a mantém funcionando. Nesse sentido, a análise de Derrick Bell sobre os estudos críticos do direito e sua subsequente análise da teoria crítica da raça, que avalia a "racismo sistêmico" em termos de disparidades na média entre grupos, depende intrinsecamente de Derrida.

Derrida também é o criador da ideia de *desconstrução*, que é o método pelo qual o significado é esvaziado de praticamente qualquer coisa. De modo geral, esse processo é dialético, mas de uma maneira que não busca a síntese (compare com a "dialética negativa" de Adorno). Ele busca desmontar as coisas e depois deixá-las em suas particularidades, para que as estruturas de poder contidas nelas sejam reveladas. Derrida, que endossou uma questionável noção linguística conhecida como *falogocentrismo*, que afirma que o poder é aplicado estruturalmente por meio da linguagem de uma forma que favorece o masculino e o heterossexual ("falo" refere-se ao órgão sexual masculino), tendia a acreditar que as palavras surgem em "pares binários hierárquicos", como homem/mulher,

138

em que cada um só obtém significado em função do outro e um é sempre favorecido. Então, um projeto desconstrutivo consistiria em manter o binário hierárquico enquanto reverte subversivamente a dinâmica de poder ("poder feminino", "o futuro é feminino", "Black is Beautiful", "mulher macho").

Naturalmente, o problema com essa abordagem é que ela adota a "dinâmica de poder" (em muitos casos estereotipada, ou até mesmo sem sentido) a fim de se rebelar contra ela, mas a mantendo. Grande parte da obra "antirracista" de Ibram X. Kendi se baseia nessa abordagem. Vejamos este trecho de *How to Be an Antiracist*, que é típico do estilo:

> Algumas pessoas brancas não se identificam como brancas pela mesma razão que não se identificam como racistas: para evitar reconhecer que a branquitude — ainda que uma construção e miragem — embasou suas concepções a respeito dos Estados Unidos e de identidade, e lhes ofereceu privilégio, sendo esse o principal fato de serem inerentemente consideradas normais, padrão e legítimas. Trata-se de um crime racial ser você mesmo se você não for branco nos Estados Unidos. Trata-se de um crime racial se apresentar como você mesmo ou se capacitar se você não for branco. Acho que me tornei um criminoso aos sete anos de idade.[27]

Kendi simplesmente afirma essas coisas sobre as pessoas brancas, a branquitude e, através de si mesmo, a negritude, preservando estereótipos peculiares que quase ninguém reconheceria. Ele também pressupõe que há algum componente social em "ser você mesmo" como uma raça específica nos Estados Unidos, uma ideia extremamente racista. Embora Kendi não reverta diretamente a dinâmica de poder que está trabalhando para preservar, ele faz isso por meio de certo comportamento passivo-agressivo que será evocativo emocionalmente da maneira desconstrutiva necessária, buscando os objetivos combinados de desafiar um conjunto antiquado de estereótipos e induzir uma consciência racial branca imposta em brancos, em imagem invertida à que ele supõe nos negros.

A ideia geral de desconstrução é que aquilo que foi socialmente construído (na visão deles, a linguagem, o conhecimento, o poder, a verdade, além de categorias como raça, gênero, sexualidade e sexo, e tabus como

MARXISMO RACIAL

racismo e pedofilia) pode ser desconstruído. No entanto, não fica claro se os pós-modernistas tinham muito interesse em fazer algo além de desmontar coisas e brincar nos destroços. Eles tinham perdido a fé naquelas "possibilidades históricas que passaram a ser consideradas como possibilidades utópicas" que Marcuse lamentou em "Repressive Tolerance". Como já vimos, os neomarxistas, porém, não tinham perdido a fé, e na próxima subseção, veremos que eles foram capazes de encontrar um meio-termo entre o neomarxismo e o pós-marxismo (criando uma síntese dialética entre os dois) na criação do "construtivismo crítico" (ou seja, o neomarxismo pós-moderno, a justiça social crítica, o pós-modernismo aplicado etc.).

Por fim e mais adiante (escrita sobretudo na década de 1980 e depois), a obra de Jean Baudrillard deve ser levada em conta para a compreensão de nossas circunstâncias atuais, incluindo o papel da teoria crítica da raça nelas. Basicamente, Baudrillard explica que somos forçados na atual sociedade, saturada de mídia e consumista tardia, a viver em algo que ele designa como "hiper-realidade", em que tudo é mais real do que o real (ver *Simulacra and Simulation* [Simulacros e simulações]). Embora não tenha atingido o objetivo e ainda que o próprio Baudrillard tenha negado isso, o filme *Matrix* tentou retratar esse mundo (apesar de perder o ponto essencial e central de Baudrillard). O tema principal: o real é inacessível porque vivemos numa simulação da realidade sem sabermos disso, e interagimos apenas com simulacros de coisas reais que perderam completamente sua conexão com seus originais. Essa é uma ideia complicada que talvez seja mais fácil de entender pensando em imagens de modelos com formas impossíveis e retocadas — mais bonitos do que mulheres e homens reais — e alimentos artificiais e aromatizantes que simulam coisas reais (algumas marcas de refrigerante *ginger ale*, por exemplo, anunciam orgulhosamente que voltaram a ter gengibre [*ginger*, em inglês] de verdade em sua fórmula). Baudrillard insistia que, nessa situação, nós nos tornamos completamente divorciados da realidade, e ele se desesperava com a possibilidade de encontrá-la novamente, chamando nossas circunstâncias de um "deserto do real".

Mais uma vez, as teorias da justiça social crítica perceberam essa visão como uma oportunidade. Elas a aceitaram tal como era e a usaram

AS ORIGENS IDEOLÓGICAS MAIS PRÓXIMAS DA TEORIA CRÍTICA DA RAÇA

como arma. Perceberam que poderiam *projetar uma imagem hiper-real do mundo* por meio da mídia e levar as pessoas a confundi-la com a realidade. É provável que esse uso como arma seja mais evidente e perigoso em relação à teoria *queer* (a ideologia trans fica bastante exposta aqui, não é mesmo?), onde "*queer*" é "uma identidade sem essência", e todos são avatares e seus atributos são todos performances, sem mencionar a tentativa contínua de tirania médica global. Por outro lado, toda a narrativa do Black Lives Matter (que tem suas raízes quase inteiramente na teoria crítica da raça) também é um exemplo perfeito dessa projeção, até justificando os tumultos, os saques e os incêndios criminosos ocorridos no verão de 2020 como uma resposta a supostas "injustiças raciais" desenfreadas e como solução para a questão da "branquitude como propriedade". De fato, todo o movimento Black Lives Matter se baseou numa projeção hiper-real de suposta violência policial racista, sustentada por diversas notícias de grande repercussão que se desfizeram, todas elas, sob um exame mais cuidadoso (narrativa e trama — ferramentas úteis para criar um *playground* hiper-real em que o poder pode ser apreendido). Outras ideias semelhantes também existem na teoria crítica da raça, em que o significado de ser "autenticamente" (determinado estruturalmente) Negro com N maiúsculo é uma projeção da própria teoria crítica da raça. Em outras palavras, a teoria crítica da raça torna hiper-reais tanto a branquitude como a Negritude e controla o projetor que as define. Nas palavras infames de Kimberlé Crenshaw em "Mapping the Margins":

É importante observar que a identidade continua a ser um lugar de resistência para membros de diferentes grupos subordinados. Todos nós podemos reconhecer a distinção entre as afirmações "Eu sou negro" e "Eu sou uma pessoa que por acaso é negra". "Eu sou negro" assume a identidade socialmente imposta e capacita isso como uma âncora de subjetividade. "Eu sou negro" se torna não só uma declaração de resistência, mas também um discurso positivo de autoidentificação, intimamente ligado a declarações enaltecedoras como a nacionalista negra "*Black is beautiful*".[28]

MARXISMO RACIAL

Tendo ou não lido Baudrillard, Crenshaw está, nesse parágrafo, operando o projetor de uma Negritude politicamente útil e hiper-real que deve ser compreendida em termos da teoria crítica da raça ("uma âncora de subjetividade", "um lugar de resistência para membros de diferentes grupos subordinados" e "um discurso positivo de autoidentificação").

Apenas como menção, uma das melhores explicações desse fenômeno está disponível em *Abuse of Language, Abuse of Power* (1970), de Josef Pieper. Nessa obra, Pieper defende o óbvio de forma magistral: as manipulações linguísticas podem ser usadas para criar condições em que o abuso de poder é capaz de ocorrer com facilidade, principalmente ao levar as pessoas a entenderem mal a natureza da realidade. (Lembremos que Marcuse confessou fazer isso intencionalmente em prol de seu movimento em *Counterrevolution and Revolt*, publicado dois anos depois do ensaio de Pieper). Quando lemos esse ensaio e sua descrição da construção de "pseudorrealidades" mantidas linguisticamente, é possível perceber que Pieper antecipa não só o pensamento baudrillardiano como também seu uso como arma *woke* (isso, a propósito, não enaltece a teoria crítica da justiça social; na verdade, a *reprova*). Os próprios abusos de linguagem e imagens aplicados com base em Baudrillard, empregados por ativistas e teóricos da justiça social crítica, devem ser compreendidos desta maneira: como premeditados e para fins de abuso de poder.

Para complementar essa breve seção, existem vários outros "temas" da teoria pós-moderna que são importantes para a evolução e mentalidade das teorias de justiça social crítica, incluindo a teoria crítica da raça. Em *Teorias Cínicas*, mencionamos quatro desses temas: (1) a indefinição de fronteiras, (2) o poder da linguagem para moldar a realidade, (3) o relativismo cultural e (4) a negação do individual e do universal em favor do grupo. É algo complexo se aprofundar em detalhes desses quatro temas, mas todos são pertinentes e importantes para os métodos da teoria crítica da raça. Por exemplo, a desconfiança pós-moderna em relação às categorias (indefinição de fronteiras) é utilizada para misturar narrativa e direito ou pesquisa empírica. O poder da linguagem é óbvio na medida em que considera praticamente toda a linguagem como sendo ou sustentando o racismo, engajando-se principalmente em ativismo linguístico--simbólico (o determinismo estrutural resulta disso, pois a "estrutura"

AS ORIGENS IDEOLÓGICAS MAIS PRÓXIMAS DA TEORIA CRÍTICA DA RAÇA

remonta ao *estruturalismo*, que promove essa ideia de forma relevante). O relativismo cultural — o fato de um grupo cultural não poder julgar outro e de todos os artefatos culturais, incluindo o conhecimento, serem produtos culturais exclusivos daquela cultura — e a negação do individualismo liberal e da universalidade humana são evidentemente fundamentais para as crenças sobre "racismo cultural", pensamento baseado em grupos (*Völkisch*) e política identitária.

Além desses temas, o cerne do pós-modernismo também está no centro do pensamento da teoria crítica da raça, ainda que como expresso por meio da teoria crítica. Especificamente, o divórcio da realidade e a projeção numa alternativa "sistêmica" linguisticamente fabricada ("segunda realidade" ou "pseudorrealidade"), características do pós-modernismo, são ingredientes necessários para fazer funcionar uma visão de mundo como a teoria crítica da raça. Em outras palavras, a teoria pós-moderna é essencial para a metafísica e a práxis da teoria crítica da raça e de outras teorias da justiça social crítica. Isso se tornou possível pelo fato de essas ferramentas terem sido adotadas por ativistas neomarxistas tardios e seus aliados ideológicos por volta da década de 1990.

A fusão entre neomarxismo e pós-modernismo

O surgimento do *construtivismo crítico*, como descrito (mas não nomeado) no artigo "Mapping the Margins", de autoria de Kimberlé Crenshaw e publicado em 1991, é a crucial história de origem que precisa ser contada para o entendimento do que é a teoria crítica da raça, no que ela acredita, por que acredita e o que faz com essa crença. Numa nota de rodapé no início desse artigo, ela escreve: "Considero a interseccionalidade um conceito provisório que interliga a política contemporânea com a teoria pós-moderna",[29] o que pode ser compreendido como o objetivo de incorporar ferramentas pós-modernas ao pensamento emergente das teorias críticas identitárias (marxismo identitário), incluindo a teoria crítica da raça. (Eu já me referi a essa frase como a forja do Um Anel: "Um Anel para todos governarem; Um Anel para encontrá-los; Um Anel para trazê-los; e na escuridão aprisioná-los." A interseccionalidade

MARXISMO RACIAL

crítica construtivista, nossa "nova sensibilidade" baseada na solidariedade, é o "anel governante", que faz com que as pessoas vejam o poder sistêmico como relevante para tudo, para onde quer que olhem. E se você não adere é porque é racista, sexista, capacitista ou *algo assim*, e precisa ser subjugado, como uma espécie de espectro cuja autoridade moral e epistêmica foi drenada de você. Outros anéis de poder, como o feminismo, são trazidos sob o domínio desse anel governante, e assim tudo no esquerdismo se torna marxismo identitário com um foco específico na raça ao longo do tempo.)

Porém, antes de analisarmos com mais detalhes "Mapping the Margins, consideremos como a obra de Crenshaw (ao criticar os estudos críticos do direito em outro artigo) é retratada em *Critical Race Theory: The Key Writings that Formed the Movement*:

> Em particular, Crenshaw sustenta que a crítica da esquerda aos direitos ignora o papel específico que a luta pelos direitos desempenhou na política de libertação dos negros e as possibilidades práticas dadas pelas ideologias predominantes contra as quais os defensores dos direitos civis trabalharam. Por fim, ao utilizar elementos da análise pós-moderna, ela desenvolve um quadro teórico para entender a relação entre doutrina jurídica e o exercício do poder racial.[30]

Ou seja, trata-se da fusão entre neomarxismo (como "política de libertação" racial) e elementos da teoria pós-moderna. Isso está em perfeita consonância com o argumento de Crenshaw em "Mapping the Margins", que critica tanto as abordagens liberais aos direitos civis (e o liberalismo) quanto o pós-modernismo, por serem insuficientes para enfocar "o exercício do poder racial". Em última análise, a contribuição de Crenshaw para essa fusão está em descobrir a fórmula alquímica neomarxista necessária para separar a categoria racial (identidade) dos sucos digestivos desconstrutivos da teoria pós-moderna. A identidade racial e a opressão que o pensamento neomarxista atribui a ela *não devem ser desconstruídas*. De fato, ela enquadra a tentativa de fazê-lo como necessariamente enraizada no próprio privilégio que o neomarxismo racial (marxismo identitário) constrói em torno da crítica.

144

AS ORIGENS IDEOLÓGICAS MAIS PRÓXIMAS DA TEORIA CRÍTICA DA RAÇA

O resultado de enquadrar a desconstrução da raça e, portanto, a opressão racial como uma esperança falsa existente em mais um ponto cego do privilégio branco é que a opressão baseada em identidade e, dessa maneira, uma consciência crítica identitária, torna-se *adequadamente básica*. Na teoria, isso os converte em fundamentos para o conhecimento que estão necessariamente isentos de desconstrução. Eles *simplesmente são, e são questões indiscutíveis da experiência vivida que ninguém tem autoridade para contestar.* Com o perdão do leitor, gostaria agora de citar em extensão considerável um trecho relevante de "Mapping the Margins" para mostrar exatamente o que Crenshaw faz nas próprias palavras dela:

> Nesse sentido, é útil fazer uma distinção entre a interseccionalidade e a perspectiva intimamente relacionada do antiessencialismo, pelo qual as mulheres negras têm se ocupado criticamente do feminismo branco pela ausência de mulheres não brancas, por um lado, e por falar pelas mulheres não brancas, por outro. Uma interpretação dessa crítica antiessencialista — em que o feminismo essencializa a categoria mulher — deve muito à ideia pós-moderna de que as categorias que consideramos naturais ou simplesmente representacionais são, na verdade, socialmente construídas numa economia linguística de diferença. Embora o projeto descritivo do pós-modernismo de questionar as formas pelas quais o significado é socialmente construído seja em geral legítimo, essa crítica às vezes interpreta mal o significado da construção social e distorce sua relevância política. Uma versão do antiessencialismo, incorporando o que pode ser chamado de tese vulgarizada de construção social, é que, uma vez que todas as categorias são socialmente construídas, não existe tal coisa como, por exemplo, negros ou mulheres, e, portanto, não faz sentido continuar reproduzindo essas categorias e se organizar em torno delas.(...)
>
> Porém, afirmar que uma categoria como raça ou gênero é socialmente construída não quer dizer que essa categoria não tenha significado em nosso mundo. Pelo contrário, um projeto grande e contínuo para pessoas subordinadas — e, de fato, um dos projetos para os quais as teorias pós-modernas têm sido muito úteis — é pensar acerca da maneira como o poder se agrupou em torno de certas categorias e é exercido

contra outras. Esse projeto procura revelar os processos de subordinação e as diversas maneiras pelas quais esses processos são experimentados pelas pessoas que são subordinadas e pelas pessoas que são privilegiadas por eles. Portanto, trata-se de um projeto que presume que as categorias possuem significado e consequências. E o problema mais premente desse projeto, em muitos casos, se não na maioria, não é a existência de categorias; o problema são os valores específicos atribuídos a elas e o modo pelo qual esses valores fomentam e criam hierarquias sociais.

Não se trata de negar que o processo de categorização em si é um exercício de poder, mas a história é muito mais complicada e sutil do que isso. Primeiro, o processo de categorização — ou, em termos identitários, de nomeação — não é unilateral. As pessoas subordinadas podem participar, e de fato participam, às vezes até contestando o processo de nomeação, de maneira capacitante. Basta pensar na subversão histórica da categoria "negro" ou na transformação atual do "*queer*" para entender que a categorização não é uma via de mão única. Sem dúvida, há um poder desigual, mas ainda assim existe algum grau de interferência que as pessoas podem exercer e de fato exercem na política de nomeação. Além disso, é importante observar que a identidade continua a ser um lugar de resistência para membros de diferentes grupos subordinados. Todos nós podemos reconhecer a distinção entre as afirmações "Eu sou negro" e "Eu sou uma pessoa que por acaso é negra". "Eu sou negro" assume a identidade socialmente imposta e capacita isso como uma âncora de subjetividade. "Eu sou negro" se torna não só uma declaração de resistência, mas também um discurso positivo de autoidentificação, intimamente ligado a declarações enaltecedoras como a nacionalista negra "*Black is beautiful*". "Eu sou uma pessoa que por acaso é negra", por outro lado, alcança a autoidentificação mediante o esforço por certa universalidade (na verdade, "eu sou primeiro uma pessoa") e por uma concomitante rejeição da categoria imposta ("negra") como contingente, circunstancial e não determinante. Naturalmente, há verdade em ambas as caracterizações, mas elas funcionam de maneira bastante diferente dependendo do contexto político. Neste momento da história, há uma forte razão para acreditar que a estratégia de resistência mais

AS ORIGENS IDEOLÓGICAS MAIS PRÓXIMAS DA TEORIA CRÍTICA DA RAÇA

importante para grupos desabilitados é ocupar e defender uma política de localização social em vez de desocupá-la e destruí-la.

Portanto, o construcionismo vulgar distorce as possibilidades de política identitária significativa, juntando pelo menos duas manifestações de poder separadas, mas intimamente relacionadas. Uma manifestação é o poder exercido simplesmente por meio do processo de categorização; a outra é o poder de fazer com que essa categorização tenha consequências sociais e materiais. Embora o primeiro poder facilite o segundo, as implicações políticas de desafiar um em detrimento do outro têm grande importância.[31]

O que Crenshaw está fazendo aqui é fundir o neomarxismo racial (primeira teoria crítica da raça) ao pós-modernismo, redefinindo a tese construtivista social da teoria pós-moderna (e, de fato, do liberalismo; levando em conta o comentário anterior de que também sintetizou em algumas ideias liberais de direitos civis), em termos de análises do poder baseadas na teoria crítica. Ela está criando o *neomarxismo pós-moderno*, e é exatamente nesse punhado de parágrafos que isso acontece (mesmo que apareça em outros artigos dela, como "Race, Reform, and Retrenchment", incluído na íntegra em *Critical Race Theory: The Key Writings that Formed the Movement*[32]).

Crenshaw sustenta aqui que a abordagem pós-moderna do construtivismo social, mesmo quando foi adotada e apropriada por feministas e teóricos críticos de gênero, é importante para seu projeto, mas não consegue avaliar plenamente o papel do poder sistêmico na formação do significado das categorias identitárias. É proveitosa, mas, para ser útil a uma política identitária robusta e radical, deve reconhecer que a identidade deve ser colocada em primeiro lugar ("Eu sou negro" em vez de "Eu sou uma pessoa que por acaso é negra") e se tornar incontestável (adequadamente básica). A justificativa dada para essa mudança de perspectiva é que as categorias identitárias são *impostas* — assim, *tornando-se significativas e reais* — pelo poder sistêmico e por aqueles que o detêm e o exercem. Em outras palavras, antes de tudo, as categorias identitárias só existem como exercícios de poder; assim, de fato, os desabilitados por elas não podem desconstruí-las, mas podem entender a si mesmos e a sociedade em

MARXISMO RACIAL

termos delas. Essa linha de pensamento é o berço do construtivismo crítico: o construtivismo social pós-moderno recontextualizado em termos de crenças neomarxistas acerca do poder sistêmico.

Então, o ponto-chave a ser compreendido dessa seção longa e difícil é que os marxistas culturais e os neomarxistas queriam recriar a humanidade e a sociedade segundo sua teoria crítica, mas não conseguiram porque estavam limitados pela própria realidade, que suas teorias não abandonariam, mesmo que eles quisessem mudá-la. Horkheimer e Marcuse foram bastante claros ao sustentar que apenas por meio do afastamento da sociedade existente (ou "sensibilidade") seria possível alcançar a libertação *da sociedade existente*. Foi aí que o pós-modernismo entrou e mudou tudo ao caracterizar cada compreensão da realidade como apenas mais uma aplicação de poder político. Mas, na verdade, o pós-modernismo foi além, enquadrando qualquer coisa como uma "sensibilidade comum" que poderíamos compartilhar sobre o mundo como uma falsidade — especificamente, um abuso de poder ilegítimo e tacanho. Uma vez que uma compreensão comum da realidade, ou a capacidade de ter um consenso sobre o qual podemos determinar verdades acerca da realidade, foi reformulada como parte da superestrutura da sociedade baseada no poder, desenvolver uma nova perspectiva quase hipercrítica que engendraria uma "nova sensibilidade" se tornou possível. A interseccionalidade se converteu na ferramenta que preencheu esse espaço, e as teorias críticas identitárias, incluindo a teoria crítica da raça, se transformaram nas ferramentas para implementá-la.

Portanto, em *Teorias Cínicas*, quando afirmamos que a teoria crítica da raça e as outras teorias da justiça social crítica são o pós-modernismo que foi adotado e repaginado pelos ativistas, era a isso que estávamos nos referindo, e os "marxistas identitários" como uma terceira geração extremamente ativista de teóricos críticos eram esses ativistas. Os leitores são convidados a consultar essa obra para obter mais exemplos de como isso acontece tanto na teoria crítica da raça quanto em outras teorias críticas identitárias que se achavam em desenvolvimento ao longo das décadas de 1980 e 1990 conforme esse modelo. Ainda que apenas Kimberlé Crenshaw seja mencionada especificamente aqui, o que ela criou foi um *movimento*, e não uma iniciativa singular, e também teve predecessores ativistas, alguns dos quais participaram, foram influenciados ou atuaram em paralelo com o que foi descrito aqui até agora.

A Nova Esquerda

A Nova Esquerda — da qual Herbert Marcuse costuma ser considerado o pai ou, pelo menos, seu mentor intelectual — é um termo amplo dado aos movimentos esquerdistas que surgiram na década de 1960 no contexto da luta radical pelos direitos civis, do neomarxismo e dos protestos contra a Guerra do Vietnã.* A Nova Esquerda tinha uma orientação consideravelmente liberacionista; ou seja, era antiguerra, anti-imperialista (observação: em grande medida, isso é sinônimo de "comunista", considerando o contexto), amplamente antiocidental, extremamente crítica, de radical a revolucionária e, sobretudo, estava passando por uma ruptura significativa com o marxismo clássico ("vulgar"), que caracterizava a "Velha Esquerda", da qual queria se distanciar. Um grande número de movimentos de esquerda se agrupou sob a ampla bandeira da Nova Esquerda ou surgiu a partir dela, e Herbert Marcuse percebeu isso como uma grande oportunidade para reuni-los em algo semelhante a um novo proletariado. Devemos nos lembrar de que ele nomeia esses movimentos explicitamente nos trechos já compartilhados. Aqui, vamos considerar em poucas palavras diversos movimentos com relevância direta e próxima para o surgimento da teoria crítica da raça: o movimento dos estudos críticos do direito, o movimento de Libertação Negra (Black Power) e seu desdobramento protointerseccional chamado Feminismo Negro. Como já foi dito, o propósito deste livro não é ser abrangente, pois o foco reside na teoria crítica da raça.

Após reunir e permear esses diversos movimentos, a Nova Esquerda praticamente se desintegrou, embora sua influência e seu impacto sem dúvida tenham escapado disso. Como movimento, teve uma existência relativamente curta — durou apenas de meados da década de 1960 até o

---

* Talvez caiba ressaltar que Herbert Marcuse elogiou a revolução no Vietnã e o Viet Cong (também conhecido como Frente Nacional para a *Libertação* do Vietnã do Sul) em relação a esse enunciado.

MARXISMO RACIAL

início da década de 1970, quando as pessoas em geral atingiram um ponto de ruptura em virtude de seu radicalismo violento (o livro *Counterrevolution and Revolt*, de Marcuse, publicado em 1972, representa em certa medida seu último suspiro). No entanto, a Nova Esquerda não desapareceu de todo, nem passou a atuar na clandestinidade. Ela simplesmente foi para a escola. Como Isaac Gottesman, teórico da educação marxiano (pedagogo crítico) do Departamento de Educação da Universidade Estadual de Iowa, afirma nas primeiras frases de seu proveitoso livro *The Critical Turn in Education*, de 2016:

> "Para a pergunta: 'Onde foram parar os radicais dos anos 1960?', a resposta mais exata", observou Paul Buhle (1991) em seu clássico *Marxism in the United States*, "seria: nem em cultos religiosos, nem no domínio *yuppie*, mas na sala de aula" (p. 263). Após o declínio da Nova Esquerda, surgiu uma nova esquerda, uma Esquerda Acadêmica. Para muitos desses jovens acadêmicos, o pensamento marxista, e em particular o que alguns chamam de marxismo ocidental ou neomarxismo, e a que me referirei como tradição marxista crítica, foi um refúgio intelectual. À medida que os participantes da política radical da década de 1960 ingressaram na pós-graduação, ocuparam cargos docentes e começaram a publicar, a *virada crítica* começou a mudar o estudo acadêmico em todas as áreas das humanidades e das ciências sociais. A área da educação não foi exceção.[33]

Em outras palavras, a Nova Esquerda *se tornou* a Esquerda Acadêmica, e fez isso de forma contínua o suficiente de modo que aquilo que em geral é chamado de "Nova Esquerda", agora deve ser entendido meramente como um período inicial turbulento de ativismo, ao passo que diversos movimentos radicais estavam se fundindo e sendo impregnados com o "marxismo crítico" (ou seja, a teoria crítica). O resultado foi justamente o movimento baseado em política identitária denominado "marxista identitário", que é descrito ao longo deste livro. O lar natural desse movimento sempre seria na academia, considerando que ele é profundamente permeado pelas reflexões filosóficas dos "filósofos" da Escola de Frankfurt e buscava com grande urgência levar a cabo uma revolução

AS ORIGENS IDEOLÓGICAS MAIS PRÓXIMAS DA TEORIA CRÍTICA DA RAÇA

cultural ao estilo da Longa Marcha chinesa nos Estados Unidos. Nesse sentido, a Nova Esquerda deve ser entendida como um movimento de duas fases, que começou nas ruas e acabou nas salas de aula, revelando assim a relevância central da pedagogia crítica para a desestabilização do Ocidente. Nos resumos a seguir de alguns dos movimentos sociais radicais relevantes, é importante ter em mente que sua trajetória principal foi *em direção* à academia a partir da década de 1970, e é a partir desse casulo acadêmico que o chamado movimento *"woke"* do final da década de 2010 surgiu plenamente formado na última meia década.

Libertação Negra

O movimento de Libertação Negra é um tópico que, assim como a maioria dos outros nesta seção, merece uma abordagem extensa para uma avaliação completa. Para nossos propósitos, esse movimento deve ser entendido como significativo para o etos subjacente da teoria crítica da raça. Na origem, foi um movimento marxiano que opôs radicais e revolucionários negros politicamente engajados à chamada "burguesia negra", que defendia a preservação e o sucesso na sociedade capitalista liberal. Esse aspecto marxiano surgiu a partir da — ou, mais provavelmente, cooptou e colonizou — a energia dos movimentos existentes, como o Black Nationalism, o Black Power e até mesmo o menos conhecido movimento *Négritude*.

Como predominantemente ativista em sua orientação, situado no âmbito da Nova Esquerda (liberacionista), o movimento de Libertação Negra pode ser difícil de categorizar. Às vezes, é anarquista, por vezes, é comunista, algumas vezes, é crítico e, de vez em quando, nacionalista-separatista (no sentido do Nacionalismo Negro, que se encaixa bem com o pensamento racial *Völkisch* de W. E. B. Du Bois e que caracteriza a teoria crítica da raça). Deve-se compreender que nesse ambiente carregado de raiva é que o etos da teoria crítica da raça surgiu e foi cultivado. Foi a esse movimento que Crenshaw e Bell se referiram como o que fundamentou suas críticas à sociedade, ao pós-modernismo, ao liberalismo, ao direito e, mais especificamente, aos estudos críticos do direito. É a esse movimento que o Black Lives Matter e os teóricos críticos da raça ainda recorrem hoje em dia, independentemente dos objetivos específicos que atribuem a ele: o objetivo da "libertação negra" da sociedade existente e de suas supostas dinâmicas de poder "sistematicamente racistas".

Nossos interesses se situam principalmente em como isso se tornou um movimento marxista identitário que contribuiu para a criação da teoria crítica da raça. Como discutido acima, Herbert Marcuse reconheceu o potencial revolucionário nesses militantes e logo buscou incorporá-los em sua emergente coalizão da Nova Esquerda, junto com estudantes facilmente radicalizados, feministas, outras minorias raciais radicalizadas, minorias sexuais, desempregados e diversos excluídos sociais. Seu objetivo foi forjar uma aliança baseada na teoria crítica entre esses movimentos e a *intelligentsia* esquerdista, sobretudo estudantes universitários, apesar da evidente contradição de classe (econômica e social), o que frustrava Marcuse. Logo após observar que a "população do gueto" dos Estados Unidos constitui uma força potencialmente revolucionária, que ele poderia (cinicamente?) colocar em uso para seus propósitos, Marcuse comenta que a "nova classe trabalhadora" deve ser forjada ao encontrar uma maneira de reunir esses grupos:

> O poder de longo prazo da rebelião negra é ainda mais ameaçado pela profunda divisão no âmbito dessa classe (o surgimento de uma burguesia negra), e por sua função social marginal (no que diz respeito ao sistema capitalista). A maioria da população negra não ocupa uma posição decisiva no processo de produção, e as organizações brancas de trabalhadores não se esforçaram muito para mudar essa situação. Nos termos cínicos do sistema, uma grande parte dessa população é "dispensável", ou seja, ela não contribui significativamente para a produtividade do sistema. Por conseguinte, os detentores do poder talvez não hesitem em aplicar medidas extremas de repressão se o movimento se tornar perigoso. O fato é que, atualmente nos Estados Unidos, a população negra aparenta ser a força de rebelião "mais natural".
>
> A distância entre ela e a oposição da classe média jovem é descomunal sob todos os aspectos. O denominador comum: a rejeição total da

AS ORIGENS IDEOLÓGICAS MAIS PRÓXIMAS DA TEORIA CRÍTICA DA RAÇA

sociedade existente, de todo o seu sistema de valores, é obscurecida pela evidente diferença de classes — assim como, no âmbito da população branca, a comunidade de "interesse real" entre os estudantes e os trabalhadores é prejudicada pela luta de classes. No entanto, essa comunidade se concretizou em ação política em larga escala durante a rebelião de maio na França, contra a proibição implícita por parte do Partido Comunista e da CGT (*Confederation Generale du Travail*), e a ação comum foi iniciada pelos estudantes, e não pelos trabalhadores. Esse fato pode ser indicativo da profundidade e unidade da oposição subjacente e através das lutas de classes. Em relação ao movimento estudantil, uma tendência básica na própria estrutura da sociedade industrial avançada favorece o desenvolvimento gradual de tal comunidade de interesses. O processo de longo prazo que, em grandes áreas da produção material, tende a substituir o trabalho físico pela energia técnica e mental aumenta a necessidade social por trabalhadores inteligentes e com formação científica; uma parte considerável da população estudantil é a futura classe trabalhadora — a "nova classe trabalhadora", não só é indispensável, mas vital para o crescimento da sociedade existente. A rebelião estudantil atinge essa sociedade em um ponto vulnerável; consequentemente, a reação é peçonhenta e violenta.[34]

Em outras palavras, Marcuse precisava descobrir uma maneira de levar a teoria neomarxiana aos adeptos do movimento de Libertação Negra para que pudesse cooptá-los — e, com eles, toda a comunidade negra ("população do gueto") que o público poderia pensar que eles representam — para sua causa. O que começou com uma abordagem militante para desafiar a segregação racial e as leis de Jim Crow seria cooptado por um projeto neomarxiano no âmbito da emergente "Nova Esquerda" que Marcuse estava tentando aproveitar e direcionar. Embora vá além do escopo deste livro para ser abordado em detalhes, o movimento anticolonial baseado no pensador radical violento (e hegeliano) Frantz Fanon — também, em termos gerais, rotulado como "liberacionista" — do mesmo modo foi incorporado ao crescente movimento de Libertação Negra.

No final, o movimento de Libertação Negra surgiu como uma coalizão racial neomarxista dentro da Nova Esquerda, conforme idealizada e

MARXISMO RACIAL

organizada por Herbert Marcuse, que acreditava que uma coalizão constituída por mulheres feministas, minorias raciais, minorias sexuais, excluídos sociais e a *intelligentsia* esquerdista seria a vanguarda cultural e intelectual para promover suas fantasias liberacionistas. Naturalmente, não foi difícil convencer os adeptos da ideia. Deve-se reconhecer que "libertação" sempre foi uma palavra marxiana que significa tanto libertação do capitalismo (e liberalismo) como de todos os sistemas de poder e da exploração, miséria, fadiga e subjugação que dizem que eles produzem.

Porém, o movimento de Libertação Negra é um tanto mais antigo que a Nova Esquerda ou que os objetivos de Marcuse de cooptá-lo para sua agenda neomarxista. Os marxistas, em sua *Encyclopedia of Anti-Revisionism On-line*,[35] remontam a história do movimento de Libertação Negra a Rosa Parks e sua desobediência ao sistema de assentos segregados em um ônibus em Montgomery, no Alabama, em 1955.[36] Em seguida, rastreiam o desenvolvimento dos movimentos Black Patriot, Black Power e Black Panthers nas décadas de 1950 e 1960 e, finalmente, do Black Workers Congress em 1970. Todas essas organizações eram explicitamente marxianas ou neomarxistas — o que tornava fácil sua fusão com o pensamento marcuseano —, e elas passaram grande parte de seu tempo discutindo o marxismo-leninismo, o maoismo e os movimentos de libertação em andamento ao redor do mundo, a maioria dos quais também projetos comunistas, sobretudo como eles poderiam ser usados para levar a cabo a "libertação negra".

Para ficar claro, embora tenha vínculos marxianos desde o início, o movimento de Libertação Negra não começou com Marcuse; ele apenas encontrou uma maneira de fazer uso produtivo do movimento e dos negros através dele para seus próprios objetivos. Alguns desses Marcuse alcançou diretamente. Outros tantos ele conseguiu por meio de sua aluna de doutorado Angela Davis, que atuava no movimento de Libertação Negra e em seu desdobramento protointerseccional e feminista, o Feminismo Negro.

AS ORIGENS IDEOLÓGICAS MAIS PRÓXIMAS DA TEORIA CRÍTICA DA RAÇA

Feminismo Negro

No movimento de Libertação Negra, e não totalmente desassociado da visão de Marcuse de reunir diversos dissidentes, radicais e reclamantes (ou seja, teóricos críticos) num movimento de coalizão orientado pela *intelligentsia* esquerdista (quer dizer, ele mesmo), é importante destacar o surgimento do Feminismo Negro. O Feminismo Negro é o que se obtém quando críticas feministas marxistas e radicais são acrescentadas ao movimento de Libertação Negra e, em seguida, essas críticas são direcionadas para dentro, ou seja, para o próprio movimento. Nesse sentido, o Feminismo Negro se torna o lugar original do desenvolvimento da interseccionalidade: a exata "Nova Sensibilidade" baseada em solidariedade que Herbert Marcuse acreditava que abriria a porta para a utopia libertada.

A premissa básica que motiva o Feminismo Negro é protointerseccional: o feminismo é predominantemente "branco"; o movimento de Libertação Negra é predominantemente "masculino" e, portanto, ambos ignoram os problemas específicos das mulheres Negras com N maiúsculo (feministas). Seu *modus operandi* também é paradigmaticamente interseccional: as feministas negras exigem ingresso em espaços feministas ou do movimento de Libertação Negra e, em seguida, acusam esses grupos de racismo ou sexismo, respectivamente, e limpam o terreno dos destroços resultantes. É a política identitária neomarxiana elevada ao quadrado. Previsivelmente, também é tanto um completo desastre como extremamente eficaz em dividir e conquistar praticamente tudo o que encontra (portanto, o Um Anel).

Nesse nível de brevidade, talvez as coisas mais importantes a serem ditas sobre o movimento do Feminismo Negro sejam estas: ele incluiu diversas correntes teóricas, incluindo o neomarxismo e o pós-modernismo em suas análises (como as feministas da época costumavam fazer), e ansiava direcionar suas críticas *para dentro* e de forma "autorreflexiva; ou seja, transformá-las numa espécie de *práxis*, como defendido por radicais como Paulo Freire na educação. Como acabamos de explicar, o Feminismo Negro estava em especial muito interessado em pegar um movimento como o feminismo radical ou marxista e acusá-lo de racismo,

MARXISMO RACIAL

rotulando-o de "feminismo branco" ao trazer argumentos da prototeoria crítica da raça para sustentar isso. Da mesma forma, caracterizava o movimento de Libertação Negra como sexista e misógino num nível estrutural. De fato, esse é o ponto principal de "Mapping the Margins", de Kimberlé Crenshaw. As "margens" ("*margins*") às quais ela se refere são as mulheres negras (quer dizer, feministas) que são colocadas à margem do feminismo radical e marxista (branco). O resultando dessa análise: a interseccionalidade.

Muito — muito mesmo — poderia e deveria ser dito acerca do Feminismo Negro (uma apropriada e extensa abordagem do ponto de vista de um observador externo sobre esse movimento é urgentemente necessária nas circunstâncias atuais; o seminal livro *Black Feminist Thought*, de Patricia Hill Collins, não é suficiente). Contudo, por enquanto, vou estreitar o foco e me ater à formação de um grupo conhecido como Combahee River Collective na década de 1970, cuja integrante mais famosa foi a feminista negra Audre Lorde, autora da célebre frase "As ferramentas do mestre nunca desmantelarão a casa do mestre". Esse coletivo (naturalmente, um "coletivo"; elas eram comunistas) era uma organização radical e exasperada composta por um grupo de mulheres negras feministas, socialistas e *queer*. As origens da interseccionalidade e, portanto, de grande parte da teoria crítica da raça, pertence de fato a elas. Eis o primeiro parágrafo da "declaração" do coletivo de 1977, que é mais bem compreendido como o manifesto que nos levou à interseccionalidade e à teoria crítica da raça de hoje:

> Somos um coletivo de feministas negras que se reúnem desde 1974. Durante esse tempo, estivemos envolvidas no processo de definir e esclarecer nossas políticas, ao mesmo tempo que realizamos trabalho político dentro de nosso próprio grupo e em aliança com outras organizações e movimentos progressistas. Neste momento, a declaração mais geral de nossas políticas seria que estamos ativamente comprometidas em lutar contra a opressão racial, sexual, heterossexual e de classe, e ver, como nossa tarefa específica, o desenvolvimento de uma análise e prática integradas baseadas no fato de que os principais sistemas de opressão estão interligados. A síntese dessas opressões cria as condições de nossa

vida. Como mulheres negras, vemos o Feminismo Negro como o movimento político lógico para combater as múltiplas e simultâneas opressões que todas as mulheres negras enfrentam.[37]

As origens da interseccionalidade, assim como a centralidade do Feminismo Negro em todas as análises de opressão, são bastante evidentes aqui. No entanto, menos óbvio para o olhar leigo, são o marxismo ("estamos comprometidas em lutar contra") e o hegelianismo ("a síntese dessas opressões") no cerne desse projeto. Eis o neomarxismo passando por uma grande síntese dialética em todos os domínios da política identitária ao mesmo tempo (marxismo identitário), com a classe ("marxismo vulgar") agora colocada por último na análise. De fato, um olhar capacitado não é necessário para entender quais eram os compromissos do Combahee River Collective ou para perceber como suas integrantes utilizaram a política identitária para transformar o marxismo tradicional no novo marxismo identitário. Elas mesmas declaram esses compromissos:

> Entendemos que a libertação de todos os povos oprimidos exige a destruição dos sistemas político-econômicos do capitalismo e do imperialismo, assim como do patriarcado. Somos socialistas porque acreditamos que o trabalho deve ser organizado para o benefício coletivo daqueles que fazem o trabalho e criam os produtos, e não para o lucro dos patrões. Os recursos materiais devem ser distribuídos igualmente entre aqueles que criam esses recursos. No entanto, não nos parece que uma revolução socialista que não seja também uma revolução feminista e antirracista garantirá nossa libertação. Chegamos à necessidade de desenvolver uma compreensão das relações de classe que leve em conta a posição de classe específica das mulheres negras, que são em geral marginais na força de trabalho, embora, neste momento em particular, algumas de nós sejam temporariamente consideradas representantes duplamente desejáveis em níveis de colarinho-branco e profissionais. Precisamos enunciar a real situação de classe daqueles que não são apenas trabalhadores sem raça ou gênero, mas para quem a opressão racial e de gênero é um fator significativo em suas vidas

MARXISMO RACIAL

laborais/econômicas. Embora estejamos essencialmente de acordo com a teoria de Marx, conforme aplicada a relações econômicas muito específicas que ele analisou, sabemos que sua análise deve ser estendida ainda mais para compreendermos nossa situação econômica específica como mulheres negras.[38]

O Combahee River Collective, que é o solo em que a interseccionalidade foi cultivada, constitui explicitamente um projeto para levar a análise marxista racial e feminista para a vanguarda da consecução de uma revolução socialista. Esses pontos farão mais sentido após a leitura do próximo capítulo, mas eles apontam para o fato de que as raízes da teoria crítica da raça são, sem dúvida, estruturalmente marxianas e dialeticamente hegelianas, o que é absolutamente crucial para entendê-la. Por enquanto, basta dizer que a teoria crítica da raça (como a teoria crítica da raça faz; ver a próxima seção abaixo) e a interseccionalidade surgem quase diretamente do Feminismo Negro e das ferramentas e visão de mundo que ele tem a oferecer.

Estudos críticos do direito

A linha de pensamento acadêmico e ativismo mais próxima que deu origem à teoria crítica da raça é o movimento de estudos críticos do direito, que revisionistas históricos e jurídicos como Derrick Bell, Alan Freeman e outros teóricos críticos da raça pioneiros racializaram no final da década de 1970 e início da década de 1980. É por isso que costumamos ouvir apologistas da teoria crítica da raça dizerem que ela não é ensinada nas escolas de ensino fundamental e médio porque é simplesmente uma teoria jurídica em nível de pós-graduação. Essa alegação, como já discutimos, é absurda, mas, ao mesmo tempo, suas origens na instituição cultural do direito não podem ser negadas. Não só quase todos os teóricos originais da teoria crítica da raça eram "um grupo de marxistas" como também eram acadêmicos críticos do direito.

Num sentido muito real, os estudos críticos do direito propriamente ditos podem ser entendidos como uma tentativa de cumprir no

AS ORIGENS IDEOLÓGICAS MAIS PRÓXIMAS DA TEORIA CRÍTICA DA RAÇA

direito o imperativo de Antonio Gramsci de que a filosofia crítica (comunista) se infiltre nas instituições culturais (lembremos que o direito é uma das cinco que ele mencionou especificamente). Na época em que a Nova Esquerda foi criada, a obra de Gramsci havia sido recuperada e divulgada fora de Moscou, para onde fora contrabandeada após sua morte numa prisão italiana em 1937. Ela recebeu tradução para o inglês por um grupo de acadêmicos da Nova Esquerda, como Joseph Buttigieg, na Universidade de Notre Dame, em 1970. Quando a Nova Esquerda estava em plena atividade no início da década de 1970, as ideias de Gramsci vinham sendo incorporadas às visões de Marcuse de que a revolução avançaria por meio de uma coalizão composta por mulheres radicais, minorias sexuais, minorias raciais, rebeldes e excluídos radicais (como o Weatherman Underground), em colaboração com a *intelligentsia* de esquerda", que levaria suas ideias para as universidades, educação e mídia. Assim, jovens acadêmicos de direito da Nova Esquerda assumiram a tarefa amplamente neomarxiana de levar a teoria crítica aos estudos acadêmicos jurídicos como um caminho para levá-la para o direito propriamente dito. Conforme é descrito em *Critical Race Theory: The Key Writings that Formed the Movement*:

> No final da década de 1970, os estudos críticos do direito existiam em meio a um turbilhão de energia formativa, insurgência cultural e impulso organizador: tais estudos tinham se estabelecido no meio acadêmico jurídico como um movimento política, filosófica e metodologicamente eclético, mas intelectualmente sofisticado e ideologicamente de esquerda. Suas conferências haviam começado a atrair centenas de advogados, professores e estudantes de direito progressistas; até mesmo as principais revistas de direito passaram a apresentar trabalhos críticos que reinterpretavam áreas doutrinárias inteiras do direito a partir de uma motivação explicitamente ideológica.[39]

Percebamos que eles admitem abertamente o propósito de reorganizar a sociedade segundo "uma motivação explicitamente ideológica". Essa motivação já estava até fazendo progressos naquela época. Quando os precursores da teoria crítica da raça, em particular Derrick Bell e Alan

MARXISMO RACIAL

Freeman, começaram a ganhar destaque na cena dos estudos críticos do direito, uma grande quantidade de crítica jurídica por parte da Nova Esquerda já tinha sido feita. Seu objetivo: "a desconstrução do liberalismo".[40] Como isso seria feito? Pelos meios normais da teoria crítica: insistindo que tudo o que o direito e o liberalismo fazem é subjetivo e, portanto, sujeito ao determinismo estrutural gerado pelos "sistemas de poder". Essa mentalidade é central tanto nos estudos críticos do direito quanto na teoria crítica da raça, que faz a mesma coisa por meio de uma implacável centralização na raça em todas as análises de poder.

> A teoria crítica da raça — assim como o movimento dos estudos críticos do direito com o qual costumamos estar associados — rejeita a ortodoxia predominante de que o estudo acadêmico deve ser ou pode ser "neutro" e "objetivo". Acreditamos que os estudos acadêmicos jurídicos sobre raça nos Estados Unidos nunca possam ser escritos a partir de uma distância de desapego ou com uma atitude de objetividade. Na medida em que o poder racial é exercido de modo legal e ideológico, os estudos acadêmicos jurídicos acerca de raça são um lugar importante para a construção desse poder e, dessa maneira, sempre é um fato, mesmo que "apenas" de modo ideológico, na economia do próprio poder racial. Para usar uma frase da tradição existencialista, "não há saída" — nenhuma posição acadêmica fora da dinâmica social do poder racial de onde se possa apenas observar e analisar. O estudo acadêmico — a produção formal, a identificação e a organização do que será chamado de "conhecimento — é inevitavelmente político.[41]

E é exatamente assim que a teoria crítica da raça surgiu dos estudos críticos do direito (e é exatamente assim que ela toma conta de tudo). Ela chegou, se envolveu e, então, afirmou categoricamente: "Vocês não estão colocando a raça no centro de suas análises de poder; isso deve ocorrer porque vocês são racistas que não conseguem — ou pior, não querem — se dar conta de que são racistas". E funcionou. E ainda funciona. Aqui está como isso é descrito pelos estudiosos em suas próprias palavras, que exalam a politicagem identitária do Feminismo Negro:

AS ORIGENS IDEOLÓGICAS MAIS PRÓXIMAS DA TEORIA CRÍTICA DA RAÇA

Em seus primórdios no final da década de 1970, os estudos críticos do direito (ECD) envolviam basicamente uma organização acadêmica branca e predominantemente masculina. Em meados da década de 1980, havia um pequeno grupo de acadêmicos negros que frequentavam as conferências e os eventos de verão ligados aos ECD. Via de regra, a maioria estava familiarizada com a teoria crítica do direito e simpatizava com as sensibilidades progressistas dos estudos críticos do direito como um todo. Ao contrário das correntes predominantes das faculdades de direito, esse grupo estava longe de ser dissuadido pelas críticas do legalismo liberal aos ECD. Enquanto muitos membros da comunidade jurídica ficaram, para dizer o mínimo, extremamente perturbados com os ataques dos ECD contra pilares ideológicos como o estado de direito, para os acadêmicos negros que se basearam numa história de luta das comunidades negras contra o racismo oficial e institucional, a alegação dos críticos de que o direito não era apolítico, neutro ou determinado não parecia controversa. De fato, acreditávamos que essa perspectiva crítica constituía os elementos fundamentais de qualquer tentativa séria de entender a relação entre direito e supremacia branca. No entanto, embora os "críticos da raça" emergentes compartilhassem essa posição inicial com os ECD, diferenças significativas entre nós se tornaram cada vez mais evidentes durante uma série de conferências em meados da década de 1980.

Nossas discussões durante as conferências revelaram que, embora compartilhássemos com os críticos a crença de que a consciência jurídica funcionava para legitimar o poder social nos Estados Unidos, os críticos raciais entendiam que a raça e o racismo também atuavam como pilares centrais do poder hegemônico. Como os acadêmicos dos ECD, em geral, não tinham desenvolvido e incorporado uma crítica ao poder racial em suas análises, suas práticas, políticas e teorias relativas à raça tendiam a ser insatisfatórias e, às vezes, indistinguíveis daquelas das instituições dominantes que, em outros contextos, estavam contestando. Conforme a raça passou das margens para o centro do discurso nos estudos críticos do direito — ou, como alguns diriam, os estudos críticos do direito deram uma guinada em direção à raça —, as disjunções institucionais e teóricas entres os estudos críticos do direito e o emergente estudo acadêmico sobre raça acabaram se manifestando como temas centrais na teoria crítica da raça.[42]

Como se pode perceber com clareza, a teoria crítica da raça surgiu para desenvolver uma "crítica" (marxiana) da raça no direito. No entanto, isso não ocorreu sem problemas, e não surpreende. Na verdade, a teoria crítica da raça surgiu não por meio do confronto da teoria com a teoria, mas por meio de extorsão moral. Aconteceu quando supostamente acadêmicas feministas ingênuas ligadas aos estudos críticos do direito acharam que seria uma boa ideia impulsionar o movimento ao colocar ativistas que queriam se basear na raça diante de uma plateia de uma conferência dos ECD. De forma previsível, aproveitaram a oportunidade e a usaram para acusar o movimento dos estudos críticos do direito de — *surpresa!* — ser racista. O incidente que citam é quando, na Conferência sobre Estudos Críticos do Direito, "os organizadores pediram para que as acadêmicas negras feministas promovessem diversas discussões simultâneas sobre raça".[43] O resultado foi o caos previsível sempre gerado pela política identitária: "descobrir" a dinâmica racial no próprio movimento (ou seja, acusar de racismo o movimento e seus participantes), seguido pela clássica tática de dividir para conquistar:

O número reduzido de acadêmicas negras que participaram dessa conferência concebeu o seminário para descobrir e discutir as diversas dimensões do poder racial conforme manifestado nos estudos críticos do direito. Embora a prática de desvendar e contestar o poder nas faculdades de direito fosse uma característica padrão da política dos ECD, a tentativa de estabelecer essa prática nos ECD, considerando-os uma instituição "branca", trouxe uma resposta surpreendentemente defensiva. A discussão acirrada e acalorada que irrompeu em resposta à nossa pergunta: "Do que se trata a branquitude dos ECD que desencoraja a participação das pessoas não brancas?", revelou que a irreverência moderna e inovadora dos ECD em relação às práticas estabelecidas podia facilmente se desintegrar em histeria e inquietação ao ser trazida de volta ao ambiente original.[44]

AS ORIGENS IDEOLÓGICAS MAIS PRÓXIMAS DA TEORIA CRÍTICA DA RAÇA

Então, foi assim que a teoria crítica da raça surgiu do movimento já marxiano dos estudos críticos do direito. Algumas feministas entre seus membros atraíram acadêmicas e ativistas obcecadas em questões raciais, que acusaram todos de serem racistas por não darem destaque à questão racial, o que resultou num caos total de esquerda. O movimento estudos críticos do direito acabou em grande parte esvaziado, e três anos depois, os fundadores da teoria crítica da raça, aquele "grupo de marxistas", se reuniram naquele fatídico convento em Madison, em Wisconsin, para corrigir esses "erros", tornando a raça "*o* constructo central" para entender a iniquidade social. Como eu já disse algumas vezes, a teoria crítica da raça é como a teoria crítica da raça faz, e sempre foi assim.

PEDAGOGIA CRÍTICA

Uma última área a comentar sobre os movimentos ideológicos mais próximos em que a teoria crítica da raça tem raízes é o movimento de pedagogia crítica na educação. Esse movimento só está sendo mencionado aqui por completude (e, na verdade, exige uma abordagem extensa específica), em grande medida porque se originou *em paralelo à* teoria crítica da raça e, portanto, não é exatamente um movimento *precursor*. No entanto, é difícil, se não impossível, entender como a influência de Gramsci, dos neomarxistas e até dos pós-modernistas cresceu de maneira tão intensa e rápida no esquerdismo nas décadas de 1980 e 1990 sem entender o movimento da pedagogia crítica. Esse movimento totalmente marxiano trabalhou com afinco para incorporar na educação qualquer aspecto prático da teoria crítica que pudesse, desde seus primórdios no início da década de 1970 e estabelecimento formal no início da década de 1980. Se linhas filosóficas como o neomarxismo e o pós-modernismo e linhas ativistas como o movimento de Libertação Negra são o solo onde a teoria crítica da raça cresceu, e os estudos críticos do direito são a semente da qual ela nasceu, o movimento da pedagogia crítica pode ser considerado como o arado, o plantador e o suprimento de nitrato de amônio dela.

Já mencionamos o seminal artigo "Toward a Critical Race Theory of Education" de Gloria Ladson-Billings e William Tate IV, publicado em

1995, e poderíamos dedicar um capítulo à relevância do livro *Teaching to Transgress* [*Ensinando a transgredir*] de bell hooks, publicado em 1994, que traz temas do Feminismo Negro e ideias da teoria crítica da raça para a educação por meio de intensa emoção, mas esse não é o foco desta seção, embora sejam relevantes para a história de como a teoria crítica da raça acabou tão significativamente incorporada na educação. Em vez disso, quero destacar que todas as teorias da justiça social crítica foram turbinadas pela disposição do movimento da pedagogia crítica — assim como o movimento Feminismo Negro — ao adotar praticamente qualquer ferramenta que ajudasse a promover seus objetivos radicais. Seus objetivos, ao que parece, são bastante singulares por natureza: utilizar a educação como um meio para induzir uma consciência crítica em tantas crianças da população quanto possível. Se a economia funciona, ensine o marxismo. Se o gênero e a sexualidade funcionam, ensine a teoria crítica de gênero e a teoria *queer*. Se a raça funciona, ensine a teoria crítica da raça. O que quer que seja necessário para criar uma geração de revolucionários marxianos por meio do sistema educacional e, assim, alcançar a "libertação".

Paulo Freire já foi mencionado anteriormente, mas sua importância para a pedagogia crítica e o que ela alcançou não pode ser subestimada. A visão que acabamos de descrever era efetivamente dele. Como o pai da pedagogia crítica, Henry Giroux, comenta sobre seu mentor no livro *On Critical Pedagogy*, de 2011:

> Eu costumava ficar supresso com a paciência de Paulo ao lidar com pessoas que queriam que ele desse respostas prontas aos problemas que levantavam sobre a educação, pessoas que não percebiam que suas questões solapavam **sua própria insistência de que a pedagogia crítica é definida pelo contexto e deve ser abordada como um projeto de transformação individual e social** — que nunca poderia ser reduzida a um mero método. Para Paulo, os contextos eram importantes. Ele se preocupava com a maneira pela qual os contextos mapeavam de formas distintas as relações entre conhecimento, linguagem, vida cotidiana e os mecanismos do poder. **Para Freire**, **a pedagogia era estratégica e performativa**: considerada como parte de uma prática

AS ORIGENS IDEOLÓGICAS MAIS PRÓXIMAS DA TEORIA CRÍTICA DA RAÇA

política mais ampla para a mudança democrática, a pedagogia crítica nunca era vista como um discurso *a priori* a ser asseverado ou uma metodologia a ser implementada, ou a propósito de uma adesão servil a formas de conhecimento consideradas quantificáveis. Pelo contrário, a pedagogia de Freire era um ato consciencioso que surgia de uma consciência profunda da situação contextual de uma pessoa e organizada em torno da "ambivalência instrutiva de fronteiras perturbadas"; uma prática complexa de perplexidade, interrupção, compreensão e intervenção que emergia das permanentes lutas históricas, sociais e econômicas.[45] [Negrito adicionado.]

A pedagogia crítica envolve o despertar de uma consciência crítica por meio da educação por quaisquer meios necessários. Como movimento, portanto, contenta-se em adotar qualquer ferramenta conveniente que possa possibilitar isso (em qualquer contexto específico), amplificando e estimulando o uso dessa ferramenta. A teoria crítica da raça, como é evidente em sua operação, e o Feminismo Negro, do qual ela em grande medida se origina, como fica evidente em *Teaching to Transgress*, são algumas dessas ferramentas muito úteis.

A pedagogia crítica também deve ser compreendida pelo que ela é. Não se trata apenas de algum programa aleatório que surgiu na educação quando os marxistas obtiveram um pouco de influência na área. Trata-se da aplicação do édito gramsciano no marxismo cultural para a introdução de valores marxianos na educação, o mais importante dos cinco pilares culturais que Gramsci identificou como alvos. Freire tinha lido Gramsci, ou seja, ele estaria implementando esse programa intencionalmente, mesmo citando Marx e Lênin e elogiando Mao e Che Guevara ao longo de seu manual de educação explicitamente marxista (*Pedagogia do oprimido* [*The Pedagogy of the Opressed*]). Esse é o livro que radicalizou o decepcionado Henry Giroux, sendo um divisor de águas em sua vida e o início de um ponto de inflexão para o Ocidente. Giroux, por seu lado, acreditava plenamente nesse programa, dado que ele cita várias vezes Freire, Marcuse, Gramsci e Derrida ao longo de sua própria formulação da pedagogia crítica. Então, não só a teoria crítica da raça encontrou amplificação e implementação por intermédio da

MARXISMO RACIAL

pedagogia crítica, mas também viu grande parte de seu desenvolvimento ocorrer no contexto educacional.

Como eu disse, a pedagogia crítica é um projeto grande demais para este simples capítulo. No entanto, seu objetivo é simples: induzir a consciência crítica nas crianças, começando pelos professores, para que ambos se tornem "agentes de mudança" marxianos. Giroux apresenta dissimuladamente essa ambição como necessária para produzir "cidadãos democráticos", embora o que ele entenda por "democracia" pareça pressupor algo semelhante ao comunismo — uma crença padrão entre os comunistas (para os marxistas, a verdadeira democracia não é possível se existir qualquer desigualdade remanescente, já que os cidadãos devem ser iguais para a democracia ser verdadeira). Antes de Giroux, Freire percebia isso como uma maneira de criar um movimento revolucionário de libertação, despertando uma consciência crítica nos camponeses sul-americanos. Hoje em dia, o movimento da pedagogia crítica está plenamente maduro e dominou por completo a educação nos Estados Unidos e no Canadá. Os materiais educacionais de "equidade" e "antirracismo", incluindo o fraudulento 1619 Project e os materiais trazidos diretamente do movimento Black Lives Matter, são o aspecto racial de sua implementação. O objetivo é tão somente este: transformar nossos filhos em neomarxistas engajados na política identitária.

Então, para encerrar o capítulo, apresento uma história que raramente contei e que esclarece quão intimamente entrelaçadas estão a teoria crítica da raça e a pedagogia crítica (e, portanto, a educação). Quando Helen Pluckrose, Peter Boghossian e eu nos envolvemos no Grievance Studies Affair,* queríamos de fato atingir de maneira muito mais específica as publicações dedicadas à teoria crítica da raça do que fizemos. O desafio não foi que não entendíamos muito bem a teoria, nem que tínhamos receio de escrever bobagens, fingindo ser estudos acadêmicos sobre raça. A questão foi que quase todos os artigos sobre teoria

---

* O Grievance Studies Affair foi um projeto idealizado por James Lindsay, Helen Pluckrose e Peter Boghossian para a apresentação de artigos falsos a revistas acadêmicas. Ao serem aceitos e publicados, os artigos revelaram a politização exagerada e a falta de rigor intelectual em determinadas áreas acadêmicas. O projeto gerou debates sobre a qualidade da pesquisa e a influência ideológica na academia. (N. do T.)

crítica da raça são publicados atualmente em *revistas de educação*, e os restantes, em sua maioria, são publicados, é claro, em revistas de direito. Encarar esses artigos teria exigido que nos tornássemos versados (falsamente) no jargão e na sintaxe da educação (ou do direito), e achamos que não tínhamos tempo para fazer isso, considerando tudo o mais que vinha acontecendo. Na época, não nos demos conta do que isso significava, mas corrobora a alegação de que — ao contrário do que os comentaristas e especialistas afirmaram publicamente a respeito em 2021 — não só a teoria crítica da raça está presente na educação como grande parte dela foi *desenvolvida* nessa área.

CAPÍTULO 4

AS ORIGENS IDEOLÓGICAS MAIS PROFUNDAS DA TEORIA CRÍTICA DA RAÇA

No capítulo anterior, investigamos as raízes ideológicas mais próximas da teoria crítica da raça: o radicalismo da Nova Esquerda, incluindo os estudos críticos do direito, o movimento de Libertação Negra e o Feminismo Negro; o desenvolvimento dos estudos críticos da branquitude, quando o neomarxismo e o feminismo radical da década de 1970 se confrontaram; e, sobretudo, a fusão entre o neomarxismo (teoria crítica), o marxismo cultural e a teoria pós-moderna naquilo que hoje chamamos de "*woke*", que é uma forma de marxismo identitário. Neste capítulo, retrocedemos ainda mais, discutindo as raízes dessas raízes. Embora a história da filosofia ocidental desde 1700 (e antes) possa ter relação com esse tópico, nossa discussão será direcionada, breve e centrada nos seguintes personagens principais: Karl Marx, G. W. F. Hegel e Jean-Jacques Rousseau. (Aqueles que, com toda a razão, desejam culpar Immanuel Kant e Friedrich Nietzsche por motivos muito válidos sem dúvida ficarão decepcionados, mas depois superarão isso.) Por causa de sua importância para o desenvolvimento da teoria crítica da raça, de sua relação intelectual com esses personagens e alguns outros de linhas filosóficas pertinentes, e da dificuldade de situá-lo em outro lugar, W. E. B. Du Bois, o mentor da teoria crítica da raça, também merecerá um resumo breve neste capítulo. Ao contrário da abordagem dada às raízes ideológicas da teoria crítica da raça no capítulo anterior, que é um tanto longa e complexa, a abordagem aqui permanecerá mais leve e superficial.

A esta altura, é necessária pouca introdução para defender a ideia de que Karl Marx é de algum modo relevante para a teoria crítica da raça,

AS ORIGENS IDEOLÓGICAS MAIS PROFUNDAS DA TEORIA CRÍTICA DA RAÇA

que é, de fato, uma forma de marxismo racial. Na verdade, a afirmação mais simples e precisa que podemos fazer acerca da teoria crítica da raça é que se trata de um marxismo que usou a raça como "*o constructo central para entender a desigualdade*" em lugar da classe econômica. Além disso, o neomarxismo e o marxismo cultural são descendentes diretos e evidentes do marxismo "vulgar", e é a esse gênero de pensamento terrível que a teoria crítica da raça pertence da forma mais óbvia.

Por outro lado, Georg Wilhelm Friedrich Hegel talvez não seja conhecido por muitos leitores. As coisas mais relevantes a dizer sobre ele por meio de uma breve introdução são que Marx derivou grande parte do cerne de seu programa — o materialismo dialético — de sua própria interpretação da filosofia hegeliana e que os neomarxistas consideraram que Marx errou por não ser suficientemente hegeliano em sua abordagem. Hegel, veja só, é, em certo sentido, o pai da forma *aplicável* do pensamento dialético (as formulações de Immanuel Kant e Johann Gottlieb Fichte são um pouco mais abstratas), que é o sistema operacional de todo o esquerdismo ocidental desde mais ou menos a época de sua morte. Ainda que também discutamos a bizarra metafísica de Hegel neste capítulo, que tem relação com o argumento de que a teoria crítica da raça é mais bem compreendida como uma religião (gnóstica e hermética), o interesse principal está em sua formulação do pensamento dialético como um processo *negativo* e, em particular, sua fascinação pela dialética do senhor e do escravo que ele adotou de Jean-Jacques Rousseau.

Rousseau também carrega uma quantidade significativa de culpa pelo dilema da teoria crítica da raça em que nos encontramos, e não só por causa da influência que ele teve sobre Hegel e, de outra forma, sobre Marx (de onde você acha que Marx desenvolveu tanto interesse pelos problemas da *burguesia* quando ele investigou o que chamou de História desde as economias feudais até o capitalismo, tendo em vista conduzir a sociedade ao socialismo?). Rousseau, apesar de todas as suas proveitosas contribuições para a filosofia liberal ocidental, também teve algumas ideias extremamente equivocadas, que ocuparam posição central na teoria crítica da raça. Entre elas, destaca-se seu conceito de Contrato Social, que foi racializado na teoria crítica da raça, e a primazia da emoção em detrimento da razão (e o desejo de sintetizá-las dialeticamente em algo melhor).

MARXISMO RACIAL

Por último, na falta de um lugar melhor para discuti-lo, nos deparamos com o caráter único de W. E. B. Du Bois, conceituado na teoria crítica da raça como seu mentor intelectual ou como o primeiro e verdadeiro teórico crítico da raça. Du Bois foi um homem brilhante e perspicaz, que produziu grande parte de sua escrita mais influente no início do século XX, logo após concluir seu doutorado (em Harvard, como o primeiro afro-americano a obter o título de doutor), o que ocorreu depois de seu retorno de uma viagem de dois anos para estudar na Alemanha. Embora não fosse especial e politicamente sagaz na época, Du Bois ofereceu compreensões fascinantes e importantes sobre a vida dos negros norte-americanos, filtrados através das lentes de diversas filosofias alemãs da virada para o século XX. Seu livro *The Souls of Black Folk* [*As almas da gente negra*] (1903) é considerado o texto fundamental da teoria crítica da raça devido ao foco na dupla consciência: a experiência de ter que buscar ao mesmo tempo uma identidade norte-americana e uma identidade negra. Essas ideias definiram grande parte do contexto para as noções de consciência racial que os neomarxistas conseguiram cooptar mais de meio século depois.

UMA OBSERVAÇÃO SOBRE UMA INVESTIGAÇÃO DIALÉTICA

Antes de prosseguir com a discussão sobre esses quatro pensadores específicos, uma observação sobre os métodos deve ser feita. Eu descobri que a única maneira de compreender o surgimento de uma filosofia baseada na dialética, como a teoria crítica da raça, é analisando as peças relevantes *retroativamente.* Analisar toda a produção de Rousseau, por exemplo, como um fio condutor para entender a relevância de Hegel, seguida pela de Marx, dos marxistas culturais, dos neomarxistas, dos pós-modernistas, e depois, enfim, dos teóricos da justiça social crítica é possível, mas complicado e muito mais confuso do que quando analisamos na ordem inversa. Essa é a natureza de uma filosofia que se desenvolve dialeticamente, como passei a avaliar e como explicarei em breve. Aos leitores que desejam abordar a história dessa maneira, pelo menos até meados do século XX, dou ênfase à leitura de *Explaining Postmodernism* [*Explicando o pós-modernismo*], de Stephen Hicks.

AS ORIGENS IDEOLÓGICAS MAIS PROFUNDAS DA TEORIA CRÍTICA DA RAÇA

Quanto ao desafio de elaborar as histórias de origem de uma filosofia construída dialeticamente, um exemplo mais específico desse fenômeno é dado em *Teorias Cínicas*. Nele, Helen Pluckrose e eu constatamos repetidas vezes que inúmeros caminhos, se não todos, no estudo acadêmico da justiça social crítica levam de volta a Michel Foucault, cuja importância para a estrutura do pensamento social esquerdista atualmente não pode ser subestimada. Em consequência dessa constatação, os foucaultianos objetaram que deturpamos o pensamento de Foucault, o qual, eles insistem (com razão, acredito), *rejeitaria* a teoria crítica da raça, mesmo quando é desenvolvida com base nas ideias dele. Argumentos semelhantes podem ser (e foram) feitos acerca da influência de Derrida, Adorno e Marx, embora ninguém, que eu saiba, tenha feito muito esforço para resgatar Herbert Marcuse. Sem dúvida, o mesmo pode ser dito em relação a Rousseau, cuja obra é volumosa, e Hegel, que costuma ser quase indecifrável. A totalidade de seu pensamento é muito ampla e com frequência abstrata demais para ser contida nas formas bastante seletivas que os neomarxistas *woke* têm utilizado em benefício próprio — muitas vezes o distorcendo (sobretudo no caso de Derrida, que também é quase impossível de ser lido, especialmente em inglês).

Então, a história real é que os ativistas atuais do movimento da justiça social crítica têm incorporado seletivamente elementos úteis do pensamento de Foucault em quase tudo o que fazem. Eles também o fizeram de maneira a atender a suas agendas ativistas, inclusive reescrever Foucault a partir de suas próprias teorias. Mais do que qualquer coisa, o que importa para esses ativistas que fazem de conta que são acadêmicos é o *sucesso operacional*. Assim, eles pegam vários fragmentos de Foucault, Marx ou Hegel que atendem a seus propósitos, modificam-nos conforme necessário e descartam o restante. No entanto, isso não acontece de modo arbitrário. Existe um método, e esse método é a dialética. Na verdade, modificar teorias e manter elementos úteis de teorias anteriores para combiná-los estrategicamente com outras teorias úteis, mas contraditórias, é como a dialética "avança". Por exemplo, considere a fusão entre neomarxismo e teoria pós-moderna realizada por Crenshaw em "Mapping the Margins". Sua premissa é que a tese construtivista social no cerne do pós-modernismo precisa ser modificada

MARXISMO RACIAL

para fins neomarxistas, enquanto o próprio neomarxismo precisa afrouxar sua adesão à ideia de verdade para que uma "política identitária significativa" possa acontecer.

Então, embora seja sem dúvida possível perceber elementos do neomarxismo e da teoria pós-moderna na teoria crítica da raça, esta teoria pode facilmente mostrar como neomarxistas e pós-modernistas a rejeitariam. Por exemplo, os pós-modernistas a rejeitariam por não desconstruir a raça. Os neomarxistas a rejeitariam pela propensão a se tornar tecnocrática e por promover a existência de múltiplas verdades. Isso facilita para os teóricos críticos da raça tentarem negar que ela é pós-moderna (ou seja, "construtivismo vulgar"), neomarxista (que não compreende a dinâmica social do poder e a centralidade da raça) e, aliás, marxista (que também é "vulgar). Isso torna quase impossível chamar a teoria crítica da raça pelo que ela é e mantê-la se ouvirmos o incessante discurso dos teóricos repleto de jargão. O que ocorre é que a teoria crítica da raça está se escondendo atrás do processo dialético existente em seu cerne, o que permite que ela seja uma coisa e, ao mesmo tempo, *não seja essa coisa* — lembremos como ela é essencialista e antiessencialista ao mesmo tempo, mas também não é nenhuma das duas, como vimos no Capítulo 2; isso é o mesmo.

Um processo dialético, como iremos elaborar ao longo deste capítulo, é aquele que considera uma ideia (tese) e a sua oposição (antítese), confrontando-as numa contradição. A partir dessa contradição, o processo procura fazer um pouco de mágica filosófica — ou alquimia — para produzir uma nova ideia mais holística (síntese), que de alguma forma apreende e transcende tanto a coisa quanto sua oposição. O termo em alemão para essa atividade é *aufheben*, que é um verbo que significa ao mesmo tempo "abolir", "cancelar", "manter" e "elevar" (literalmente: "erguer sobre", com *auf*, sobre; *heben*, erguer). Aplicado a movimentos filosóficos, como o marxismo em evolução ao neomarxismo e, em seguida, ao marxismo identitário, *aufheben* significa efetivamente que cada teoria sucessiva irá manter aqueles elementos considerados úteis, ao mesmo tempo em que incorpora outras ideias ou modifica seus contextos de modo a "suprassumir" (como os marxistas traduzem *aufheben*) os originais para um "plano superior" de entendimento. Portanto, não é que a teoria crítica da raça

AS ORIGENS IDEOLÓGICAS MAIS PROFUNDAS DA TEORIA CRÍTICA DA RAÇA

não seja neomarxista, pós-moderna ou marxista; é que o neomarxismo, o pós-modernismo e o marxismo são muito *vulgares* para respirar o ar teórico refinado dos teóricos críticos da raça. Que sofisticação!

Por exemplo, a fusão entre neomarxismo e pós-modernismo descrito no capítulo anterior é, na verdade, uma síntese dialética de suas duas teses contraditórias, como Crenshaw deixa bem claro em "Mapping the Margins". Ela observou que a tese construtivista social, situada no cerne do pós-modernismo, é útil (deve ser mantida), mas impede uma política identitária neomarxista (precisa ser abolida), e a chamou de abordagem "construtivista social vulgarizada". O construtivismo social pós-moderno desconstrutivo existe em oposição dialética (contradição) à dinâmica de poder sistêmico baseada em identidade no neomarxismo baseado em identidade. Sua tarefa era combinar numa teoria as ideias de que a categoria racial é uma ficção social que, no entanto, é determinística, e ao seguir a antiga cartilha feminista de sustentação dos papéis identitários impostos a eles por um sistema de poder, ela encontrou seu caminho. Então, ela ofereceu um construtivismo crítico como uma resolução sintética. Essa abordagem reserva (mantém) o construtivismo social *e* a dinâmica de poder baseada em identidade, reformulando o próprio construtivismo social através da lente da dinâmica de poder sistêmico. O resultado é o construtivismo crítico ou neomarxismo pós-moderno: uma combinação sintética dos dois.

Agora, eis um ponto importante. Cada teoria mãe pode facilmente tecer críticas fatais à síntese, mas a alquimia do processo dialético torna essas críticas *vulgares*, que é como ser obsoletas e (deliberadamente) cegas de alguma forma essencial. Nesse caso, como explicaram outros teóricos da teoria crítica da raça até o início da década de 1990, o construtivismo social pós-moderno (construtivismo vulgar) foi criticado por ir longe demais, porque surgiu de homens brancos que desfrutavam de privilégios brancos suficientes para acreditar equivocadamente que a raça pode ser desconstruída, quando é uma categoria de opressão imposta que eles não experimentam. Isso torna a teoria dialética, em sua encarnação mais recente, quase impossível de ser criticada, pois todas as críticas são evidências de uma ou várias ignorâncias, ingenuidades ou razões insidiosas. (E assim a dialética avança.)

MARXISMO RACIAL

A propósito, como Crenshaw não promove especificamente o "construtivismo crítico", sua ideia de interseccionalidade considera esse processo dialético digestivo um passo adiante ao sintetizar as contradições das diversas categorias identitárias — e é disso que seu artigo se trata, em última análise. Às vezes, por exemplo, abordar uma questão de sexo ou gênero exige que as questões raciais sejam colocadas em segundo plano, enquanto abordar uma questão de raça pode colocar o feminismo em segundo plano. Essas "margens" contraditórias precisavam ser "mapeadas", e a síntese dialética das diversas contradições políticas identitárias foi chamada de "interseccionalidade".

A questão é a seguinte: não podemos chegar à síntese do neomarxismo e da teoria pós-moderna — o construtivismo crítico — ao examinarmos a totalidade do neomarxismo ou pós-modernismo. Ambos o contradizem. Parte de ambos tem que ser abolida, enquanto os elementos essenciais que fazem a orientação esquerdista avançar devem ser mantidos. A síntese *sempre* existirá em oposição às partes das quais ela é sintetizada, porque ela resulta da *negação*, e então se torna muito fácil para os ativistas dialéticos envolvidos dizerem algo como "a teoria crítica da raça não é (neo)marxista porque critica [elementos do] (neo)marxismo, que permanece comparativamente vulgar" ou "Foucault rejeitaria completamente a teoria crítica da raça, e sua teoria pós-moderna, se aplicada corretamente, desmontaria a teoria crítica da raça em seus fundamentos". Todas essas afirmações são verdadeiras, mas elas desencaminham a discussão. A questão é que a síntese dialética ainda está enraizada nessas ideias, mas os ativistas dialéticos descartariam todas as partes que existem em contradição com a nova linha sintética de ativismo.

Isso é complexo, mas possui um ponto importante. É difícil, se não impossível, analisar o desenvolvimento histórico de algo como a teoria crítica da raça — que é uma ferramenta do Esquerdismo Dialético (Esquerdismo Hegeliano) — de frente para trás, considerando todas as peças em sua totalidade. É muito mais fácil, e talvez seja a única maneira possível, compreender essas teorias no sentido inverso, razão pela qual apresentei primeiro a teoria crítica da raça, e depois suas raízes ideológicas mais próximas, antes de abordar as raízes ideológicas mais profundas. É para essas que nos voltaremos agora.

174

AS ORIGENS IDEOLÓGICAS MAIS PROFUNDAS DA TEORIA CRÍTICA DA RAÇA

Por meio de metáforas, quando mencionei anteriormente que a teoria crítica da raça é a ponta de uma lança com um cabo centenário, e que possui duzentos anos ou mais de musculatura intelectual por trás, este capítulo vai descrever essa musculatura (o capítulo anterior descreveu o cabo, exceto pelo papel complicado desempenhado por W. E. B. Du Bois, que poderia, suponho, ser considerado como as mãos no cabo da lança, para levar essa metáfora ao limite). Essa musculatura é o *pensamento dialético*. Isso *deve ser compreendido para o entendimento da teoria crítica da raça:* todo o Esquerdismo Ocidental desde pelo menos os Jovens Hegelianos, que surgiram na década de 1830 após a morte de Hegel (1831), tem sido Esquerdismo Dialético. Ou seja, o sistema operacional subjacente a todas as suas filosofias críticas desde Hegel tem sido a abordagem à dialética, e isso vem sendo respeitado tão rigorosamente que até sua própria filosofia crítica se desenvolveu conforme o processo dialético.

A FÉ DIALÉTICA DO ESQUERDISMO

A dialética é a fé da esquerda, e as principais figuras que desenvolveram a aplicação da dialética de maneira cada vez mais sintética ao longo da História com H maiúsculo (a totalidade da história passada, presente e futura, com uma trajetória e um propósito entrelaçados ao longo desse tempo) são os profetas dessa fé. Entre eles, incluem-se o próprio Hegel, Marx e Engels, Lukács e Gramsci, Horkheimer, Adorno, Marcuse, as feministas negras do Combahee River Collective, Derrick Bell, Kimberlé Crenshaw e todos os outros teóricos críticos relevantes de todas as linhas pertinentes que tornaram o mundo *woke* — até mesmo Ibram X. Kendi! Rousseau, Hegel e Marx podem parecer excluídos hoje, mas para o Esquerdismo Dialético, eles representam a semana passada e o ontem.

Para compreendermos plenamente a teoria crítica da raça, o que precisamos entender é a seguinte sequência de ideias: o marxismo é a síntese dialética entre o programa dialético idealista de Hegel e o materialismo de Ludwig Feuerbach (e o ódio de Marx por Deus); o neomarxismo é uma síntese dialética entre o marxismo com seus fracassos abjetos juntamente com a psicologia e a sociologia; o marxismo identitário é a síntese dialética entre o neomarxismo e o radicalismo libertário; as teorias da justiça social crítica são a síntese dialética do (neo)marxismo identitário e o pós-modernismo; e a interseccionalidade é a síntese dialética de diversas teorias críticas contraditórias do marxismo identitário. Tudo isso, incluindo essa série de evoluções, baseia-se na abordagem de Hegel à dialética, que ele adaptou à própria filosofia sistemática e especulativa a partir das origens em Kant e Rousseau. Então, tudo isso foi submetido de forma iterativa e *reflexiva* a essa mesma metodologia (dialética), com o objetivo repetido de sintetizar uma sociedade idealizada ao fazer a síntese da teoria com seus sucessivos fracassos. Desde o início, o objetivo foi manter a filosofia e a Utopia que promete falsamente a qualquer custo: "certas possibilidades históricas que passaram a ser consideradas possibilidades utópicas", como Marcuse afirmou em "Repressive Tolerance", alcançadas por meio da "alquimia da palavra", como ele descreveu em *Counterrevolution and Revolt*.

Em termos mais digeríveis: a abordagem marxiana ao esquerdismo é uma fé dialética *e sintética*, incapaz de aceitar que o processo dialético (pensamento negativo) é um fracasso colossal. Todas essas teorias críticas e a interseccionalidade que tenta combiná-las são *sintéticas* da pior maneira — o que não é menos importante que o fato de que são hostis às duas coisas que elas mais querem *aufheben* (suprassumir), que são a realidade e a natureza humana. Afinal de contas, o objetivo delas, como acredita Horkheimer, é fazer a síntese de uma nova realidade (uma que também reconheça que a liberdade e a justiça são conceitos dialéticos, de modo que, quanto mais temos um, menos temos do outro). No entanto, "realidade" sintética *não é realidade*; portanto, esses programas e *qualquer um que resulte dialeticamente do fracasso deles* vão falhar catastroficamente onde quer que sejam instaurados. Até agora, cada fracasso, com mais de cem milhões de mortos, como sua fé sustenta, é apenas parte desse processo cruel, mas necessário, para chegar à Utopia. Por conseguinte, percebemos a lógica por trás da desculpa perene: o comunismo *verdadeiro* (que vai funcionar) "nunca foi tentado" (porque só foi tentado depois de funcionar).

Logo, é preciso entender que a *teoria crítica da raça também é uma fé dialética*. Embora mais venha a ser dito a esse respeito à medida que avançarmos neste capítulo, até o momento, consideremos este trecho de *Critical Race Theory: The Key Writings that Formed the Movement*, p. xxvii, que mostra as raízes marxianas e hegelianas:

> Nossas reuniões *ad hoc* antes e durante diversas conferências propiciaram uma oportunidade ocasional para a discussão de nossas visões; no entanto, o evento formativo mais importante foi a fundação do seminário da teoria crítica da raça. Organizado principalmente por Kimberlé Crenshaw, Neil Gotanda e Stephanie Phillips, o seminário reuniu trinta e cinco acadêmicos de direito que atenderam a um convite para **sintetizar uma teoria que, embora fundamentada na teoria crítica, fosse responsiva às realidades da política racial nos Estados Unidos**. De fato, os organizadores criaram a expressão "teoria crítica da raça" para deixar claro que nosso trabalho se situa na intersecção entre teoria crítica e raça, racismo e o direito. Embora tenhamos enfatizado ao longo dos polos liberal e crítico contra os quais a teoria crítica da raça se desenvolveu, sem dúvida, na experiência, **essas relações dialéticas** produzem menos uma ruptura acentuada e mais um engajamento criativo e contestatório com ambas as tradições.[1] [Negritos adicionados.]

Assim, a teoria crítica da raça existe para fazer a síntese de uma nova maneira de analisar a relação entre raça, racismo e poder (nos Estados Unidos). Ou seja, trata-se da produção dialética de uma filosofia sintética que merece plenamente ser chamada de marxismo racial e/ou marxismo norte-americano. Dito isso, vamos dar uma olhada nesses importantes pensadores em ordem cronológica inversa, com exceção de W. E. B. Du Bois, a quem tratarei por último devido à sua relevância tangencial para a progressão do pensamento dialético e relevância central para o desenvolvimento da teoria crítica da raça.

MARXISMO

O marxismo é uma ideologia extremamente mal compreendida. A visão predominante é que Marx apresentou uma teoria econômica. Isso está

MARXISMO RACIAL

longe de ser verdade. Marx se apropriou de ideias de um conjunto de teorias econômicas amplamente conhecidas como "socialismo" (letra minúscula intencional) com a finalidade de promover sua teoria *Revolucionária* (com letra maiúscula para enfatizar o que a Revolução representa no marxismo). Isso é o que o marxismo é de verdade, disfarçado com linguagem econômica. Para ser mais exato, o marxismo é uma teoria do conflito social através de linhas de estratificação de classe, com a intenção de criar uma revolução social completa, e as modificações do marxismo identitário, como a teoria crítica da raça, movem a dinâmica da estratificação para a raça. Como agora devemos entender com absoluta clareza, o objetivo de toda a teoria marxiana é chegar à Revolução, e seja qual for o enquadramento de desigualdade social que levar até lá, será aquele que os teóricos marxianos do momento provavelmente usarão. O objetivo de toda a teoria marxiana é alienar e explorar uma classe inferior da sociedade até que essa classe a odeie, sobretudo ao projetar que a própria sociedade é que a está alienando e explorando. A Lei de Ferro da Projeção Woke se estende a um passado muito mais distante (não apenas a Marx, mas até o Gênesis).

Na verdade, o marxismo é o segundo — após a filosofia de Hegel, da qual é derivado — de uma longa linha de ideologias gnósticas da Idade Moderna que buscam caracterizar Deus como tirânico e a ordem existente do mundo como uma prisão (olá, Foucault), na qual somos atirados (olá, Heidegger), e da qual podemos escapar se descobrirmos a verdadeira natureza da "realidade", que é uma espécie de "consciência" que deve ser despertada. Isso significa que o marxismo é um gnosticismo rebelde reconfigurado para a modernidade industrial. Essa é a base do desejo de Marx de centrar o Homem em si mesmo, o qual ele postulou como uma precondição necessária para a verdadeira independência do Homem (a propósito, essa é a mesma falsa promessa feita pela Serpente no Gênesis). Como cientificista que aproveitou o advento da autoridade científica ao longo do século XIX, o marxismo se concentra em oferecer um estudo "científico" da História (um demiurgo da Idade Moderna), sendo tratado como uma espécie de divindade para uma nova era industrial. Ao reconhecer que a exploração econômica era o filão mais frutífero de agitação para alcançar a Revolução Gnóstica, o marxismo utiliza condições

AS ORIGENS IDEOLÓGICAS MAIS PROFUNDAS DA TEORIA CRÍTICA DA RAÇA

econômicas e materiais como a matéria-prima para gerar o conflito necessário e pôr em prática uma rebelião em massa contra Deus e a realidade. A teoria crítica da raça não é muito diferente, exceto que "torna a raça o constructo central para entender a desigualdade" em vez da classe, e procura despertar e agitar a consciência racial em vez de uma consciência de classe alienada.

O fato de a teoria crítica da raça estar enraizada (*sinteticamente*, agora sabemos) no marxismo já está muito bem estabelecido e, assim, há relativamente pouco a dizer sobre essa conexão no momento. Porém, compreender o que isso significa requer o domínio de algumas das ideias-chave do marxismo. Entre elas, incluem-se:

- Ideologia;
- A natureza do marxismo como uma fé e o papel da força de trabalho nessa fé;
- O desenvolvimento de seu materialismo dialético (que conecta Marx inequivocamente a Hegel, algo que ele não negava);
- O historicismo que Marx derivou disso (acreditando que tinha criado o único estudo científico da História e, portanto, podia prever seu desenrolar);
- A trajetória que a História seguiria sob esse historicismo e como ela chegaria lá;
- A essência da teoria do conflito, que é, em certo sentido, o motor de seu método dialético.

Como isso já foi abordado em detalhes num capítulo anterior, deixaremos de lado uma discussão detalhada das visões de Marx sobre a abolição da propriedade privada (burguesa), que foi convertida na teoria crítica da raça no objetivo de abolir a branquitude (a propriedade burguesa reconhecida pela TCR como uma teoria marxiana). As opiniões de Marx sobre alienação e exploração e sua relação com essas características também merecem menção. Inúmeros livros foram escritos sobre Marx, e alguns até abordaram a relação entre marxismo e teoria crítica da raça. Apenas algumas palavras precisam ser ditas aqui.

O principal conceito de Marx, unindo as grandes ideias mencionadas acima, pode ser resumido da seguinte maneira. Ao nos envolvermos

MARXISMO RACIAL

num estudo "científico" (mais detalhes sobre isso ainda neste capítulo) da História (e esse estudo é a interpretação materialista de Marx sobre a compreensão hegeliana de todo o tempo de desenvolvimento das sociedades humanas), podemos determinar que a própria História seguirá uma trajetória específica e intencional rumo a uma Utopia chamada comunismo (uma sociedade sem classes e sem Estado). Para chegar lá, vai progredir por meio da luta de classes, que é descrita pela teoria do conflito e faz sentido segundo a ideia de materialismo dialético de Marx — a dialética tornada "real" em vez de deixada no "ideal". Em resumo, isso significa que as classes estão intrinsecamente em conflito, e a classe mais baixa não se apercebe desse conflito (portanto, não reage), mas pode ser despertada quando "contradições" materiais são mostradas para ela, como o fato de os capitalistas enriquecerem muito, enquanto os trabalhadores fazem quase todo o trabalho "real". Em outras palavras, o progresso material só pode acontecer quando a classe explorada desperta para as supostas realidades da exploração sob o capitalismo, a chamada "consciência de classe", que a teoria marxista existe para induzir, e contra a qual se insurge. Quando a classe trabalhadora despertar como um proletariado com consciência de classe, o grande conflito chamado luta de classes começará, culminando assim em um momento arrebatador chamado Revolução, após o qual uma ditadura do proletariado marcará o início de uma fase atribulada chamada "Socialismo", em que os proletários despertos e vitoriosos controlarão todos os meios de produção e o Estado. Por último, à medida que as contradições da atribulação se exaurem, o Comunismo — uma Utopia sem Estado e sem classes, livre de todo conflito de classes — emergirá como o Fim da História. (Os leitores com inclinações teológicas reconhecerão que o comunismo é efetivamente uma fé escatológica — aliás, uma crença milenarista gnóstica, uma vez que busca construir o "Paraíso" aqui na Terra e coloca Deus e o Paraíso como mentiras usadas para impedir a perfeição do mundo por meio de um "conhecimento gnóstico" especial.)

Claro que quase tudo isso é bobagem mística que finge ser "materialista" e enraizada em ressentimento e desdém pelo capitalismo, liberalismo, religião e Iluminismo, assim como pelas sociedades que esses elementos geram — e acima de tudo, pelo sucesso. Marx imaginou um paraíso cooperativo em que todos sempre ajudam uns aos outros de acordo com suas capacidades e necessidades, em vez de um ambiente competitivo no qual as pessoas disputam recursos escassos. Sua visão era de um mundo sem exploração, onde todos pudessem participar tão plenamente quanto gostariam (uma democracia "verdadeira" na qual todos são iguais).

A labuta — ou trabalho — é considerada sagrada na religião marxiana. Na verdade, para Marx, todo o problema com a burguesia é que ela não deveria existir, porque só existe ao se posicionar para administrar, explorar e roubar do Nobre Trabalhador a mais-valia criada pela labuta. No entanto, para compreender o papel do trabalho na fé marxiana, é preciso entender que Marx tinha uma orientação tanto antirrealista quanto gnóstica (de fato, parece que ele adotou grande parte do romantismo de Jean-Jacques Rousseau por meio da visão extremamente gnóstica de William Blake). Para Marx, o mundo não está lá fora. O mundo está na nossa cabeça, sendo criado pelas atividades do Homem, especificamente os tipos de trabalho que Marx considerava legítimos, como a agricultura, a metalurgia e a indústria. O objetivo mundano desse trabalho consiste em transformar o mundo de uma selva em um Jardim. Seu objetivo espiritual é fazer o subjetivo se tornar objetivo, que ele adaptou da filosofia sistemática de Hegel. No processo, em ambos os níveis, enquanto o Homem constrói o mundo, ele também constrói a si mesmo — literalmente, para Marx, transformando-se no "Homem Socialista". Então, em um sentido muito real, o cerne da religião marxiana é que o trabalho, que Marx acredita que cria a História, torna o Homem livre. (Os nazistas, que sustentavam crenças semelhantes de uma maneira diferente, zombaram dos judeus, a quem tendiam a equiparar ao marxismo, por causa desse artigo de fé marxista, colocando a frase em alemão — *Arbeit macht frei* [O trabalho liberta] — acima dos portões de entrada de diversos campos de concentração e extermínio, Auschwitz e Dachau são os mais conhecidos.) Naturalmente, esse é o significado do slogan da teoria crítica da raça destinado a induzir as pessoas a se recriarem como teóricos críticos da raça: "façam o trabalho".

Então, o trabalho é sagrado no marxismo e, assim, a foice e o martelo podem ser entendidos literalmente como um ícone religioso. Eles representam os tipos de trabalho válidos que constroem o Jardim aqui na Terra e que, no processo, libertam o Homem (da exploração, de Deus e da Natureza, ou seja, da realidade). É claro que o problema é uma questão filosófica central na divisão entre subjetivo e objetivo: as outras pessoas. Se sua visão subjetiva do mundo (e a visão em relação ao Jardim) e a minha não coincidirem, qual delas é de fato representativa do mundo objetivo? A fé marxiana sustenta que se todos os trabalhadores compartilhassem a mesma visão porque têm a mesma consciência desperta, esse problema se desfaria, e o subjetivo e o objetivo se harmonizariam mediante a magia da suprassunção dialética. Contudo, o grande problema que subsiste é que isso só funciona por meio da instauração de uma visão totalitária na sociedade, em que todos os proletários "iluminados" compartilham a mesma visão da sociedade aperfeiçoada. Marx acreditava que isso poderia ser superado meramente pela abolição de tudo o que é burguês do mundo.

Para Marx, em sua própria palavra, o problema e o inimigo são a *ideologia*, termo que aparece com frequência na literatura marxista, geralmente apenas mal compreendido.* (Podemos apresentar um argumento incontestável de que o verdadeiro inimigo de Marx é qualquer sociedade que não esteja sob o controle de seu culto, e não a ideologia, mas estamos sendo benevolentes a título de argumentação e compreensão.) O comunismo representa não só o fim da sociedade de classes e do Estado que a promove, mas, necessariamente, o fim da ideologia. Segundo Marx, a ideologia representa algo como as explicações autojustificadas que aqueles em cargos burgueses (gerenciais, não de produção) dão para o valor e a importância do próprio trabalho. Em outras palavras, a ideologia consiste no conjunto formalizado e idealizado de racionalizações que aqueles que ocupam cargos de status elevado (aqueles que atuam na "superestrutura" e não na "base" da sociedade) fornecem para manter suas posições de status e vida de privilégio. De acordo com Marx, a

---

* Incentivo o leitor a ler a excelente enunciação de Charles Mills a respeito do que a "ideologia" representa no pensamento marxista no primeiro capítulo de *From Class to Race*.

AS ORIGENS IDEOLÓGICAS MAIS PROFUNDAS DA TEORIA CRÍTICA DA RAÇA

ideologia é o que sustenta tanto o interesse de classe quanto a divisão do trabalho, e é o que impede que o subjetivo (a ideia teórica) e o objetivo (a ideia prática) sejam capazes de se harmonizar (síntese no absoluto, se permanecêssemos hegelianos).

Sem dúvida, essa visão se relaciona com a teoria crítica da raça de uma maneira bastante insidiosa e perigosa; bem mais perigosa do que a abordagem *ad hoc* de Marx quanto à classe e economia. Na teoria crítica da raça, a "supremacia branca" é a ideologia, e toda e qualquer pessoa que se beneficia da "branquitude", que, por definição, inclui todos os brancos, é um ideólogo cuja ideologia deve ser eliminada. Na teoria (ainda que improvável na realidade), o marxismo econômico vulgar poderia obter a abolição da ideologia no âmbito material, mas na teoria crítica da raça, uma característica imutável de alguém — especificamente, a raça — é o que deve ser abolido. Considerando as catástrofes resultantes das intenções de abolir a estratificação de classe econômica em tentativas anteriores de instaurar o comunismo, é assustador imaginar o que será necessário para alcançar a abolição da estratificação racial no neocomunismo. Embora a explicação de Charles Mills sobre a visão de Marx acerca de "ideologia" no primeiro capítulo de *From Class to Race* seja muitíssimo elucidativa e incisiva, sua enunciação anterior sobre um abrangente contrato social baseado em raça e relacionado à "branquitude" (com as ideologias raciais como a justificação racial-burguesa) apresentada ao longo de *The Racial Contract* assume uma feição muito arrepiante em vista do que de fato representa.

A compreensão da "ideologia" como é invocada ao longo da teoria marxiana requer um pouco mais de entendimento sobre o marxismo. Marx acreditava que a História progrediria por meio de seis etapas distintas que definem principalmente as relações econômicas entre as pessoas. Essas etapas abrangem o comunismo primitivo tribal, as economias escravistas, as economias baseadas em propriedade feudal ou bens imóveis, o capitalismo, o socialismo e, por fim, o comunismo. Fundamental para a evolução das ideias de Marx sobre ideologia é seu entendimento de que a divisão (artificial) entre teoria e prática (a serem reunidas em "práxis") é resultado da divisão do trabalho, que surgiu quando a humanidade saiu do comunismo primitivo tribal e ingressou nas etapas da História de estratificação de classes que se seguiram. A ideologia apareceu como explicações autojustificadas para a divisão do trabalho e, portanto, a expulsão do Jardim do Éden do comunismo primitivo.

Marx prevê um comunismo global perfeito com o fim da ideologia, quando a teoria e a prática são reunidas no Fim da História, resultando da crença de Hegel de que a última contradição a ser suprassumida pela dialética seria aquela entre a Ideia Teórica (perfeita) e a Ideia Prática (a ideal e a real), alcançando a síntese na Ideia Absoluta desperta. No entanto, Marx não seguiu Hegel no idealismo especulativo. Em vez disso, ele rejeitou a ideia da Ideia como Absoluta (ou como Deus) e a substituiu pelo Homem em si mesmo. Para Marx, o idealismo de Hegel era apenas mais ideologia; algo que só um filósofo especulativo, que é um papel burguês e superestrutural, poderia fazer. É óbvio que essa mesma lógica se repetiu em todo o esquerdismo dialético, incluindo a teoria crítica da raça, que relegou os pós-modernistas por serem vistos como ideólogos (da supremacia branca e do patriarcado) que possuíam o privilégio de homens brancos e não sofriam a opressão por raça e sexo.

Agora, recorrendo mais especificamente ao historicismo de Marx, ele viu as queixas de Rousseau sobre a sociedade burguesa francesa antes da Revolução Francesa como indicativas da terceira dessas etapas, ou seja, da ideologia da aristocracia feudal, incluindo ideias como nobreza, religião e direitos de propriedade emergentes como bases para racionalizações. Marx também viu a quarta etapa — que *ele* chamou de "capitalismo", uma ideologia acerca do individualismo e dos direitos de propriedade — a seu redor e acreditou que já estava tendendo ao ponto de ruptura "capitalista tardio". Ao observar os abusos do capitalismo industrial *inicial*, Marx acreditou que a classe trabalhadora acabaria se dando conta da própria opressão e exploração compartilhada, se uniria e se sublevaria numa grande Revolução Proletária, na qual confiscariam os meios de produção (talvez de maneira espontânea quando as condições ideais surgissem) da burguesia (a classe capitalista, ainda que ele tenha adotado essa ideia a partir da classe média e média alta da França feudal pré-revolucionária) e introduziriam o socialismo. Para Marx, o socialismo — a propriedade estatal de todos os meios de produção e, portanto, da propriedade em si — só é *socialismo* autêntico quando é controlado por um Estado gerido pelo

AS ORIGENS IDEOLÓGICAS MAIS PROFUNDAS DA TEORIA CRÍTICA DA RAÇA

proletariado, que é a classe trabalhadora que obteve consciência de classe (crítica) de acordo com a teoria marxiana (algumas vezes, Marx se referia a essas pessoas como o "Homem Socialista"). O Estado Socialista proletário ("iluminado") continuaria aos poucos a resolver as próprias contradições internas segundo a teoria marxiana (que ele adota, acredita e aplica), e chegaria gradualmente a um ponto em que a ideologia é derrotada e a "redistribuição" se torna espontânea (o que eu chamo de "tese da espontaneidade comunista"). Nesse momento, como Marx acreditava, o próprio Estado se tornaria supérfluo e se dissolveria em uma sexta etapa: o Comunismo, a Utopia, surgindo *no Fim da História* (quando todas as contradições da sociedade humana tivessem sido sintetizadas).

Uma loucura, eu sei. No entanto, esse é o historicismo marxiano. Marx acreditava que chegara a isso por meio do primeiro estudo verdadeiramente científico da História e, assim, acreditava ser o primeiro capaz de prever *cientificamente* seu curso (ao evitar toda ideologia). Os "intelectuais orgânicos" provenientes da própria classe trabalhadora desperta (recriados nos narradores da teoria crítica da raça que falam a partir das próprias "experiências vividas"), por não serem ideólogos burgueses, conduziriam a sociedade por esse processo rumo à Utopia, com seu "conhecimento gnóstico" tornando-se superior a qualquer coisa que possa contrariá-lo, já que todo outro intelectualismo é produto de ideólogos que se autojustificam e, portanto, reflete precisamente a ideologia — substantivo singular universal, como Marx o utilizou —, que deve ser eliminada por completo. Assim, não só os marxistas tendem a acreditar que a própria teoria não pode estar errada (no quadro geral, ainda que a dialética deva progredir para acertar os detalhes), mas também acreditam que qualquer coisa que discorde deles, por mais lógica e empírica que seja, *não é científica no sentido verdadeiro.* Isso acaba sendo uma estrutura de crença *bastante* hegeliana — Marx não a inventou para si mesmo. O fato de toda essa não falsificabilidade em causa própria (literalmente, ideologia, como Marx a entendia — a Lei de Ferro da Projeção *Woke* nunca falha) ser reproduzida até o último detalhe, *mutatis mutandis*, na teoria crítica da raça, fica claro como a luz do sol. Tudo que discorda da teoria crítica da raça é "racista" ou apoia a "supremacia branca", e apenas aqueles afetados pela "opressão racial sistêmica" podem "falar a verdade ao poder" sobre o assunto, que só é "autêntico" (isento de ideologia) quando concorda com a teoria crítica da raça.

Aqui, também percebemos outros paralelos importantes entre o neomarxismo e a teoria crítica da raça que devemos assinalar. No neomarxismo, em vez de uma grande Revolução Proletária, Marcuse imaginou uma "Grande Recusa" que precederia um Movimento de Libertação rumo ao Socialismo. Esse conceito manifestamente teológico (uma alusão ao Canto III do *Inferno* de Dante em *A Divina Comédia*) assumiria formas "antinomianas" e "bobas", como ele disse, e, portanto, haveria algo de uma *anti*estética e *anti*moralidade subversivas nelas. Nas próprias palavras de Marcuse, em *An Essay on Liberation*:

> Dessa maneira, em alguns setores da oposição, o protesto radical tende a se tornar antinomiano, anarquista e até apolítico. Eis aqui outra razão pela qual a rebelião costuma assumir formas estranhas e bobas, que enervam o *establishment*. Diante da totalidade horrivelmente séria da política institucionalizada, a sátira, a ironia e a provocação bem-humorada se tornam uma dimensão necessária da nova política. O desprezo pelo insuportável *esprit de serieux* que impregna as falas e as ações dos políticos profissionais e semiprofissionais surge como desprezo pelos valores que eles professam, ao mesmo tempo que os destroem. Os rebeldes ressuscitam o riso desesperado e a provocação cínica do bufão como meio para desmascarar as ações dos sérios que governam o todo.[2]

Como vimos no capítulo anterior, isso também serviria de base para o *novo* proletariado, que estaria enraizado numa política identitária desse tipo peculiar. Ao encarar os imensos fracassos da União Soviética, Marcuse também imaginou um socialismo *não burocrático* na sequência da revolução pela libertação. Ele sustenta que isso, com o tempo, geraria a Utopia libertada, que é como o comunismo deveria ter sido, mas não necessariamente como Marx imaginara ou previra.

Para ser mais exato, a teoria crítica da raça analisa a história racial de forma semelhante, ainda que, até onde sei, não tenha registrado essa progressão explicitamente em nenhum lugar. O historicismo de seis etapas da teoria crítica da raça seria algo assim. Primeiro, há a equidade

AS ORIGENS IDEOLÓGICAS MAIS PROFUNDAS DA TEORIA CRÍTICA DA RAÇA

primitiva tribal: na tribo, todos são tratados de forma equitativa. Em seguida, ocorre a escravidão, enraizada especialmente na ideologia da supremacia branca, que, mais cedo ou mais tarde, revela-se uma abominação e é totalmente contraditória. A partir daí, surgem situações de *apartheid* (segregação e as leis de Jim Crow nos Estados Unidos) para criar uma economia racial de "propriedade" em duas camadas com base na diferença como terceira etapa, mantendo a ideologia. Após o movimento pelos direitos civis, emerge a igualdade daltônica, mas algumas contradições raciais permanecem (a equidade não é automática nem mesmo garantida), assim como a ideologia superestrutural. Isso leva os teóricos da teoria crítica da raça a se esforçarem para induzir um "acerto de contas racial" (uma Revolução) que rompe por completo com o sistema existente e instaura uma ditadura dos antirracistas para impor a equidade racial, ou seja, o nome para a quinta etapa da história racial. Em outras palavras, a equidade racial — uma economia sociocultural administrada que redistribui poder, privilégio e recursos (tanto materiais quanto culturais) de forma "equitativa" por raça, de acordo com as análises dos teóricos críticos da raça — existe em paralelo direto com o socialismo, sendo possível apenas sob uma ditadura liderada por esses teóricos. Mais à frente, a crença seria de que quaisquer contradições raciais remanescentes se resolveriam por si mesmas, uma ditadura dos antirracistas não seria mais necessária, o "Estado antirracista" se dissolveria, e o mundo ingressaria no Fim da História Racial chamado "justiça racial", que é uma Utopia racial que imita a equidade tribal numa escala social global. É claro que isso ocorre quando a ideologia racial ("supremacia branca") é levada a seu fim definitivo. Portanto, a igualdade equivaleria ao capitalismo racial; a equidade equivaleria ao socialismo real; e a justiça equivaleria ao comunismo racial — exatamente o que se esperaria de uma teoria marxista da raça. É exatamente o mesmo modelo de historicismo desacreditado do marxismo, mas com a raça colocada como "*o* constructo central para entender a desigualdade".

Por seu lado, Marx, como ateu colérico (quer dizer, antiteísta) e um materialista ferrenho (embora esses termos não sejam necessariamente sinônimos), acreditava que todas as contradições relevantes que levariam esse processo dialético a desdobrar a História rumo ao fim utópico eram

MARXISMO RACIAL

contradições *materiais* nas condições da classe trabalhadora em comparação com os abastados capitalistas burgueses. Por exemplo, uma contradição material que ainda ouvimos com frequência hoje seria: como podem existir tantos pobres nos países mais ricos do mundo? Efetivamente, a resposta marxiana é que os poderosos e privilegiados de algum modo organizaram a sociedade para manter os pobres assim, pela exploração, e os ricos são maus por isso e devem ser destituídos, tendo todos os frutos do trabalho roubados deles e redistribuídos para sanar a pobreza. Sua explicação do motivo pelo qual isso acontece é que os capitalistas organizam a sociedade e as condições de trabalho para explorar os trabalhadores, obtendo lucro da mais-valia gerada pelo trabalho realizado com o capital dos capitalistas, o qual eles acumulam viciosamente para manter a própria vantagem.

O exposto acima é a essência da "luta de classes" e uma descrição do que é chamado de teoria do conflito marxiana. Em resumo, é o seguinte: há algum sistema em vigor que estratifica a sociedade em oprimidos e opressores que os oprimem, e eles estão presos numa luta por poder, oportunidades e recursos. Esse conflito é vicioso do opressor em relação ao oprimido, e, portanto, deveria ser vicioso do oprimido em relação ao opressor, caso o oprimido seja capaz de despertar a necessária consciência de classe revolucionária para se organizar e contra-atacar. Essa visão se baseia na dialética do senhor e do escravo de Hegel, e é o coração pulsante do marxismo em todo o seu profundo e arraigado ressentimento.

De imediato, é possível perceber que uma teoria de conflito racial também é reproduzida com muita clareza conforme as alegações de "supremacia branca" e "racismo sistêmico" da teoria crítica da raça, sendo o racismo a dinâmica de poder que estratifica a sociedade e gera a luta de classes racial em seu cerne. O que significa que, em seu coração pulsante, a teoria crítica da raça é completamente marxiana. Por exemplo, a teoria crítica da raça está muito preocupada com a "apropriação cultural" e a "exploração epistêmica", ambas consideradas maneiras pelas quais a cultura branca dominante extrai mais-valia das minorias raciais e depois as aliena dos frutos da própria produção cultural e epistêmica. Essa dinâmica insere as raças na luta de classe racial, e o despertar da consciência racial que promove a tomada de controle pelos antirracistas é empregado em todos os níveis da sociedade, de modo que os teóricos críticos da raça possam ter o poder de controlar tudo até finalmente chegarmos à "justiça racial" no final do arco-íris da teoria crítica da raça. Busca-se *intencionalmente* a dialética do senhor e do escravo para que as contradições entre as raças possam ser realçadas e aproveitadas para esse processo político — por isso o esforço constante para despertar identidades raciais, politizá-las e colocá-las em lutas de classes raciais entre si num terreno de confronto que tende ao que os teóricos críticos da raça chamam de "antirracismo".

No entanto, a maneira como a práxis marxiana atua é, como Lênin dizia, "acelerando as contradições". Ou seja, segundo Lênin, que seguiu Marx, os bolcheviques buscaram tornar as "contradições" materiais não só visíveis como também inegáveis — ao provocá-las. Milhões de pessoas morreram de fome, e Lênin fez propaganda em torno disso para destruir os especialistas e *cúlaques**, que teriam sido os mais capazes de resistir a ele ou provar que a ideologia estava errada. Em outras palavras, o marxismo na prática busca provocar e estimular a luta de classes. O mesmo acontece na teoria crítica da raça, que busca provocar e estimular a animosidade e o conflito racial, que depois pode ser propagandeado como prova de que a ideologia da supremacia racial sempre esteve presente e escondida logo abaixo da superfície (necessitando de uma teoria "crítica" que possa encontrá-la onde quer que ela se esconda). Aqui, então, encontramos a soteriologia (teoria teológica da salvação) para a fé dos esquerdistas dialéticos (hegeliana-marxiana): provocar alguma forma de luta de classes para que as contradições se tornem suficientemente significativas para induzir a Revolução (Arrebatamento) a fim de que, após uma transição administrada (Atribulação), a Utopia Gnóstica seja realizada na Terra. Portanto, provocar a luta de classes em consonância com a teoria é "estar do lado certo da História".

Ainda mais sombriamente, a oposição entre as classes no marxismo (vulgar) (sua dialética do senhor e do escravo) é enquadrada como o gerador das contradições relevantes que alimentam o processo dialético da

---

* *Cúlaque* é um termo pejorativo usado no linguajar político soviético para se referir a camponeses relativamente ricos do Império Russo que possuíam extensas fazendas e faziam uso de trabalho assalariado em suas atividades.

MARXISMO RACIAL

História, que *deve progredir rumo à Utopia comunista* — assim, todo caos e todas as mortes que ela produz são *positivos*, na medida em que são males necessários para o Bem Maior de terminar a História na Utopia do comunismo. Isso é, sem dúvida, mais um artigo de fé e, na verdade, uma espécie de teodiceia (explicação teológica do mal) de autopreservação (isto é, ideológica) pela qual todos os terríveis abusos do marxismo postos em prática podem ser desculpados indefinidamente. Todos esses milhões e milhões de mortes foram simplesmente necessários para *expor as contradições* que impulsionam a História. Valeu, pessoal! Esse rastro implacável de horrores evitáveis constitui a base para a "ciência" da História de Marx (em linhas gerais, *Wissenshaftlicher Sozialismus* — socialismo científico). Ou seja, materialismo dialético. O encargo da fé, segundo Lênin, é "acelerar as contradições", camaradas! Afinal, é assim que se chega mais rápido ao fim da História. Portanto, todos que não participam desse processo estão *do lado errado da História* (você provavelmente não deve ter percebido que o H deveria ser maiúsculo, embora já tenha ouvido a frase, sem dúvida), por mais caos, destruição e morte que tenham que causar para estar do lado "certo". Não vai melhorar agora que tornaram isso racista (na verdade, é semelhante ao mesmo erro que os nacionais-socialistas cometeram).

Talvez o aspecto mais importante a ser destacado aqui seja que nenhum marxista de qualquer tipo jamais teve a menor ideia de como fazer qualquer uma dessas coisas funcionar (porque não funciona). Como eu já disse em outro lugar, *o comunismo não sabe como.* O sistema de crenças no cerne do marxismo é que, se você conseguir converter parte suficiente da classe trabalhadora em comunistas religiosamente fiéis e organizar um movimento para que eles possam tomar o poder dos meios de produção material, acabará funcionando. Se não funcionar, é porque a teoria não era sofisticada o suficiente e deixou contradições grandes demais, mas isso é apenas o processo de aprendizagem pelo qual a dialética avança. Como as teorias marxianas estão sempre enraizadas em um *pensamento negativo*, e como ninguém faz a menor ideia de como essa alquimia vai produzir a sociedade perfeita que, como seus alquimistas acreditam, está "contida" e deve ser libertada, os movimentos comunistas nunca constroem e sempre só gastam qualquer capital de que se apossem (econômico, social ou cultural), numa esperança vã de que isso acabará sendo aceito e começará a funcionar por conta própria. Assim, se o marxismo se baseia numa fraude intelectual, a teoria marxista posta em prática sempre é um esquema destrutivo para os trapaceiros que a promovem.

Em poucas palavras, isso é o marxismo. O neomarxismo amplia essas ideias ao afirmar que a ideologia impregna todos os aspectos da sociedade, exigindo nada mais que crítica pura da sociedade existente, e o pós-modernismo se desalenta em sua crença de que, na verdade, tudo, até o próprio marxismo, é ideologia, que não pode ser eliminada. A teoria crítica da raça adota praticamente todo esse mecanismo, apenas não em formas tão "vulgares". Por exemplo, ele sustenta que não é possível compreender a luta de classes sem também *se basear* no conflito racial como um meio de compreensão. Procura cada "contradição" que pode encontrar com a onisciente "lente teórica" da teoria crítica da raça, que parte do pressuposto de que o racismo é a situação normal na sociedade e só pode ser adequadamente identificado por teóricos críticos da raça especialmente capacitados que despertaram a consciência crítica da raça. *Fazer o trabalho* é um componente necessário disso e a única maneira de estar do *lado certo da História*. Como um ex-matemático que defende a tese neste livro de que a teoria crítica da raça é marxismo racial, estou fazendo todo o possível para evitar concluir esta seção com as letras Q. E. D.*

A FÉ DIALÉTICA HEGELIANA

Já vale a pena repetir: a dialética, que precede Marx, é a fé do sistema de crenças subjacente a todas essas ideias marxianas, incluindo a teoria crítica da raça. Portanto, é fundamental entender o que é a abordagem dialética e de onde ela vem. Na fé dialética, acredita-se que tudo está em relação com suas próprias contradições, e se diz que a síntese através das contradições move a História para a frente. Essas "contradições" devem

---

* Do latim *quod erat demonstrandum* ["como queríamos demonstrar"] — uma notação colocada no final de uma prova matemática concluída; e, teoricamente, acabei de fazer isso.

ser identificadas e confrontadas entre si para gerar o que aqueles que enxergam o mundo dessa maneira acreditam representar uma compreensão de nível mais elevado dos fenômenos — uma síntese. Por exemplo, no marxismo "vulgar", pode-se observar que o capitalismo produz grande riqueza, mas também grande pobreza. Isso é uma contradição. O socialismo, uma forma de redistribuição forçada, é oferecido como alternativa: bens e serviços ainda serão produzidos, mas sem a exploração que leva à desigualdade de riqueza — ou assim eles acreditam.

O método dialético é tão antigo quanto a filosofia, com raízes nos gregos e sobretudo em Platão, mas alcançou um ponto de desenvolvimento especialmente importante na filosofia ocidental quando o filósofo idealista alemão Immanuel Kant fez uso dele, organizando-o como uma tríade de tese, antítese e síntese, com a síntese surgindo do confronto resolvido entre tese e antítese, que existem em contradição uma com a outra. Um filósofo idealista alemão posterior, G. W. F. Hegel, principalmente após estudar Rousseau, levou essa ideia em uma direção um pouco diferente, e ela provou ser um ponto de virada tanto na dialética quanto na história do mundo. Para Hegel, a dialética é mais bem enquadrada como "abstrata, negativa, concreta", e todas elas têm significados especializados em sua filosofia. Em resumo, embora seja um idealista, Hegel está mais preocupado com o pensamento e os ideais; assim, a compreensão abstrata que temos de algo é desafiada por sua negação (em muitos casos no mundo) e, a partir disso, uma compreensão concreta pode emergir do conflito de ideias. Porém, a inovação fundamental que Hegel trouxe a esse processo é o *pensamento negativo*. O que quer que seja deve ser confrontado com sua negação, ostensivamente em busca de algo mais.

Ainda que seja um pouco complexo explicar essa parte da alquimia filosófica em detalhes aqui, vale a pena fazer alguns comentários. Como pegar algo, abstraí-lo e depois "adicionar" sua negação deveria criar algo *maior*? Acontece que Hegel era o que poderia ser chamado de pensador "holístico". Ele acreditava que tanto o todo quanto os detalhes só podem ser compreendidos de forma adequada em relação uns aos outros, e sobretudo que os detalhes não podem ser compreendidos sem também a compreensão de sua relação com o todo. Para os pensadores negativos hegelianos, isso significa que uma compreensão mais completa do todo está

AS ORIGENS IDEOLÓGICAS MAIS PROFUNDAS DA TEORIA CRÍTICA DA RAÇA

disponível ao considerarmos os detalhes e depois liberá-los de nossa limitada compreensão atual deles ao confrontá-los com as negações. Em outras palavras, uma realidade maior está *contida*, como grãos de ouro escondidos em metais comuns, dentro do que pensamos que sabemos, e podemos chegar até ela ao remover os limites de nosso pensamento atual. Essa maneira de pensar se evidencia em Herbert Marcuse, um pensador negativo hegeliano, em um trecho de *An Essay on Liberation*, em que ele é particularmente claro sobre sua crença de que nossas únicas opções são o socialismo ou a catástrofe:

> [A] necessidade de formular as alternativas concretas se justifica por mais uma razão. O pensamento negativo extrai qualquer força que possa ter de sua base empírica: a condição humana real na sociedade dada e as possibilidades "dadas" de transcender essa condição, para ampliar o âmbito da liberdade. Nesse sentido, o pensamento negativo, em virtude de seus próprios conceitos internos, é "positivo": orientado rumo ao futuro, e a compreensão um futuro que está "contido" no presente. E nessa contenção (que é um aspecto importante da política geral de contenção perseguida pelas sociedades estabelecidas), o futuro aparece como uma possível libertação. Não é a única opção: o advento de um longo período de barbárie "civilizada", com ou sem destruição nuclear, está igualmente contido no presente. O pensamento negativo, e a práxis orientada por ele, constitui o esforço positivo e propositivo para impedir essa negatividade total.[3]

O pensamento marxiano-hegeliano de Marcuse é extremamente claro aqui, assim como sua paranoia acerca das possíveis consequências para a humanidade se ela não conseguir alcançar o caminho socialista. Ele enxerga a Utopia "contida" no presente, se conseguirmos eliminar toda a estupidez e "barbárie 'civilizada'" (potencialmente acabando em catástrofe nuclear) que ele associa ao capitalismo. O todo deve ser libertado de sua prisão contemporânea, e o meio para isso deve ser o pensamento negativo hegeliano. (Os leitores perspicazes perceberão que esse pensamento também é a base do apelo marxiano pela "revolução perpétua", que de uma maneira fantasiosa se acredita ser perpétua apenas até a Utopia ser finalmente libertada do Fim da História, como entenderemos com mais clareza em breve.)

Em suma, Hegel era *fascinado* pela dialética e centrava nela quase toda a sua filosofia sistemática. Como filósofo especulativo, ele foi conquistado por quão magicamente especulativo era o processo negativo de sua abordagem dialética — certa reflexividade com a qual ele pareceu ter encantado a si mesmo. É evidente que essa "dialética" é a mesma dialética que vemos no materialismo dialético de Marx. Ou seja, Marx pode ter sido o arquiteto de uma fé desastrosa, mas não foi o criador do mecanismo dialético no cerne de seu materialismo dialético. Isso foi obra de Hegel.

Embora não de maneira tão explícita e violenta, devemos entender que o pensamento dialético de Hegel também é revolucionário, literalmente e em duplo sentido. Como veremos, Hegel, como um idealista, acreditava que a Ideia é aquilo de que tudo mais flui. Por meio das pessoas, essa ideia é encarnada no poder do Estado. Por sua vez, o Estado estabelece uma sociedade que possui certo Espírito (literalmente, *Geist*; em termos gerais, cultura, modo de ser etc.). Na medida em que a fé dialética de Hegel parte da crença de que tudo que não seja a Ideia Absoluta efetivada contém suas próprias contradições, essas contradições se acumulam pouco a pouco nas pessoas que com o tempo acabam com uma revolução no pensamento. Essa revolução no pensamento dá origem a uma nova Ideia, que é posta em prática em um novo Estado por meio de uma revolução literal liderada por um "homem de ação", como Napoleão, a quem Hegel idolatrava. A História avança dialeticamente, passando por sucessivas revoluções nesse circuito, com uma revolução sociopolítica assinalando na realidade (a Ideia Prática) a cada virada sucessiva.

Alguns críticos vão se apressar aqui em assinalar que Marx rejeitou Hegel sob muitos aspectos. Claro que sim! Marx nega o ideal (ideologia) por completo e situa na *base* desse circuito revolucionário o Homem em si, independente de Deus e da Natureza. O Homem, por sua vez, cria as condições materiais ao se organizar em um Estado, que dá origem a uma sociedade (em paralelo ao *Geist*), que considerará essas condições contraditórias e intoleráveis, o que conduzirá a uma revolução que deve ocorrer *no próprio Homem*. Então, isso levará ao momento Revolucionário em que o Homem Socialista "consciente" se apossará dos meios de produção e blá-blá-blá. Assim, por mais que o marxismo seja uma síntese dialética da dialética idealista hegeliana, não é possível encontrar elogios de Marx a Hegel, mas sim críticas *no sentido dialético* descrito no início deste capítulo, em que o núcleo essencial é mantido, enquanto as partes que Marx considerou em contradição com suas outras visões (especificamente o materialismo e a inveja de todo o sucesso) deveriam ser descartadas. Eis o que Marx disse sobre a dialética hegeliana no prefácio da segunda edição de *O capital*:

> Meu método dialético não é apenas diferente do hegeliano, mas também é seu oposto direto. Para Hegel, o processo vital do cérebro humano, ou seja, o processo de pensar, que, sob o nome de "a Ideia", ele até transforma em um sujeito independente, é o demiurgo do mundo real, e o mundo real é apenas a forma fenomênica externa da "Ideia". Para mim, ao contrário, o ideal não é outra coisa senão o mundo material refletido pela mente humana, e convertido em formas de pensamento.
>
> A mistificação que a dialética sofre nas mãos de Hegel de modo algum o impede de ser o primeiro a apresentar sua forma geral de funcionamento de maneira abrangente e consciente. Com ele, a dialética está de cabeça para baixo. É preciso voltar a colocá-la de cabeça para cima, a fim de descobrir o núcleo racional no interior do invólucro místico.[4]

Essa famosa passagem requer alguma explicação. Em primeiro lugar, observe a inversão da Ideia de Hegel (Deus), que Marx vê como "mistificação", para o Homem de Marx. Em seguida, observe que esse é o mesmo tipo de crítica que os neomarxistas fazem do marxismo clássico: ele possui a ideia geral correta, mas não está correta de alguma maneira específica, o que pode ser corrigido por uma modificação dialética para uma forma mais sintética (e o marxismo verdadeiro, portanto, aguarda ser experimentado). Marx iria "voltar a colocar [a dialética de Hegel] de cabeça para cima" ao destacar os aspectos materialistas e minimizar a importância dos aspectos idealistas — uma batalha dialética que vemos ser travada ainda hoje na teoria crítica da raça, embora a TCR se satisfaça em dividir ao meio e fazer as duas coisas ao mesmo tempo, de acordo com sua vantagem em um determinado momento.

MARXISMO RACIAL

Antes de prosseguir, observe o que Marx atribui a Hegel aqui: Hegel foi "o primeiro a apresentar sua forma geral de funcionamento [da dialética] de maneira abrangente e consciente". Em outras palavras, embora a abordagem dialética tenha precedido Hegel, sendo uma fascinação filosófica particular de Kant e o centro das metodologias socráticas na Antiguidade, somente em Hegel consideramos que ela se torna *útil* para algum projeto que Marx valorizava muito. Qual é esse projeto? Bem, em suas próprias palavras, parafraseando-as, os filósofos sempre tentaram entender o mundo, mas *o objetivo é mudá-lo*. A dialética de Hegel se torna um mecanismo pelo qual os radicais podem transformar a sociedade (ainda que não haja nenhum motivo para acreditar que Hegel fosse um radical). Na avaliação de Engels, Marx foi aquele que adotou a forma *quase* utilizável da dialética hegeliana e a tornou aplicável à realidade, livrando-a do "invólucro místico" do idealismo.[5]

Ao contrário do materialista Marx, Hegel era um filósofo idealista. Mais do que isso, ele era um idealista *especulativo*, e é a *isso* que Marx se refere em sua provocação sobre "o núcleo racional no interior do invólucro místico". Marx reivindica liberar esse "núcleo racional" (*Wissenschaftlicher Sozialismus* — socialismo científico) do "invólucro místico" de Hegel (*System der Wissenschaft* — sistema da ciência) por meio de uma síntese dialética do idealismo de Hegel e do materialismo de seu mentor em relação a Hegel, Ludwig Feuerbach — o qual Marx afirmou ter parado apenas a meio caminho no materialismo *metafísico* e permanecido idealista no sentido do materialismo *sociológico*, a crença de que as condições materiais são determinantes. (Os leitores perspicazes reconhecerão que essa também é uma alegação alquímica: o objetivo da dialética é liberar o núcleo sublime da forma mundana.) O materialismo de Marx pretendia rejeitar todo o idealismo (não obstante a Utopia, pelo visto), e sua abordagem "científica" repreenderia a especulação mística na abordagem de Hegel, acreditando assim que Hegel teria invertido as coisas, ou virado de cabeça para baixo, por assim dizer. No entanto, à luz do exposto, negar que Marx se baseou em Hegel para desenvolver seu materialismo dialético é impossível.

Praticamente nada do que precisa ser dito aqui é compreensível sem primeiro acrescentar detalhes às maneiras pelas quais, para Hegel (e Marx

AS ORIGENS IDEOLÓGICAS MAIS PROFUNDAS DA TEORIA CRÍTICA DA RAÇA

depois), o deles supostamente representa um estudo *científico* da História. Sem dúvida, os leitores modernos que de fato sabem algo sobre ciência considerarão desconcertante essa caracterização. Na ciência, as teorias são explicações amplas derivadas meticulosamente de dados que, em última análise, restringem a teoria. Na teoria, é o contrário. A teoria deveria embasar a compreensão adequada dos dados. Em outras palavras, a teoria se torna um quadro interpretativo para os dados, em vez de uma explicação sistemática de uma grande quantidade de dados. Em consequência, dados contraditórios forçam uma teoria real a mudar, mas a teoria forçará os dados contraditórios a obedecer à teoria. De maneira flagrante, a filosofia sistemática de Hegel coloca a ciência de cabeça para baixo, como Marx ressalta, mas então, o mesmo acontece com a de Marx, exatamente da mesma maneira. O que ocorre? Simples. Isso não é ciência; é cientificismo (embora eu prefira a expressão gnosticismo científico por vários motivos), o que quase por ironia é exatamente sobre o que os pós-modernistas estavam, em última análise, tentando alertar a todos.

Essa perspectiva não é mera especulação de minha parte. Hegel considerava sua filosofia profundamente metafísica como um "sistema de ciência" (*System der Wissenschaft*). De fato, sua obra seminal de 1807, em geral chamada de *Phenomenology of Spirit*, contém essa descrição como *subtítulo*. O título completo é *System of Science, First Part: The Phenomenology of Spirit* (*System der Wissenschaft, Erster Theil: Die Phänomenologie des Geistes*). Sem ainda acusar Hegel de charlatão, como ele merece, o problema reside em dois fatos: Hegel escreveu esse livro em 1807, muito antes de a ciência maturar nas metodologias de hoje, e o termo *Wissenschaft*, traduzido como "ciência", tem um significado mais amplo do que o público típico atual chamaria de "ciência". Não devemos esperar que Hegel tenha compreendido a ciência da maneira como a entendemos hoje. Agora podemos acusá-lo.

De forma precoce, Hegel *entendeu* algo a respeito do que a ciência se tratava. Ele considerava aquilo que nós avaliaríamos como a compreensão científica das coisas como uma *forma inferior* de "ciência", que está apenas preocupada com o mundano e não é especulativa: *Vestand* (Entendimento). Acima disso, ele posicionou a *Vernunft* (Razão), que é a estrutura fornecida por uma filosofia sistemática — com efeito, apenas seu

MARXISMO RACIAL

próprio sistema especulativo de filosofia, ou seja, o que foi convertido em teoria por meio da dialética. (E ele deveria ter compreendido melhor! Sem dúvida, ele estava familiarizado com a obra *Kritik der reinen Vernunft* de Kant, ou seja, *Crítica da razão pura*.) Em outras palavras, a única filosofia especulativa de Hegel é, para ele, o que a investigação científica sistemática de fato envolve. Definir a própria filosofia com a verdadeira compreensão do mundo e qualquer coisa que possa contradizê-la como uma compreensão de baixo nível é a proposição de um charlatão filosófico — e Hegel chegou a criticar Isaac Newton, sobretudo em relação à óptica, na qual Newton não se enganou muito.

Essa divisão bipartida do pensamento "científico" é muito importante, pois também é a impostura que perpassa o marxismo até as teorias críticas identitárias (marxismo identitário) de hoje. Nela, encontramos uma divisão agora familiar, visível no *Wissenschaftlicher Sozialismus* (socialismo científico) de Marx e na divisão neomarxista entre teoria tradicional e teoria crítica. Para Marx, apenas o Homem Socialista, que já aceita a teoria, pode de fato compreender o *Wissenschaftlicher Sozialismus* e, portanto, compreender como a teoria marxiana é um estudo verdadeiramente científico da História. Só temos que aceitar a teoria primeiro, e então ela fará sentido! Lênin, Stálin e Mao tinham a "ciência soviética" para se diferenciar da "ciência burguesa", e por conseguinte, também tiveram o lysenkoismo e talvez cem milhões de mortos sob seus regimes. Os nazistas tiveram a "ciência alemã" para se opor à "ciência judaica". Para os neomarxistas, não há problema em relação à teoria tradicional até certo ponto, mas ela acaba levando à irracionalidade e ao fascismo; então, uma teoria crítica de ordem superior precisa ser correlacionada com ela para fundir o *dever* ao *ser*. Como Marcuse afirma: "O fundamento para construir a ponte entre o 'deve' e o 'é', entre a teoria e a prática, está posto no âmbito da própria teoria".[6] De que outra forma podemos viabilizar a Utopia que "deve" emergir da sociedade existente que já é e a "contém"? De que outra forma poderíamos escapar do "desamparo" (*Geworfenheit*) do Ser, como Martin Heidegger (uma das principais influências de Marcuse) expressou?

Claro, essa maneira de pensar não para por aí. Os neoconservadores por trás do chamado Império Americano Globalista, muitos dos quais são ex-trotskistas, possuem o que, em tom de brincadeira, chamamos de "A Ciência", que é uma zombaria politizada da ciência real e está rapidamente se tornando *woke* hoje em dia. Também se manifesta na dicotomia vergonhosamente tosca entre "outras maneiras de saber" e "ciência branca" promovida pela teoria crítica da raça. Ou seja, a teoria crítica da raça faz exatamente a mesma coisa, embora de modo bastante rudimentar e no que parece ser algo saído do primário (*"other ways of knowing"* — "outras maneiras de saber"), em vez do refinado alemão (*"Wissenschaftlicher Sozialismus"* ou *"Vernunft"*). Tudo isso está em linha direta com a fé hegeliana (gnosticismo científico), que se autodenomina "ciência" ou "conhecimentos".

Neste ponto da discussão, a peculiar metafísica dialética de Hegel precisa ser levada em consideração para dar sentido a qualquer parte dessa chamada "Ciência". Em traços amplos, Hegel acreditava que a Ideia, ou o Absoluto, é a verdadeira natureza da Deidade. No entanto, sendo geralmente Hermético (alquímico) em sua orientação *no caminho dialético*, Hegel teria acreditado que a Deidade não pode ser conhecida sem ser comparada com um Outro abjeto — o Ser comparado ao Nada (sintetizado no *Vir a ser*); ou a Ideia (sublime) comparada à Natureza (mundana), sintetizada em *Geist*, ou Espírito (fenomênico).[7] Em resumo, Hegel não via essa trindade como uma divindade atemporal e eterna, como na metafísica cristã sobre a qual ele especulou, mas como um *processo* em espiral ao longo do tempo: a História. A Ideia gera a Natureza; a Natureza, por meio do Estado, gera o Espírito (na maior escala, o Espírito do Mundo, ou *Weltgeist*); o *Weltgeist* leva as pessoas a agir, mudar suas circunstâncias e pensar de novas maneiras, gerando assim uma nova Ideia. Em cada giro em espiral, outras contradições se resolvem, e todas as três partes — Ideia, Estado e *Geist* — são *aufgehoben* (anuladas como eram e elevadas) a um nível mais alto. O processo se repete até a última contradição de todas: a Ideia que é perfeita, mas ainda não sabe que é perfeita, após o que o processo, que é a História, terminar.

Em outras palavras, a metafísica de Hegel veria o Divino que traz o Mundo Criado (Natureza) à existência para que pudesse *vir a conhecer a Si Mesmo* (como Deidade). De que modo? Ainda que isso seja um constructo Hermético, aqui devemos assinalar a invocação de Marx do conceito gnóstico do demiurgo como ser criador intermediário identificado *com o pensamento*. Assim, para Hegel, o Absoluto que alcança o autoconhecimento seria gerado pelo "processo vital" (pensamento) do Criado (seres humanos), que ele vislumbrava assumindo sua forma mais elevada na dialética. Dessa maneira, a fé dialética de Hegel é aquela pela qual Deus cria um Outro abjeto, o mundo, incluindo o Homem, para que ele possa compreender a Si Mesmo, e só então percebe a Si Mesmo como Deus após os seres humanos pensarem e sintetizarem (ou, mais precisamente, concretizarem) todas as contradições que existem em sua compreensão do mundo. Portanto, a progressão da dialética se torna o imperativo da fé hegeliana. Tomar medidas para acelerar esse processo é agora chamado de "estar do lado certo da História", enquanto dificultá-lo (por exemplo, procurando manter o *status quo*) significa "estar do lado errado da História". Então, vemos como a teoria de todas as orientações gera deveres de consciência religiosos (no ativismo) para seus seguidores.

Contudo, Hegel não considerava que a Natureza fosse assim tão interessante com a dialética conduzida por pessoas. Portanto, a organização política das pessoas, ou seja, o Estado, se situa no centro dessa trindade dialética em espiral. Ele sustentou: "O Estado constitui a Ideia Divina como ela existe na Terra",[8] o que significa que a maneira pela qual os seres humanos pensantes ganham domínio sobre a natureza ao se organizarem em um Estado é como o Divino se efetivará no mundano (uma contradição) e então *virá a ser* (uma síntese). Naturalmente, isso é muito estatista, pois Hegel era um imenso estatista. Os estatistas (e outros) que movem a História dessa maneira foram qualificados por Hegel, quando bastante poderosos (por exemplo, pense em Lênin e Hitler), como "homens de ação", que eram compelidos (muitas vezes sem saber, mediante o que ele descreveu como a "Astúcia da Razão") pelo *Weltgeist* a fazer a História avançar. As crenças hegelianas, uma vez capacitadas, sempre são estatistas.

É claro que eles também são, sem dúvida, muito religiosos, mas com a existência do noivo da Igreja sob a forma do Estado, que é o Redentor supremo. Esse fato simples explica muito do que veio depois de todas as catástrofes hegelianas que acossaram o mundo desde meados do século XIX

AS ORIGENS IDEOLÓGICAS MAIS PROFUNDAS DA TEORIA CRÍTICA DA RAÇA

(incluindo as diversas tentativas relativas ao comunismo, ao nacional-socialismo, ao Império Americano Globalista neoconservador e à nossa catástrofe *woke* em desenvolvimento na atualidade, que parece ter conseguido unir todas as anteriores em uma confusão sintética chamada "sustentabilidade"). A metafísica de Hegel coloca o Estado na posição trinitária do Filho, a manifestação terrena do Divino. Então, os cristãos considerarão isso uma terrível heresia, assim como seriam todos os sistemas de crenças (incluindo a teoria crítica da raça e as sínteses cristãs disso) que se baseiam na metafísica hegeliana. Os ateus e os agnósticos também deveriam vir a considerar isso como é: um sistema religioso *Gnóstico* — menos *filosofia* sistemática do que *teologia* sistemática idealista que eleva o Estado ao status divino. Então, além de serem estatistas, as crenças hegelianas estão fadadas a ser calamitosas, ainda que isso não seja um problema para elas.

Nessas crenças, é a dialética que importa, e não as pessoas reais ou suas vidas. Toda a marcha da História depende da dialética e, na verdade, prossegue por meio das atividades dos seres humanos que a fazem progredir. No progressivismo hegeliano, a dialética avança e, em sua marcha implacável, *usa as pessoas e depois as descarta*. De qualquer modo, foi assim que Hegel descreveu a "Astúcia da Razão" em relação a seus "homens de ação" (como Napoleão) que fazem a História avançar em grandes saltos, mesmo que não saibam as maneiras pelas quais o *Weltgeist* (Espírito do Mundo) os está usando para a História avançar.[9] O que pareceu tão horrível quando discutimos o marxismo — o fato de todas as tragédias desnecessárias ao tentar forçar o comunismo a se concretizar ao acelerar as contradições para poderem ser racionalizadas em termos do processo dialético da História — não é uma ideia marxista ou mesmo leninista. É um artigo de fé hegeliano. Portanto, é preciso lembrar que a teoria crítica da raça é apenas uma das mais recentes reviravoltas dialéticas dessa fé, e ela também usará as pessoas (como George Floyd e aqueles que doam dinheiro para o movimento Black Lives Matter em memória dele) e as descartará.

Claro que nada disso é ciência; é, na verdade, uma teodiceia religiosa — uma explicação intencional quanto à existência do mal no mundo. Nas crenças hegelianas, tudo já é ruim, mas vai melhorar quando a História chegar ao fim; a História deve ser concluída, e todos nós

MARXISMO RACIAL

devemos desempenhar nosso papel. O mal natural é o mundo que existe em situação irresolvida, e o mal humano existe na resistência ao progresso da dialética, que mantém o sofrimento e a opressão. Como mencionado, na metafísica de Hegel, a Deidade, que é a Ideia Absoluta, realiza-se no momento em que finalmente toma consciência de si mesma como Deidade. Nesse momento, como a Ideia está perfeita, a dialética chega ao fim. Com isso, a História também termina. Assim começa uma Utopia em que a Ideia perfeita se expressa no mundo como o Estado perfeito e produz uma cultura perfeita que existe em harmonia perfeita sem quaisquer outras contradições a sintetizar. (Muita coisa para Marx virar Hegel de cabeça para baixo, não é mesmo?) Isso implica que a fé hegeliana possui uma escatologia (a teoria do fim do mundo) para acompanhar essa teodiceia perversa, e essas duas crenças mortais se baseiam no término da dialética.

Independentemente de Hegel acreditar ou não que o fim da História e a realização do Absoluto de fato ocorreriam, alguns entre seus seguidores acreditavam. Logo após sua morte, surgiram dois movimentos significativos dedicados a seu pensamento dialético: os Velhos Hegelianos conservadores e os Jovens Hegelianos progressistas. Os Velhos Hegelianos não só acreditavam que a dialética *poderia* chegar ao fim; mas também acreditavam que isso praticamente já tinha acontecido e que o Estado prussiano das décadas de 1830 e 1840 representava o que isso pareceria. Os Jovens Hegelianos discordavam e não tinham problema em mostrar várias contradições que remanesciam. Marx surgiu dessa linha progressista. Para Marx, a dialética também chegaria a um fim. A dialética seria concluída quando todas as contradições materiais fossem expostas e sintetizadas (da mesma forma que Lênin pediu para acelerar), e a filosofia crítica existe para fazer isso acontecer. Aqueles que ajudam a seguir esse curso ou acelerá-la, apressando assim a Utopia, estão do *lado certo da História*. Aqueles que a dificultam (e assim mantém o "*status quo*") estão do *lado errado da História*. É assim que funcionam as crenças hegelianas progressistas.

Por falar em como essas crenças funcionam, devemos fazer uma investigação um pouco mais profunda, que também se desvia para uma história importante, para conectá-la com a teoria crítica da raça. Para

AS ORIGENS IDEOLÓGICAS MAIS PROFUNDAS DA TEORIA CRÍTICA DA RAÇA

Hegel, o processo dialético funciona mediante o conceito mágico alemão mencionado no capítulo anterior: *Aufhebung* (forma verbal, *aufheben*; pretérito perfeito, *aufgehoben*). Hegel ficou absolutamente empolgado com essa palavra, descrevendo com verdadeiro deleite que o cerne de sua própria filosofia especulativa fosse uma palavra que é em si especulativa (tanto que tinha três significados, dois dos quais parecem se contradizer, *abolir* e *manter*, e o terceiro que parece sintetizá-los, *elevar*). *Aufheben* é o termo que Hegel deu ao processo de expor ideias a suas contradições e utilizar o conflito resultante para gerar um resultado sintético. *Aufheben*, que Marcuse chamou de "pensamento negativo", é o ingrediente mágico na alquimia social de Hegel. Trata-se do processo pelo qual a sociedade libertada será resgatada do invólucro opressivo (capitalista, daltônico).

A história de como Hegel chegou a essa ideia com tamanha centralidade em sua filosofia é muito comovente em função de discuti-la em relação à teoria crítica da raça. Em consonância com sua visão bastante brutal e desumana de como a História usa as pessoas, a primeira dialética importante de Hegel foi o que é conhecido como a dialética do senhor e do escravo. A dialética do senhor e do escravo surge na contradição evidente: o que pode justificar alguém como senhor e outro como escravo, e o que isso faz para criar um conflito em suas perspectivas sobre o mundo? Hegel desenvolve seus pensamentos a respeito da dialética do senhor e do escravo tanto em *The Philosophy of Right* [*Princípios da filosofia do direito*] como em *The Philosophy of History* [*Filosofia da história*]. Nessas obras, ele aspira a um ideal que vislumbrou em Rousseau, que poderia conciliar a contradição entre o que Rousseau considerava a mente branca europeia excessivamente racional e a mente negra africana (e de outras origens) excessivamente instintiva. A síntese, para ambas, pode ser lograda ao extrair a nobreza do selvagem instintivo e mesclá-la com a racionalidade do ocidental esclarecido. Em outras palavras, Hegel não queria tornar os negros africanos mais parecidos com os brancos europeus, assim como não queria tornar os brancos europeus mais parecidos com os negros africanos, procurando uma síntese dialética da contradição em um "selvagem emotivo-racional forçado a viver em cidades", como Rousseau se referiu a eles. A palavra utilizada por Friedrich Schiller, um professor de Hegel,

MARXISMO RACIAL

para descrever o objetivo de Rousseau de mesclar racionalidade e instinto foi *aufheben.*

Homem de seu tempo, Hegel era profundamente racista. Ele acreditava piamente que as raças negras africanas eram inferiores às raças brancas europeias, e as via como incivilizáveis, pelo menos no contexto africano, pois a própria África era um ambiente muito selvagem e inóspito (ele acreditava nisso sem nunca ter estado lá, é claro). Dito isso, na frieza de seu historicismo, Hegel era surpreendentemente amoral acerca da dialética do senhor e do escravo. Para ele, isso simplesmente representava um processo necessário no desenvolvimento da História. No entanto, Hegel enxergava essa diferença entre negros e brancos como uma contradição — uma dialética — e, portanto, endossava plenamente o colonialismo e até a escravidão da "raça negra" como um meio de desencadear a dialética entre negros e brancos nos africanos e, em última análise, civilizá-los.[10] Para Hegel, a História utiliza os colonizados e os escravizados (assim como os senhores, que também estavam apenas desempenhando seu papel no desenvolvimento da História) na marcha implacável rumo a uma síntese total, momento em que a Deidade se perceberá como Deidade, e a Utopia terá início.

Porém, além das evidentes conotações senhor e escravo, sem dúvida essa divagação sobre ideias ruins do século XIX tem pouco a ver com a teoria crítica da raça, certo? Errado! Esse exato disparate está no cerne do processo dialético da teoria crítica da raça. Considere o seguinte trecho de *Critical Race Theory: An Introduction*, que nunca menciona Hegel e só no glossário menciona Marx:

A diferença entre os materialistas e os idealistas não é uma questão secundária. Ela molda a estratégia a respeito das decisões de como e onde investir as energias. Se os materialistas tiverem razão, é necessário mudar as circunstâncias físicas da vida das minorias antes que o racismo decline. Levam-se a sério questões como sindicatos, cotas de imigração e a perda de empregos industriais devido à globalização. Se alguém for um idealista, códigos de fala em campus universitários, medidas legais contra discursos racistas, seminários de diversidade e aumento da representação de atores negros, pardos e asiáticos em programas de

AS ORIGENS IDEOLÓGICAS MAIS PROFUNDAS DA TEORIA CRÍTICA DA RAÇA

televisão estão no topo de sua lista de prioridades. Um meio-termo veria ambas as forças, material e cultural, atuando juntas e criando sinergias mútuas, de modo que os reformadores raciais que trabalham em qualquer uma dessas áreas contribuam para um projeto holístico de redenção racial.[11]

Os teóricos críticos da raça ainda estão tentando elaborar uma síntese dialética (no modo hegeliano) do idealismo hegeliano e do materialismo marxista, centralizando-se na raça e usando-a como a ferramenta que expõe as contradições dialéticas e solicita uma síntese "holística"! Também podemos ver isso no parágrafo de abertura do manifesto de 1977 do Combahee River Collective, a partir do qual surgiram a interseccionalidade e a teoria crítica da raça. Voltando a citá-lo:

> Somos um coletivo de feministas negras que se reúnem desde 1974. Durante esse tempo, estivemos envolvidas no processo de definir e esclarecer nossas políticas, ao mesmo tempo que realizamos trabalho político dentro de nosso próprio grupo e em aliança com outras organizações e movimentos progressistas. Neste momento, a declaração mais geral de nossas políticas seria que **estamos ativamente comprometidas em lutar contra a opressão racial, sexual, heterossexual e de classe**, e ver, como nossa tarefa específica, **o desenvolvimento de uma análise e prática integradas** baseadas no fato de que os principais sistemas de opressão estão interligados. **A síntese dessas opressões cria as condições de nossa vida**. Como mulheres negras, vemos o feminismo negro como o movimento político lógico para combater as múltiplas e simultâneas opressões que todas as mulheres negras enfrentam.[12] [Negritos adicionados.]

Conforme observado na seção "Feminismo Negro" do capítulo anterior, esses trechos ressaltados do manifesto indicam inequivocamente que a teoria crítica da raça e a interseccionalidade (que surgem em grande parte do movimento do Feminismo Negro, e a interseccionalidade é diretamente derivada) são marxianas e hegelianas em sua orientação. De fato, o argumento seria que as desavenças entre os diversos movimentos de libertação que levaram ao surgimento do Feminismo Negro e,

205

MARXISMO RACIAL

mais à frente, da interseccionalidade são o resultado de contradições dialéticas. Pôr no centro a raça apaga o sexo e, assim, marginaliza as mulheres negras; pôr no centro o sexo apaga a raça e, assim, marginaliza as mulheres negras; e assim por diante, e assim sucessivamente, e esse tipo de coisa — para sempre. Essas são "contradições" (ou pares de tese e antítese) que requerem resolução sintética mediante a dialética. Essa síntese *é* a interseccionalidade, criada por meio do engajamento autorreflexivo em autocrítica em intersecções cada vez menores do status identitário politizado neomarxiano. E isso se conecta diretamente à teoria crítica da raça.

Por sua vez, para que não reste dúvida sobre o fato de a teoria crítica da raça ser uma fé dialética, considere o seguinte parágrafo de *Critical Race Theory: An Introduction*, num capítulo intitulado "Looking Inward" ["Olhar para dentro"], que parece especulativo:

> Alguns observadores sustentam que todas as raças minoritárias devem ceder em suas diferenças e criar uma frente unida contra o racismo em geral. O perigo nessa abordagem essencializada é que determinados grupos minoritários, classes socioeconômicas e orientações sexuais, podem acabar em situação melhor, e outros, em pior. Lembre-se de como as mulheres negras foram tratadas indignamente no movimento pelos direitos civis da década de 1960, raramente com a possibilidade de falar pelo grupo, postas para marchar na segunda fila e relegadas, com poucas exceções, a papéis secundários. Apenas de modo relativamente recente, as mulheres negras e latinas emergiram como vozes poderosas na cena norte-americana. Talvez o debate entre essencialismo e antiessencialismo se manifeste quando o pensamento predominante começar a perceber a validade de queixas dos grupos maiores. Como um automóvel com manutenção adiada, os subgrupos menores que até ali permaneceram em silêncio começam a trazer questões suprimidas à atenção do grupo maior. **E assim a dialética avança**.[13] [Negrito adicionado.]

Essa última afirmação, "e assim a dialética avança", não está lá por acaso ou coincidência, assim como a alusão direta à injunção de Marx de

AS ORIGENS IDEOLÓGICAS MAIS PROFUNDAS DA TEORIA CRÍTICA DA RAÇA

que o sentido de estudar o mundo é transformá-lo está no segundo parágrafo do livro. Delgado, marxista assumido, compreende muito bem que ele está fazendo uma afirmação de fé hegeliana-marxista, e o exato processo indicado acima no manifesto do Combahee River Collective e o cerne da teoria crítica da raça e da interseccionalidade é ao que ele está se referindo. As contradições entre os diferentes grupos concorrentes na política identitária neomarxista têm que ser sintetizadas, pois é assim que a *História em si avança* rumo à Utopia idealizada (ou comunista ou libertada) no final do arco-íris hegeliano.

O mais importante a notar aqui é que, para Hegel e seu sistema metafísico, e assim para o *sistema de crenças* da teoria crítica da raça, a dialética não é *estática*. Nem sequer é um meio de análise. Trata-se de *algo* ativo que faz apenas uma coisa: *avança*. Para Hegel, a "História" é nome da história em progresso, e ela avança pelo "processo vital" da criação mundana, do pensamento feito pelo Outro abjeto dialético ao Absoluto, as pessoas como parte da Natureza. Ainda assim, a humanidade está ao longo da jornada, por mais destrutiva que seja. Na teoria crítica da raça, pôr a raça no centro, e, portanto, a dialética do senhor e do escravo, em todos os domínios da vida *faz a dialética avançar*, sendo, dessa maneira, um imperativo.

De maneira flagrante, a teoria crítica da raça é uma seita na linhagem das crenças hegelianas. Por exemplo, remontando à declaração em *Critical Race Theory: An Introduction* de que os teóricos críticos da raça "desconfiam bastante" dos direitos, um livro muito influente de Patricia Williams, publicado em 1991, intitulado *The Alchemy of Race and Rights*, posiciona as ideias de raça e direitos em oposição dialética. Esse estranho livro orientado por narrativas (que tem início com uma queixa da autora sobre quão deprimida se encontra e que está escrevendo de roupão surrado em um dia em que ela, como se costuma dizer, *não aguenta mais*) posiciona os direitos como algo que os brancos criaram e se concederam, e que, se as pessoas das outras raças (sobretudo negros e talvez, ainda mais enfaticamente, mulheres negras) quiserem ter acesso a eles, terão que se sacrificar. No entanto, isso meramente reproduz a dialética do senhor e do escravo, permitindo que o estatismo invada qualquer teoria de Direitos Naturais.

MARXISMO RACIAL

Para Patricia Williams, um programa "alquímico" de raça e direitos — em si uma referência sutil a Hegel — procuraria uma síntese das ideias de direitos e exclusão racial a partir dos direitos existentes na sociedade atual. Os direitos não são algo com o qual as pessoas nascem se algumas pessoas podem reivindicar o direito de excluir outras de seus direitos, seria o argumento. Ao contrário, devemos pensar neles em termos de *privilégios* que aqueles no poder concedem a si mesmos e a outros de sua escolha. Quer dizer, os direitos que foram outorgados pelo Criador devem ser transformados (ou suprassumidos) em privilégios concedidos por uma condição racialmente "consciente". Tais privilégios permanecerão inalienáveis desde que não aliená-los apoie a teoria, e devem ser alienáveis em todos os outros casos para que a contradição evidente possa ser resolvida. Isso será determinado pela categoria racial e pela política racial dos *teóricos críticos da raça*, que por si só são teorizados como tendo a consciência racial necessária. Portanto, a teoria crítica da raça estabelece dois conjuntos de regras: um para aqueles que a apoiam e outro para aqueles que são contra ela.

Essa ideia de raça e direitos como conceitos dialéticos cuja síntese resultará de uma alquimia social não é exclusiva do estranho, mas influente, livro de Williams. É crucial ao pensamento jurídico no cerne da teoria crítica da raça. Note que isso também está de acordo com o que vimos em *Critical Race Theory: The Key Writings that Formed the Movement*:

> Em particular, Crenshaw sustenta que a crítica da esquerda aos direitos ignora o papel específico que a luta pelos direitos desempenhou na política de libertação dos negros e as possibilidades práticas dadas pelas ideologias predominantes contra as quais os defensores dos direitos civis trabalharam. Por fim, utilizando elementos da análise pós-moderna, ela desenvolve um quadro teórico para entender a relação entre doutrina jurídica e o exercício do poder racial.[14]

Mais uma vez, vemos que a ideia de raça é utilizada pela teoria crítica da raça para solapar a ideia de direitos, que todos nós sabemos que passou a ser reformulada em termos de privilégios.

Num sentido muito real, toda essa "alquimia" destina-se a revigorar a dialética do senhor e do escravo em um contexto cultural e jurídico

AS ORIGENS IDEOLÓGICAS MAIS PROFUNDAS DA TEORIA CRÍTICA DA RAÇA

contemporâneo. De fato, essa característica da teoria crítica da raça é o motivo pelo qual tantas pessoas percebem com razão que, apesar de todo seu "antirracismo", ela se baseia num inegável mecanismo de supremacia branca que considera os brancos como superiores e os negros como inferiores, e que essa condição precisa ser imediatamente abolida por meio da crítica e do multiculturalismo. Na verdade, a teoria crítica da raça se define como a antítese (e método para a busca da síntese) à "supremacia branca" sistêmica, que ela acredita ser o princípio fundamental de organização da sociedade — no caso de restar alguma dúvida de que ela é um projeto no âmbito da estrutura de crenças hegelianas.

Então, o leitor pode se perguntar qual é a síntese racial que a teoria crítica da raça busca alcançar? Como todos os marxistas, eles não sabem. Chamam isso de "justiça racial", que é o equivalente do comunismo centrado na raça, e desprovida de qualquer descrição, ela existe no âmbito de uma grande quantidade de "imaginação". No entanto, isso não é de surpreender. Nas palavras do neomarxista Theodor Adorno, "não se pode conjurar uma imagem da Utopia de maneira positiva", o que ele conectou ao mandamento religioso contra a idolatria.[15] (Observação: ao associar sua filosofia às Sagradas Escrituras, Adorno está equiparando a Utopia, talvez no fim da História, com Deus, como faria um seguidor da fé hegeliana.) Como Adorno explica: "A Utopia está basicamente na negação determinada, na negação determinada daquilo que simplesmente é, e ao se concretizar como algo ilusório, ela sempre aponta ao mesmo tempo para o que deveria ser".[16] Porém, isso é a réplica entusiástica de Herbert Marcuse de que o pensamento negativo se *tornará* "positivo". Só que ninguém sabe como, e é por isso que Horkheimer alertou que os teóricos não deveriam tentar, mas em vez disso, deveriam apenas mostrar os aspectos dessa sociedade que eles desejam transformar.

O mesmo caracteriza os pensamentos da teoria crítica da raça sobre a "justiça racial". Em vez de dizer a alguém como será ou como podemos fazer para alcançá-la na prática, os teóricos críticos da raça exortam seus seguidores a "reimaginar" o sistema racial sem nunca dizer *como*. Isso acontece porque *eles não sabem como*; o comunismo nunca sabe. Em vez disso, como em todos os movimentos marxianos, a teoria crítica da raça defende a crítica impiedosa dos aspectos da sociedade que deseja

MARXISMO RACIAL

transformar, ao mesmo tempo que aproveita o espaço político aberto por toda essa negatividade para se impulsionar ao poder. Os teóricos críticos da raça querem tomar o poder para estabelecer e impor uma variante de socialismo baseada na equidade racial; um Estado administrado em que os criticamente conscientes em relação à raça guiarão a sociedade em direção a uma sociedade sem Estado e (racialmente) sem classes em virtude da consciência despertada (*woke*). Enquanto isso, só precisa do controle totalitário estatista hegeliano, liderado por um homem de ação como Ibram X. Kendi, que, com o tempo, também será descartado pela História. *Encantador!*

É sempre assim com as teorias hegelianas-marxianas. Reclamar e tomar o poder para que possam estabelecer uma ditadura (cultural) da antítese (para os marxistas: a ditadura do proletariado; para os teóricos críticos da raça: a ditadura dos antirracistas). Em seguida, fazer com que a ditadura governe a sociedade até tudo ficar perfeito, com os detalhes a determinar. Também não vai funcionar dessa vez.

A PERIGOSA INGENUIDADE DE ROUSSEAU

Em comparação, quero falar um pouco sobre Jean-Jacques Rousseau. Deve ser simplesmente mencionada sua relevância para Hegel e algumas ideias que se incorporaram na mentalidade da justiça social crítica. Uma elaboração mais detalhada dessas ideias pode ser lida no admirável *Explaining Postmodernism*, de Stephen Hicks, que recomendo mais uma vez. Seu conhecimento de Rousseau e sua relevância contemporânea superam em muito a minha.

A dialética do senhor e do escravo e a influência que ela teve sobre Hegel, que acabamos de discutir, entre as ideias de Rousseau é provavelmente da maior importância direta para o desenvolvimento eventual da teoria crítica da raça. Isso fica muito claro, já que, em certo sentido, toda a teoria marxiana pode ser derivada dela, para não falar da aplicação direta da raça nesse contexto. De algum interesse adicional é o fato de a filosofia de Rousseau ter inspirado uma corrente de pensamento pertinente à teoria crítica da raça. As filosofias de Rousseau não só inspiraram a sangrenta Revolução Francesa; também inspiraram o romantismo, que inspirou o existencialismo, que inspirou o estruturalismo, que se tornou crucial para o pós-estruturalismo, que se tornou básico para o pós-modernismo, que é a segunda maior parte da raiz da teoria crítica da justiça social e, portanto, da teoria crítica da raça. Contudo, por ora, vou apenas mencionar esses dois tópicos.

Outras duas ideias rousseaunianas também têm significado direto e importante no desenvolvimento da teoria crítica da raça: a primeira é a primazia da emoção — sobretudo sinceridade e sentimento — sobre a razão como meio de discernir a verdade (isso, para Rousseau, também era uma questão que foi considerada no que Hegel teria descrito num sentido dialético), e a segunda é o Contrato Social. A primeira ideia os teóricos críticos da raça usam como arma de diversas maneiras, mas acima de tudo, em termos de afirmar que os sentimentos associados à "experiência vivida" da opressão estrutural são uma dimensão crucial do "conhecimento", que foi excluído pela "brancura" a fim de manter a "supremacia branca". Os teóricos críticos da raça racializaram a segunda ideia diretamente naquilo a que eles se referem como "Contrato Racial", que está entre as ideias teóricas mais conspiratórias nas quais acreditam.

Curiosamente, Rousseau tinha uma visão negativa sobre a razão e a racionalidade (especificamente, a versão defendida pelo Iluminismo escocês, talvez personificada na época por David Hume, com quem Rousseau às vezes ficava muito irritado). Ele acreditava que a razão e a racionalidade tinham falhado, que é algo em que grande parte dos teóricos críticos também acredita, e por motivos semelhantes. Para Rousseau, a emoção é, de forma bastante simples, mais *sincera* e, portanto, em certo sentido, *mais verdadeira*, ou, de maneira mais precisa, *melhor do que a verdade*. De fato, Rousseau imaginava essa "sinceridade" como a base verdadeira de uma *religião* — uma religião radicalmente subjetiva, que não é adepta nem da razão nem da revelação, sendo esse um dos principais temas de *Émile, or On Education* [*Emílio ou Da educação*], em que ele também critica o ceticismo e contrapõe a "razão" à "inspiração" em uma longa discussão. Essa crença é o berço do sentimentalismo na Idade Moderna, que caracterizou o movimento romântico e, mais à frente, com a desesperança, o existencialismo e depois com o niilismo absoluto, o pós-modernismo. Sem dúvida, a ideia de que a "experiência vivida" das "realidades vividas" do "racismo sistêmico" é considerada mais sincera e melhor do que a importância da verdade para a teoria crítica da raça, com sua "voz exclusiva de pessoas de cor" estruturalmente determinada no momento atual. Alegar que o ensino de uma história revisionista baseada na teoria crítica da raça, como o 1619 Project, é ensinar "história honesta" também é compreensível sob esse prisma rousseauniano, se aceitarmos que "honesto" está sendo usado para significar "sincero" (da perspectiva da teoria crítica da raça) em detrimento de "verdadeiro". É "verdadeiro" se *parece verdadeiro* para pessoas com a perspectiva esclarecida.

Além disso, Rousseau acreditava equivocadamente que a própria sociedade civil, que é bastante legalista, organizada e ordenada, leva a colapsos sociais e guerras. A própria civilização é o problema — uma ideia que, sem dúvida, inspirou as visões de Hegel e Marx da História como a crônica da busca (extremamente imperfeita) do Homem por um mundo idealizado. Portanto, o retorno à natureza, ao instinto e à emoção era o componente-chave da virada afetiva de Rousseau. (Por mais insignificante que pareça, relata-se que, nesse aspecto, Rousseau se deu conta do fracasso da razão numa cena bizarra de aparente colapso psicológico, choroso e maníaco, em que ele talvez tenha perdido os sentidos.) Do *Discourse on Inequality* [*Discurso sobre a origem e os fundamentos da desigualdade entre os homens*], consideremos o seguinte trecho: "Ó homem, de qualquer país que sejas e quaisquer que sejam tuas opiniões, escuta: contempla tua história tal como eu julguei lê-la, não em livros escritos por teus semelhantes, que são mentirosos, mas na natureza, que nunca mente".[17] Assim, vemos sua relevância para o romantismo, que se baseou nas mesmas más ideias. Também percebemos os ecos de Rousseau tanto na paranoia geral dos teóricos críticos quanto especificamente em *Dialectic of Enlightenment* como a grande obra da teoria crítica, na qual encontramos a afirmação de que a racionalidade sempre se autodestrói ao se tornar irracional por meio da dialética que deve se desenrolar dentro dela.

A visão de Rousseau de que a emoção triunfa sobre a razão (ou pelo menos é sintetizada com ela, conforme aquilo a que Schiller e Hegel se referiram como *aufhebung*) ainda está presente na teoria crítica da raça, e não apenas da maneira vaga mencionada acima. Consideremos essa visão bastante alarmante sobre a "divisão entre razão e emoção" em salas de aula de filosofia de Allison Wolf, teórica da educação contemporânea:

> Estou preocupada com as maneiras específicas pelas quais as emoções circulam nas salas de aula de filosofia, sobretudo aquelas em que os textos e as experiências dos grupos oprimidos estão no centro. Em particular, estou investigando como a disciplina de normas e a cultura da justificação que sustenta a divisão entre razão e emoção, de uma forma que supervaloriza a razão e deprecia a emoção, permitem, facilitam e obscurecem os membros dos grupos dominantes envolvidos em resistência epistêmica evasiva de privilégios e protetora de privilégios para manter seu território epistêmico e visão de mundo.[18]

O argumento de Wolf é que a filosofia — baseada na razão — é problemática, pois tenta minimizar a influência da emoção, o que pode distorcer a clareza do pensamento lúcido. Ainda pior, a exclusão da emoção (sinceridade) em favor da lógica é, na verdade, uma forma de controle de acesso usada pelos que dispõem de privilégios sociais para mantê-los. Nesse artigo, a posição dela, tal como a de Rousseau, é que a emoção *esclarece* o pensamento e, mediante o aumento da sinceridade, aumenta a credibilidade. Para que não haja confusão sobre se isso é especificamente pertinente para a teoria crítica da raça, ela também escreve que:

> A divisão entre razão e emoção é ao mesmo tempo epistêmica e política. Como Alison Jaggar demonstrou em "Love and Knowledge", "a reflexão crítica sobre a emoção não é um substituto autoindulgente para a análise política e a ação política. Ela é em si uma espécie de teoria política e prática política, indispensável para uma teoria social adequada e para a transformação social". Ao fornecer critérios para o que constitui conhecimento, conhecedores confiáveis e áreas de investigação filosoficamente legítimas, a atividade disciplinar protetora de privilégios que denigre os conhecedores "emocionais" e que nega a importância

teórica do conhecimento gerado a partir das emoções promove a ignorância a respeito de qualquer coisa (ou de qualquer um) excluída do universo racional; ela obstrui o conhecimento e gera a ignorância. Quando membros de grupos marginalizados expressam raiva acerca de casos de racismo e sexismo, por exemplo, isso é preterido com base no argumento de que eles estão agindo "irracionalmente", estão muito "emocionalmente envolvidos" no assunto, ou são tornados ininteligíveis. Esse policiamento das emoções reafirma a cultura da justificação que Dotson destaca e permite que a ignorância circule pelo campo de conhecimento não nivelado, silenciando coercitivamente aqueles que fazem afirmações carregadas de emoção. Assim, invocar e impor a divisão entre razão e emoção mascara as maneiras pelas quais o interlocutor se recusa (intencionalmente ou não) "à reciprocidade comunicativa numa troca linguística devido à ignorância perniciosa", cometendo, portanto, violência epistêmica por meio do silenciamento testemunhal e/ou por meio do sufocamento testemunhal.[19]

Em outras palavras, Wolf, e teóricos como ela, estão defendendo o argumento de que a emoção e a razão precisam ser sintetizadas dialeticamente em algum modo de conhecimento melhor (que seria mais "inclusivo" em virtude de não apenas favorecer um modo de conhecimento branco e eurocêntrico de preservação de privilégios). Além disso, ela associa uma "cultura da justificação" baseada na razão (uma cultura que espera que as pessoas justifiquem as próprias afirmações racionalmente e com base em evidências, e não por meio apenas da sinceridade ou paixão) com a criação de um "campo de conhecimento não nivelado". Ao evocar o "racismo e sexismo" e "membros de grupos marginalizados", Wolf leva essa discussão para as estruturas de dinâmicas de poder da interseccionalidade e da teoria crítica da raça. Os teóricos críticos da raça enxergam isso de maneira bem simples: pessoas brancas: razão; outras raças: emoção. O que é necessário? "Selvagens forçados a viver nas cidades." Os ecos de Rousseau são flagrantes, mas isso está enraizado na teoria crítica da raça em 2017, e não em meados do século XVIII.

AS ORIGENS IDEOLÓGICAS MAIS PROFUNDAS DA TEORIA CRÍTICA DA RAÇA

Quanto ao Contrato Social — uma ideia que Rousseau desenvolveu detalhadamente em 1762 como uma solução proposta para o problema que ele delineou em *Discourse on Inequality* —, foi nessa ideia que Rousseau apresentou uma de suas ideias mais perigosas e pertinentes (para a teoria crítica da raça). Em resumo, a ideia do Contrato Social é que todos numa sociedade concordarão em abrir mão de muitos dos próprios direitos em troca do bem comum, ou seja, todos concordamos implicitamente com o coletivismo em uma sociedade. Rousseau identificou o resultado desse sacrifício como tornar todos *mais* livres, porque todos estão renunciando aos mesmos direitos e tendo os mesmos deveres (socialmente impostos) aplicados sobre eles. Com o evidente pensamento negativo exposto aqui, não surpreende que isso seja mais ou menos o programa que Marcuse esboça como "libertação", o que pode ser lido com clareza à medida que ele conclui *An Essay on Liberation*:

Não uma regressão a um estágio anterior da civilização, mas um retorno a um imaginário *temps perdu* [tempo perdido] na vida real da humanidade: progresso a um estágio da civilização em que o homem aprendeu a questionar em nome de quem ou de como ele organiza a sociedade; o estágio em que ele verifica e talvez até interrompa sua incessante luta pela existência em uma escala ampliada, examina o que foi alcançado durante séculos de miséria e hecatombes de vítimas, e decide que basta, e que chegou a hora de aproveitar o que ele tem e o que pode ser reproduzido e refinado com um mínimo de trabalho alienado: não a paralisação ou redução do progresso técnico, mas a eliminação daquelas de suas características que perpetuam a sujeição do homem ao aparato e à intensificação da luta pela existência — trabalhar mais para obter mais da mercadoria que precisa ser vendida. Em outras palavras, a eletrificação de fato, e todos os aparelhos técnicos que aliviam e protegem a vida, toda a mecanização que liberta a energia e o tempo humanos, toda a padronização que acaba com os serviços "personalizados" espúrios e parasitários em vez de multiplicá-los, e os dispositivos e símbolos de afluência exploradora. No que diz respeito a este último aspecto (e apenas em termos deste último), isso certamente seria uma regressão, mas a liberdade do domínio da mercadoria sobre o homem é uma condição prévia da liberdade.

Tudo o que temos que fazer é abrir mão de nossa liberdade, prosperidade e realização que vêm junto com isso — tanto material como espiritual — para podermos ter a *verdadeira liberdade* no coletivo, como esses utópicos perigosamente ingênuos a imaginam. Em última análise, essas ideias são a rejeição de Rousseau ao Iluminismo embalada em uma caixa marxiana.

Porém, isso é neomarxismo, e a teoria crítica da raça parece extremamente consumista em comparação, a julgar pelo comportamento das empresas *woke* e dos consumidores *woke*. Isso porque a teoria crítica da raça não se preocupa de maneira alguma com o consumismo, como os neomarxistas "vulgares" teriam feito (na verdade, eles adoram fazer uso disso para vender sua mensagem e lucrar). A teoria crítica da raça não se preocupa em fazer com que nossa sociedade se limite em termos de *consumismo burguês*, mas sim em relação à *branquitude burguesa*. A branquitude deve ser inibida, e se todos concordarmos em ser "menos brancos", vamos desfrutar de uma sociedade mais livre e mais "racialmente justa".

Para atingir esse objetivo, grande parte da teoria crítica da raça (ou pelo menos a filosofia crítica da raça e os estudos críticos da branquitude) se baseia numa reviravolta dialética particularmente maldosa referente à ideia de Contrato Social proposta em 1997 pelo falecido Charles Mills. Essa ideia é chamada de "o Contrato Racial", que Mills desenvolveu em um livro com esse título. Aqui está como Barbara Applebaum resume essa ideia em seu livro *Being White, Being Good*, que discutimos em detalhes no Capítulo 2:

> Em seu livro frequentemente citado, *The Racial Contract*, Mills sustenta que um Contrato Racial subscreve o Contrato Social moderno. O Contrato Racial é um acordo *velado* ou um conjunto de meta-acordos entre pessoas brancas para criar e manter uma classe de subpessoas não brancas. O propósito do Contrato Racial é "assegurar os privilégios e as vantagens dos cidadãos brancos plenos e manter a subordinação dos não

AS ORIGENS IDEOLÓGICAS MAIS PROFUNDAS DA TEORIA CRÍTICA DA RAÇA

brancos". Para alcançar esse propósito, há a necessidade de perpetuar a ignorância e interpretar erroneamente o mundo como ele realmente é. O Contrato Racial é um acordo para não saber e *uma garantia de que isso será considerado como a versão verdadeira da realidade* por aqueles que se beneficiam do relato. O fato de essa ignorância ser socialmente sancionada é de extrema magnitude. Mills se refere a essa falta de conhecimento como uma "epistemologia invertida" e afirma que isso é

> uma realidade oficialmente sancionada [que] diverge da realidade real. (...) tem-se um acordo para interpretar erroneamente o mundo. É preciso aprender a ver o mundo de modo equivocado, mas com a garantia de que esse conjunto de percepções errôneas será validado pelas autoridades epistêmicas brancas, quer religiosas, quer seculares.

> Portanto, a ignorância branca *parecerá* conhecimento para aqueles que se beneficiam do sistema, pois é respaldada como conhecimento pelo sistema social.[20] [Itálicos no original.]

Que tal isso para uma teoria da conspiração? É a teoria crítica da raça aludindo diretamente a Jean-Jacques Rousseau e fazendo uso da versão racializada da falsa consciência do neomarxismo para criar a teoria da conspiração mais elaborada e ridícula que já foi criada pela humanidade. Ela acredita sinceramente que todos os brancos conspiram em segredo — sem nunca de fato *mencionar* isso — para manter uma sociedade dominante branca, que marginaliza membros de outras raças. Como resultado desse arranjo supersecreto, no qual todos os brancos (e seus próximos) participam sem sequer perceberem que ele existe, os brancos também acreditam que sua "ignorância branca" das "realidades" raciais *lhes parecerá conhecimento*, embora não seja. Por sua vez, isso justifica a necessidade de "outras maneiras de saber" (enraizadas fora da branquitude; portanto, na narrativa e na emoção, que são *mais sinceras* do que o racionalismo "branco") entrarem em cena para "nivelar o campo de conhecimento".

E o que motivou Mills? Bem, essa é fácil. Eis em suas próprias palavras, extraídas de seu livro de 2003, *From Class to Race*, uma coletânea de

MARXISMO RACIAL

seus ensaios com um título bastante significativo (é realmente uma exposição extensa de como a teoria crítica da raça não é nada além do que eu apresento neste livro; especificamente, marxismo racial):

> O artigo expressou minhas frustrações, de uma maneira que mais tarde se tornaria mais evidente, com o marxismo ortodoxo, que afirmava ser histórico, mas ignorava a supremacia branca como uma estrutura histórica importante. Embora eu ainda me identifique como marxista, defendo a necessidade de desenvolver um marxismo modificado que leve em consideração a raça de maneira profunda, em vez de superficial. Em uma frase removida dessa versão revisada, comentei sobre a escassez de análises da "branquitude" — mal sabia eu que isso se tornaria uma indústria em crescimento ao longo da década! Por analogia com as tentativas de desenvolver uma abordagem de sistemas duplos, tal como o "feminismo socialista", argumentei a favor da necessidade de um marxismo negro que sintetizasse as abordagens das tradições marxista e nacionalista negra. (A expressão "teoria crítica da raça" ainda não tinha sido amplamente estabelecida na época original da publicação.)[21]

Reiterando: isso é a teoria crítica da raça. É assim que ela pensa acerca do mundo. E almeja desfazer essa distorção de uma das ideias mais polêmicas de Rousseau por meio do processo dialético que Hegel adotou, aproveitando uma das ideias mais ingênuas (e racistas) de Rousseau e usando-a para tornar útil a guinada crítica de Kant sobre a filosofia dialética (com Marx à frente para torná-la aplicável e a descoberta dos teóricos críticos da raça sobre como torná-la racista). Neste momento, voltaremos nossa atenção para uma figura mais contemporânea que é, na opinião de muitos, o primeiro teórico crítico da raça.

O CARÁTER ÚNICO DE W. E. B. DU BOIS

Embora a intenção de Herbert Marcuse de mobilizar a "população do gueto" como uma força revolucionária neomarxista já seja um argumento

AS ORIGENS IDEOLÓGICAS MAIS PROFUNDAS DA TEORIA CRÍTICA DA RAÇA

importante por si só, compreender como essas filosofias se ligam diretamente à dimensão racial da teoria crítica da raça, para não falar de algumas das outras peculiaridades da teoria crítica da raça, exige que abordemos W. E. B. Du Bois. Du Bois é um personagem curioso que, por qualquer avaliação, deveria ser considerado o mentor filosófico da teoria crítica da raça. Quase todas as fontes significativas o mencionam e destacam a relevância central para a teoria crítica da raça de seu conceito de "dupla consciência" — em linhas gerais, compreender o que significa ser negro em um mundo branco.

Embora Du Bois tenha escrito prolificamente, duas fontes de natureza semelhante se destacam no que concerne a sua filosofia "peculiar": *The Souls of Black Folk* [*As almas da gente negra*] (1903) e "The Souls of White Folk" (1910, e depois 1920). Essas duas obras são a base para o tipo de dupla consciência, tanto em negros como em brancos, que a teoria crítica da raça busca induzir, mas há mais do que apenas isso. A palavra *"folk"* se destaca necessariamente, como o leitor entenderá a esta altura. Esse pensamento *"folkish"* ou *Völkisch*, no alemão original, em relação à raça também é essencial para a obra de Du Bois e seu legado, incluindo o que ele traz para o etos e a mentalidade do sistema de crenças da teoria crítica da raça. Na verdade, não acredito que a teoria crítica da raça possa ser compreendida sem que se perceba que ela procura estabelecer um nacionalismo racial *Völkisch* no qual as raças são consideradas como suas próprias nações distintas e para o qual os membros "patrióticos" dispõem de um investimento considerável. A origem desse aspecto preocupante da teoria crítica da raça recai principalmente sobre Du Bois e a análise que ele apresenta nesses livros. Considerando que Du Bois estudou a filosofia nacionalista *Völkisch* de Johann Gottfried Herder durante sua estada na Alemanha, não surpreende que a teoria crítica da raça tenha adotado uma visão que postula "culturas" baseadas em raças como se fossem nações com próprios e únicos regimes de verdade — povoadas por "gente negra", "gente latina", "gente branca" e assim por diante.

Como Du Bois também era um hegeliano (e em seus últimos anos tenha se tornado apoiador do marxismo, embora em grande medida ignorante dele quando escreveu *The Souls of Black Folk*), também podemos contextualizar sua ideia de dupla consciência. Trata-se de uma

MARXISMO RACIAL

interpretação da dialética do senhor e do escravo de Hegel. A visão de Hegel sobre essa dialética é que o "senhor" e o "escravo" representam um par dialético (uma contradição) que se resolverá de forma sintética, mas só de uma maneira específica. Uma resolução sintética para a dialética do senhor e do escravo só está disponível porque a consciência do escravo contém uma compreensão tanto do que significa ser oprimido quanto de viver no mundo do opressor (dupla consciência, em outras palavras). Em comparação, a consciência do senhor, que conhece apenas a posição de senhor, carece dessa compreensão e requer negação dialética pelo escravo para despertar para ela.

Muita coisa da teoria crítica da raça — incluindo o Contrato Racial de Charles Mills, a "ignorância branca" de Barbara Applebaum e a "fragilidade branca" de Robin DiAngelo (e sua variante narrativa mais virulenta de 2021, a "raiva branca") — é mais claramente compreensível em termos desse artigo de fé dialético, que está centrado na teoria crítica da raça da maneira formulada por Du Bois. Embora talvez tenha chegado às mesmas ideias por meio da eventual incorporação do racismo como um sistema de poder ao pensamento neomarxiano, a teoria crítica da raça deve muito a W. E. B. Du Bois ao torná-las centrais em sua arquitetura. De fato, uma falsa consciência de raça é pouco mais do que uma rejeição não intencional da dupla consciência que Du Bois nomeou em sua reformulação da dialética do senhor e do escravo de Hegel.

Então, são esses atributos — o nacionalismo racial *Völkisch* (que foi experimentado com resultados terríveis na Alemanha no final da década de 1930 e início da década de 1940, ainda que de maneira diferente) e a dupla consciência (dialética hegeliana) — que devemos ter em mente em termos da influência inestimável de Du Bois na teoria crítica da raça. Esses atributos podem ser situados no contexto da influência de seus professores alemães mais importantes, com quem ele trabalhou bastante durante o período de bolsa de estudos em Berlim de 1892 a 1894. Entre esses professores, destacam-se Heinrich von Treitschke, Adolph Wagner (ambos fervorosos nacionalistas alemães) e, como mencionado anteriormente, Gustav von Schmoller, que também inspirou a formação da Escola de Frankfurt (que pode ter sido a influência mais profunda de Du Bois, considerado o volume de cartas compartilhadas entre eles). Pode-se argumentar de maneira convincente (e isso já foi feito) que o projeto de Du Bois adapta mais ou menos as teorias político-econômicas reformistas de von Schmoller no contexto racial,[22] com toques adicionais de Herder e Hegel.

Sem dúvida, pelo menos, seu estudo se assemelha a uma análise racial-socialista, nitidamente dialética em sua forma.[23] Como observa David Levering Lewis, biógrafo de Du Bois: "As influências alemãs [sobre Du Bois] são inequívocas, com sua sugestão de espírito materializado e luta dialética, todo o processo em ascensão se concretiza em *das Volk*: uma nação poderosa com uma alma única".[24] Esse astral hegeliano* é claramente palpável nas próprias palavras de Du Bois, inclusive desde o primeiro capítulo de *The Souls of Black Folk*, em que ele deixa claro por que o título diz "*souls*" no plural e "*folk*" no singular:

> Após o egípcio e o indiano, o grego e o romano, o teutão e o mongol, o negro é uma espécie de sétimo filho, nascido com um véu e dotado de uma segunda visão neste mundo americano — um mundo que não lhe propicia verdadeira autoconsciência, mas apenas o deixa se enxergar mediante a revelação do outro mundo. Trata-se de uma sensação peculiar, essa dupla consciência, esse sentimento de sempre olhar através dos olhos dos outros, de medir a própria alma pela fita de um mundo que observa com desprezo e piedade divertidos. Alguém sempre sente sua dualidade: um americano, um negro; duas almas, dois pensamentos, dois pelejadores não reconciliados; dois ideais beligerantes em um único corpo escuro, cuja força tenaz é a única coisa que impede que seja despedaçado.
>
> A história do negro americano é a história desse conflito; esse anseio por obter a hombridade autoconsciente, por fundir seu duplo eu em um eu melhor e mais verdadeiro. Nessa fusão, ele não deseja que nenhum de seus velhos eus seja perdido. Ele não gostaria de africanizar a América, pois a América tem muito a ensinar ao mundo e à África. Ele não gostaria

---

* Observação: Hegel formulou sua dialética em termos diferentes dos apresentados por Kant, preferindo o abstrato, o negativo e o *concreto* à tese, à antítese e à síntese, e, assim, a afirmação precedente do biógrafo indica a influência hegeliana além de qualquer dúvida possível.

de branquear sua alma negra em um dilúvio de americanismo branco, pois ele sabe que o sangue negro tem uma mensagem para o mundo. Ele simplesmente deseja tornar possível para um homem ser tanto negro quanto americano, sem ser xingado e cuspido por seus conterrâneos, sem ter as portas da Oportunidade fechadas rudemente em seu rosto.[25]

Aufheben: abolir, manter, elevar! As marcas da dialética de Hegel na consciência do indivíduo e sua dialética do senhor e do escravo nos grupos são ambas bem visíveis. Claro, como poderiam não ser? Elas são a fonte dessa segunda visão, dessa *dupla consciência*, que é ao mesmo tempo imposta, sobretudo na época de Du Bois, e autoimposta. Isso torna o assunto complicado, mas importante.

A autoimposição dessa dupla consciência identitária não é logo evidente a partir do texto de Du Bois, se considerado ao pé da letra. Perceber isso requer atinar que, devido ao pensamento *Völkisch* derivado de Herder subjacente a seu uso das palavras "*black folk*", há uma identidade (cultural) quase nacionalista no âmbito de seu uso da palavra "negro". Quando entendido de maneira direta, Du Bois tem razão em assinalar que não há motivo para que um homem em um país livre e igualitário não possa ser tanto negro (como ele é) como americano (sua nacionalidade), e a tensão que ele teria experimentado até 1903 a respeito dessa questão fica imediatamente compreensível e inadmissível em relação a um padrão de igualdade. Porém, quando entendido com a consciência de seu pensamento racial *Völkisch*, a natureza dialética de sua afirmação se torna evidente: tanto "negro" quanto "americano" são identidades "nacionais", que existem em contradição exatamente em conformidade com a dialética do senhor e do escravo de Hegel. Não há compreensão da teoria crítica da raça sem entender sua adoção dessa consciência racial simultânea (e dialeticamente) imposta e autoimposta, que apresenta suas origens filosóficas em W. E. B. Du Bois e sua adaptação do nacionalismo e idealismo alemães.*

---

* Sobre essa questão referente à sua adoção do nacionalismo alemão, relata-se que Du Bois continuou a celebrar o aniversário do Kaiser da maneira tradicional e adotar costumes aristocráticos alemães de vestuário, aparência e modo de falar (apropriados ao tempo em que passou na Alemanha) até sua morte aos noventa e cinco anos. Ver "W. E. B. Du Bois as a Study Abroad Student in Germany".

AS ORIGENS IDEOLÓGICAS MAIS PROFUNDAS DA TEORIA CRÍTICA DA RAÇA

Assim, trata-se de uma experiência fascinante ler *The Souls of Black Folk* sob uma óptica que é ao mesmo tempo consciente e *contrária* a uma teoria crítica da raça, pois *é*, de modo identificável, uma teoria crítica da raça num contexto em que tal constructo quase faz sentido — porque suas afirmações se baseiam na realidade, e não em uma conspiração paranoica, já que o livro foi publicado em 1903, e não, por exemplo, em 1993 (ou 1995, quando Gloria Ladson-Billings e William Tate IV se fundamentam justamente nessa parte de Du Bois para alegar que a raça deveria ser considerada "*o* constructo central para entender a desigualdade"). Essa sensação peculiar, se eu puder me apropriar da expressão de Du Bois, surge porque uma teoria crítica feita corretamente — o que às vezes é possível quando é algo diferente daquelas coisas malignas que ostentam a designação de nome próprio análogo nascidas em Frankfurt a serviço do marxismo — critica com justificativa o poder sistêmico, estrutural e institucional injusto, assim como os vieses insuficientemente reconhecidos e deliberadamente autoignorantes enraizados nos preconceitos dos indivíduos. (Numa sociedade livre, o humor tende a desempenhar grande parte do trabalho pesado nesse projeto.)

Isso não significa que W. E. B. Du Bois tinha *razão* em sua abordagem, que ainda era dialética e racialmente *Völkisch* de forma irresponsável, mas sim que os teóricos críticos da raça que afirmam herdar seu trabalho e retomá-lo o entendem mal, do mesmo modo que o mundo em que habitam. Eles o fazem porque, em sua paranoia e ressentimento induzidos pela crítica, acreditam erroneamente que as circunstâncias de Du Bois se correlacionam fielmente com a deles. Ele escreveu: "A linha de cor é o problema do século XX", e os teóricos críticos da raça que adotaram Du Bois para seus propósitos ilegítimos teriam feito melhor e sido mais sábios se compreendessem essa questão significativa e não mexessem nisso.

UMA BREVE OBSERVAÇÃO SOBRE O NAZISMO E A TCR

Neste momento, antes de prosseguirmos, devemos fazer uma pausa para considerar os paralelos desconfortáveis e as distinções entre a teoria crítica da raça e o nacional-socialismo, ou seja, o nazismo. Embora esses paralelos sejam no âmbito da própria teoria crítica da raça menos relevantes do que se poderia temer, ela, no entanto, importou à sua maneira alguns elementos cruciais da ideologia nazista. Então, a teoria crítica da raça posta em prática deve ser reconhecida como uma teoria que corre certo risco de reproduzir os erros monstruosos baseados nesses terríveis modos de pensamento. Nesta seção, vamos abordar e esclarecer alguns deles.

O nacionalismo *Völkisch* aplicado às raças como se elas fossem nações, introduzido através de W. E. B. Du Bois, apresenta um primeiro ponto desconfortável de similaridade entre a teoria crítica da raça e a ideologia nazista que deve ser levado a sério. Pensar em raças como nações de "pessoas" ("*folks*") dessa forma leva a um tipo de "nacionalismo" sobre o qual a teoria crítica da raça insiste que alguma forma de "socialismo" (equidade) é relevante. No entanto, antes de tirarmos muitas conclusões precipitadas, o objetivo da teoria crítica da raça é a equidade *entre* os grupos raciais, e não *no interior* deles, o que é diametralmente oposto à visão nazista da dominação mundial ariana. Mesmo assim, esse "nacionalismo" racial é o que, por exemplo, Kimberlé Crenshaw explora em "Mapping the Margins" ao dizer que a afirmação "Eu sou negro" se torna uma âncora para a subjetividade racial.

No entanto, aqui é fundamental perceber que a teoria crítica da raça permanece resolutamente *marxista*, e não nazista. O objetivo de definir uma identidade racial politizada como âncora da subjetividade é induzir o tipo de trabalho que Marx imaginava em um novo domínio (cultural) (com o slogan "façam o trabalho"). Segundo a própria Crenshaw, a teoria crítica da raça adotou essa visão a partir do nacionalismo negro sob a forma de "Black is Beautiful", mas a considera de maneira diferente do que qualquer iniciativa nacionalista. Em particular, a teoria crítica da raça acredita que busca um fim para a ideologia racial que será alcançado de forma dialética ao adotá-la estrategicamente e invertê-la. O nazismo promoveu a ideologia racial ao máximo, com base na mística estranha e perigosa sobre a raça ariana e a eugenia pseudodarwiniana afim. Contudo, o socialismo que favorece um grupo específico que se vê em termos de nação — por exemplo, com suas próprias bandeiras, hinos nacionais, feriados e assim por diante — constitui um paralelo preocupante que não pode ser subestimado.

O modo como esse aspecto se manifesta é mediante o uso dos brancos como bode expiatório racial, que são beneficiários automáticos da "branquitude", como mencionado anteriormente no livro. De fato, o bode expiatório racial enraizado na branquitude corresponde quase perfeitamente ao uso dos judeus como bode expiatório pelos nazistas. Ao contrário do ponto anterior, aqui não há muita distinção clara entre o marxismo e o nazismo. Em ambas as ideologias, o objetivo quanto ao uso de um bode expiatório, seja por raça por Hitler ou por classe por Marx, é se apossar da propriedade e, em última análise, eliminar aqueles vistos como a classe usurpadora da sociedade. No entanto, na teoria crítica da raça, isso é explicitamente racial, o que é um ponto que Hitler enfatiza repetidas vezes (e com significativo racismo) ao longo de *Mein Kampf*.

Porém, fica ainda pior. Como pode ser lido em *How Jews Became White Folks and What that Says About Race in America*, de Karen Brodkin, e baseado na teoria crítica da raça, que reproduz praticamente a narrativa antissemita nazista em relação aos judeus, mas quanto à raça em vez de classe. No livro, Brodkin sustenta que os judeus nos Estados Unidos — sobretudo os asquenazes — batalharam para serem reconhecidos como brancos durante a década de 1950, para conseguirem obter acesso à branquitude, conquistar privilégios raciais e, em seguida, ascender a posições de autoridade cultural, em que podem estabelecer os termos da branquitude. Isso reproduz o tema mais geral da teoria crítica da raça de que os brancos, e nesse caso os judeus "brancos", conseguem e acumulam privilégios (raciais) para si de alguma forma ilegítima. A solução para isso é "fazer o trabalho" de reconhecer o privilégio racial branco (tanto em brancos quanto em judeus "brancos") e abolir qualquer sentido positivo dessa identidade, de modo que a propriedade racial da "branquitude" seja, por sua vez, abolida.

Então, o papel do "trabalho" em todas essas três ideologias obtém considerável interesse. O marxismo, como discutimos, é uma religião baseada na ideia de que fazer certos tipos de trabalho "legítimo" realiza tanto o homem quanto o Homem (em si mesmo, como substituto de Deus).

MARXISMO RACIAL

Isso é reproduzido exatamente na teoria crítica da raça, embora o trabalho seja principalmente de antirracismo cultural e espiritual interior (adotando uma consciência crítica de raça e agindo de acordo com ela). O movimento nacional-socialista também tinha visões semelhantes sobre o trabalho, sendo sua designação completa NSDAP (Nationalsozialistische Deutsche Arbeiterpartei — Partido Nacional-Socialista dos Trabalhadores Alemães). No nazismo, "o trabalho" é nacionalista, baseado no labor como forma de socialismo, e cultural-espiritual quanto às crenças místicas que Hitler tinha acerca da raça ariana como criadora e detentora do padrão de toda a alta cultura.

De particular interesse, então, é a infame frase *"Arbeit macht frei"*, ou seja, o trabalho liberta, que foi colocada em tom de deboche acima das entradas de certos campos de extermínio nazistas, Auschwitz é o mais conhecido. Como Hitler praticamente equiparava os marxistas (a quem odiava) aos judeus (a quem odiava ainda mais), e como ele certamente entendia muito bem a ideologia marxista, é bastante provável que essa frase tenha sido colocada lá intencionalmente, como uma zombaria da religião marxista, que os nazistas teriam equiparado ao judaísmo. A linha de pensamento seria a seguinte: "Se você acha que o trabalho vai libertá-lo, vamos colocá-lo para trabalhar até que você esteja livre (de sua vida)". No entanto, o fato de ambas as ideologias atribuírem um componente espiritual específico ao valor do trabalho torna difícil aceitar que essa colocação fosse *apenas* ironia mordaz e zombeteira. Privar os judeus de seu judaísmo por meio do trabalho da única maneira possível — ao fazê-los trabalhar até privá-los da própria vida — também estaria em consonância com o trabalho racial-cultural no cerne do nazismo. Nesse sentido, o slogan da teoria crítica da raça "façam o trabalho" é especialmente ameaçador e agourento, mesmo que involuntariamente. Na teoria crítica da raça, é óbvio, quando todos estiverem fazendo o trabalho racial de maneira correta, ficaremos livres da "supremacia branca" e teremos "justiça racial". Porém, como os brancos são beneficiários intrínsecos da "branquitude", há uma linha de crença muito perigosa aqui, ausente na teoria econômica "vulgar" de Marx.

AS ORIGENS IDEOLÓGICAS MAIS PROFUNDAS DA TEORIA CRÍTICA DA RAÇA

O objetivo desta seção não é insistir que os teóricos críticos da raça sejam nazistas. Na verdade, eles não são. São sim comunistas raciais, e o comunismo e o nazismo, apesar de compartilharem algumas semelhanças, via de regra não são compatíveis. No entanto, não se pode negar que a teoria crítica da raça incorporou, seja por acaso ou por intenção (e podemos argumentar em favor de elementos de ambos ao mesmo tempo), certos aspectos ideológicos representativos de algumas das linhas de pensamento mais perigosas do nazismo. Esses aspectos não devem ser exagerados nem ignorados. Tampouco devemos ignorar os paralelos mais preocupantes da ideologia nazista no movimento mais amplo, supranacionalista e flagrantemente fascista da "Sustentabilidade", gerido por "parcerias público-privadas" (ou seja, fascismo tecnocrático), que incorpora e financia a teoria crítica da raça e suas iniciativas em um pacote mais abrangente de métricas e pensamento denominado "Governança Ambiental, Social e Corporativa" (ESG, na sigla em inglês). Isso, contudo, é um tópico para outro livro, pois simplesmente *usa* a teoria crítica da raça como uma ferramenta útil para seus propósitos (principalmente no âmbito do paradigma "Social"). Embora esteja além do escopo desta obra discutir a ideologia que impulsiona esse movimento, ela vai contemplar duas classes amplas de pessoas. A casta superior (tecnocrática, criativa) — independentemente de a chamarmos de Eleitos, Elite ou Arianos — será dispensada do modelo de neocomunismo da teoria crítica da raça. Porém, para manter a "Sustentabilidade" (e um pretexto para um sistema de crédito social), as pessoas de status inferior serão submetidas ao modelo até sua alquimia dialética equilibrar todas as disparidades, a fim de eliminar completamente a possibilidade de alguma agitação social desestabilizadora. Enquanto isso, é muito útil tanto como ferramenta de divisão e conquista quanto para fornecer a si mesmos uma cobertura moral para abusos.*

---

* O leitor é encorajado a ler ou reler *Woke, Inc.*, de Vivek Ramaswamy, em função dessa discussão.

MARXISMO RACIAL

SOBRE A TEORIA CRÍTICA DA RAÇA E SUAS ORIGENS

Na conclusão destes dois capítulos bastante desafiadores sobre as raízes ideológicas da teoria crítica da raça, agora podemos encadear um entendimento muito mais profundo de sua visão de mundo e postura. Lembre--se de que começamos com a afirmação de que a teoria crítica da raça é mais ou menos a *crença* de que o racismo sistêmico é o princípio fundamental de organização da sociedade — e que isso é prejudicial e deve ser combatido. Agora podemos entender do que se trata de forma mais completa e decifrar o quadro geral de seu projeto dialético alquímico.

Ser "antirracista", ou seja, aceitar e pôr em prática a teoria crítica da raça, é se tornar o Outro dialético em relação a ser racista. Assim, os brancos antirracistas são ao mesmo tempo racistas e antirracistas ("antirracistas racistas"), como as humilhantes declarações dos acadêmicos dos estudos críticos da branquitude amplamente demonstram. Eles também não devem se envolver na "exploração epistêmica" dos antirracistas não brancos, por tê-los ajudado a resolver as contradições e "fazer o trabalho" (isso não é marxiano?). Portanto, é *neles mesmos* que reside a contradição e onde "o trabalho" (a dialética) acontece. No entanto, uma síntese completa além do racismo e do antirracismo nunca se concretiza para nenhum indivíduo. Como Robin DiAngelo ensina, "ninguém nunca está pronto". Isso exigiria uma revolução no sistema, à qual cada indivíduo está sujeito e não no controle — daí a necessidade do coletivismo racial nas identidades raciais despertas. Aliás, uma identidade racial desperta — uma consciência crítica da raça — *é* a síntese do racismo e do antirracismo na teoria crítica da raça aplicada ao indivíduo. Trata-se de um compromisso permanente com um processo contínuo de autorreflexão, autocrítica e ativismo social. Em outras palavras, a teoria crítica da raça como *práxis antirracista*.

Portanto, podemos compreender o objetivo sintético da teoria crítica da raça: despertar uma percepção racial criticamente consciente que, na verdade, é uma *dupla consciência* no íntimo dos brancos que reflete a dupla consciência imposta aos negros (e a ser mantida em antítese — ao orgulho negro, assim como à vergonha branca) e enquadrá-las de uma maneira marxista racial. Essa dupla consciência branca (antirracista racista) deve

AS ORIGENS IDEOLÓGICAS MAIS PROFUNDAS DA TEORIA CRÍTICA DA RAÇA

ser ao mesmo tempo imposta e autoimposta, assim como com sua antítese, a dupla consciência negra, que é imposta de fora e aceita como um local produtivo de subjetividade, conforme Kimberlé Crenshaw afirma. Cada um desses estados apresenta uma dialética *interna* que eleva uma consciência crítica racial política como sua síntese: uma práxis antirracista.

Essas duas dialéticas do senhor e do escravo, branco e negro, também são dialéticas entre si, e sua justaposição permite que a dialética do senhor e do escravo funcione através de linhas raciais. A síntese dessas duas percepções raciais despertas é a "justiça racial", ou seja, o utopismo racial que não pode ser descrito e só pode ser expresso de forma negativa — a ausência total não só de qualquer iniquidade racial, mas também de qualquer sistema ou impulso que possa produzi-la. A realização desse ideal indescritível — a saber, a justiça racial (que se torna autoconsciente de sua própria presença, conclusão e perfeição) — deve se desenrolar por meio de cada contradição racial baseada em identidade, em conformidade com a interseccionalidade: *e assim a dialética avança* até o fim da História racial. Enquanto isso, uma ditadura dos antirracistas, que corresponde ao Estado administrado do socialismo no caminho dialético para o comunismo, atuará como estágio liminar. Isso pode ser consumado por um único meio: dar àqueles com consciência racial desperta, ou seja, os teóricos críticos da raça, o controle totalitário sobre a sociedade.

Será que é exagero afirmar que o objetivo de médio prazo da teoria crítica da raça é estabelecer uma "ditadura dos antirracistas" (em outras palavras, socialismo racial administrado)? Considere o objetivo declarado de Ibram X. Kendi de criar uma emenda constitucional antirracista:

> Para reparar o pecado original do racismo, os norte-americanos devem aprovar uma emenda antirracista à Constituição dos Estados Unidos que consagre dois princípios orientadores antirracistas (sic): a iniquidade racial é prova de uma política racista e os diferentes grupos raciais são iguais. A emenda tornaria inconstitucional a iniquidade racial acima de um certo limite, assim como as ideias racistas por parte de servidores públicos (com "ideias racistas" e "servidor público" claramente definidos). Ela criaria e financiaria permanentemente o Departamento de Antirracismo [DOA, na sigla em inglês], composto por especialistas

229

MARXISMO RACIAL

oficialmente capacitados em racismo e sem serem nomeados politicamente. O DOA seria responsável pela avaliação prévia de todas as políticas públicas locais, estaduais e federais para garantir que não resultem em iniquidade racial, pelo monitoramento dessas políticas, pela investigação das políticas privadas racistas quando a iniquidade racial emergir, e pelo monitoramento dos servidores públicos em relação à expressão de ideias racistas. O DOA seria capacitado com ferramentas disciplinares para usar contra políticos e servidores públicos que não mudassem voluntariamente suas políticas e ideais racistas.[26]

O Departamento de Antirracismo idealizado por Kendi seria "composto por especialistas oficialmente capacitados em racismo", ou seja, teóricos críticos da raça, que desempenhariam funções profissionais tendo o antirracismo como práxis. Eles obteriam controle total sobre todas as "políticas públicas locais, estaduais e federais" para garantir que não gerassem impactos discrepantes, os quais deveriam ser interpretados por força constitucional como "racismo sistêmico" quando ocorresse. Teriam o poder de monitorar e investigar políticas públicas e privadas, assim como funcionários públicos, e usar ferramentas disciplinares contra políticos e servidores públicos que não "mudassem voluntariamente suas políticas e ideias racistas", ou seja, que não adotassem a linha da teoria crítica da raça. Isso *seria* uma ditadura dos antirracistas, em paralelo perfeito com a ideia marxiana da ditadura do proletariado. Quando nos lembramos de que o proletariado não é apenas a classe trabalhadora, mas sim a classe trabalhadora desperta e consciente (os anticapitalistas), e levamos em conta a mudança de Marcuse do antigo proletariado "vulgar" para esse novo proletariado político-identitário, o paralelismo é inegável.

Portanto, podemos entender a teoria crítica da raça pelo que ela é, recorrendo a diversas ideias da má filosofia alemã para facilitar nossa compreensão. A teoria crítica da raça (*Kritische Rassentheorie*) é a "Razão" teórica (*Vernunft*) usada para contextualizar todo o Entendimento (*Verstand*) do mundo, um *Wissenschaftlicher Sozialismus* (socialismo científico) para o processo de alcançar a "equidade racial" (*Rassensozialismus* — socialismo racial) que mais à frente vai gerar a "justiça racial" (*Rassenkommunismus* — comunismo racial). Isso é tudo. A teoria crítica da raça é o marxismo racial, e seu objetivo de longo prazo é o comunismo centrado na raça.

A *práxis* crítica da raça é como a teoria crítica da raça faz isso — o que a ditadura dos antirracistas *faz*, tanto para se estabelecer como para administrar aquilo que governa. É para isso, o funcionamento da teoria crítica da raça como marxismo racial, que agora voltaremos nossa atenção.

CAPÍTULO 5

PRÁXIS CRÍTICA DA RAÇA – COMO FUNCIONA A TEORIA CRÍTICA DA RAÇA

Agora temos um entendimento profundo do que é a teoria crítica da raça (marxismo racial), e o panorama é sombrio. Agora, dirigiremos nossa atenção para questões práticas. Neste capítulo, examinaremos a práxis crítica da raça, o que a teoria crítica da raça *faz* e *como o faz*. Ainda que seja um pouco banal, exorto o leitor que se lembre da máxima de que a *teoria crítica da raça é como a teoria crítica da raça faz* à medida que avançamos. Uma teoria crítica *deve* estar combinada com sua práxis crítica, e a teoria crítica da raça não é exceção. As teorias críticas não são só definidas pelo que elas pensam, mas também pelo que fazem. Na verdade, os marxistas nunca foram particularmente tímidos a respeito desse fato básico. Por exemplo, o site marxists.org contém um verbete para "prática e teoria" em sua *Encyclopedia of Marxism*, e está escrito da seguinte maneira:

> **Prática significa atividade com um meio e um fim**. Estas palavras (prática, ação, atividade, práxis, trabalho, comportamento) são usadas com diferentes significados por diferentes autores em diferentes épocas e em diferentes línguas. O ponto crucial é que, para os marxistas, a prática inclui aspectos mentais, teóricos ou ideológicos. Esses aspectos ideológicos ou mentais só podem ser abstraídos da prática de modo relativo. **O contraste entre teoria e prática é sempre apenas condicional e relativo.**
>
> A prática é *ativa*, em vez de ser uma *observação* passiva, e é direcionada para *mudar alguma coisa*. **A prática difere da atividade em geral, pois a prática é inseparável da teoria, que dá seu meio e fim**, enquanto a

atividade ou o comportamento inclui geralmente reflexos impensados. **A prática só é adotada por meio da teoria, e a teoria é formulada com base na prática. Sempre que a teoria e a prática estão separadas elas caem dentro de uma unilateralidade distorcida; a teoria e a prática só podem se desenvolver plenamente em conexão mútua.**

A atividade humana tem sempre um propósito, mas nos estágios iniciais do desenvolvimento da sociedade, **antes do desenvolvimento da divisão do trabalho não havia separação entre teoria e prática.** Com o desenvolvimento da divisão do trabalho, o lado teórico do desenvolvimento da atividade humana se separou do aspecto prático dessa atividade, e a supervisão do trabalho se tornou uma atividade distinta em si mesma.

A distinção entre o *objeto* da prática, que é modificado, e os *meios* da prática, que são usados, é importante para dar sentido à prática. Também se deve notar que há "prática" (em geral) e "práticas", cada uma das quais é direcionada para fins específicos e utiliza meios específicos.

A prática é o critério da verdade. Nesse sentido, "prática" deve ser entendida em seu sentido mais amplo, incluindo os diversos tipos de atividade mental e material que contribuem para mudar o conhecimento e o mundo.[1] [Negritos adicionados, itálicos no original.]

Além de ter um tom religioso semelhante ao do Livro de Gênesis ("antes do desenvolvimento da divisão do trabalho não havia separação entre teoria e prática"), é nesse ponto que *devemos* compreender que é isso que se deve entender quando Kimberlé Crenshaw indica que a interseccionalidade é uma *prática*. É isso o que se deve entender quando Robin DiAngelo adverte que o antirracismo é um "compromisso permanente com um processo contínuo" que equivale a uma prática. Para o teórico marxiano de qualquer orientação, incluindo os teóricos críticos da raça, a *prática* é um dever religioso. É como a dialética progride. Para constar, a tradução da teoria crítica da raça desse mandamento religioso seria "antes da imposição da supremacia branca não havia separação entre teoria e prática", e é a essa condição primordial que a Revolução Crítica da Raça procuraria nos devolver. Indo mais fundo, isso pode ser compreendido em termos da crença de Hegel de que o último passo antes da realização da Ideia Absoluta é a perfeição da Ideia Prática, que então fará a síntese com a Ideia Teórica. É esse compromisso teológico que todos os teóricos marxistas aspiram realizar, e essa a base para os deveres de consciência no cerne de sua fé materialista e culturalista.

O que, então, faz a teoria crítica da raça? Se formos direto ao ponto, ela faz exatamente uma coisa e apenas essa coisa (custe o que custar): visa despertar a consciência crítica racial, ou seja, criar mais teóricos críticos da raça. Ela pode fazer isso no ambiente de trabalho, público ou privado, por meio de formação especializada de recursos humanos com nomes como "Diversidade, Equidade e Inclusão", "antirracismo", "sensibilidade racial", "responsividade cultural", "viés inconsciente" ou algum outro eufemismo. Pode fazer isso numa escola por meio de aulas de história revisionista (no ensino médio e superior) ou ao ensinar crianças em idade pré-escolar a tipificar umas às outras por raça e cor de pele em diversos projetos de arte e pintura, ou mediante algum programa como Estudos Étnicos ou Aprendizado Socioemocional. Pode fazer isso numa igreja, universidade ou qualquer outro ambiente institucional ao acusar a liderança de sustentar uma cultura de supremacia branca que exclui as "raças marginalizadas" e exigir que os não brancos (formalmente capacitados) sejam empossados em cargos de liderança (e em seguida aproveitar o estresse gerado quando as iniciativas bem-intencionadas para atender a essa demanda se mostram improdutivas). Pode fazer isso num relacionamento interpessoal ao instruir as pessoas envolvidas a se basear na raça e tornar os incidentes raciais um tópico crucial de conversa. Pode fazer isso numa disciplina acadêmica ao abordar a cultura do departamento, direcionando a discussão para um argumento impregnado de teoria crítica da raça sobre a sociologia do departamento e da disciplina, ao mesmo tempo em que enfoca as diferenças dos resultados em média como a única maneira legítima de interpretar essas culturas. Em última análise, é sempre a mesma coisa. A teoria crítica da raça não tem nada a oferecer *em nenhuma situação*. É um embuste. Ela apenas transforma essas situações em oportunidades para gerar teóricos críticos da raça (e justificativas para expurgar dissidentes, literalmente sob as bandeiras manipuladoras de "inclusão" e "pertencimento").

O PROBLEMA DO MAXIMIZADOR DE TEORIA CRÍTICA DA RAÇA

Nesse sentido, a teoria crítica da raça é, parafraseando o alerta na investigação da ética em inteligência artificial, um maximizador teórico de clipes de papel, mas que, em vez de produzir clipes de papel, gera teóricos críticos da raça. A razão para que aja dessa maneira é que ela considera como um artigo de fé que, quando uma quantidade suficiente de indivíduos em posições de poder e influência forem teóricos críticos da raça, a dialética racial progredirá rumo a qualquer que seja sua Utopia de "justiça racial" (e não saberemos como será até chegarmos lá). Essa metáfora de um "maximizador de clipes de papel" será muito útil para entender como as teorias críticas como a TCR se comportam e, portanto, o que elas são.

O problema do maximizador de clipes de papel na investigação da ética em inteligência artificial é um experimento mental que nos alerta que um apocalipse pode ser causado por uma máquina superinteligente simples, mas poderosa, com uma função de otimização inadequada, treinada apenas para uma única questão: maximizar a quantidade de clipes de papel no universo. Na medida em que possui apenas uma missão, ela só faz uma coisa (custe o que custar): produzir clipes de papel ou ferramentas para produzir mais clipes de papel a partir de tudo o que pode. Dado que é uma máquina superinteligente, com o tempo deveria ser capaz de resolver problemas complicadíssimos sobre como transformar praticamente *qualquer coisa* em mais clipes de papel, incluindo manipulação atômica e reações nucleares, se necessário. O alerta é simples: uma máquina assim, superinteligente e mal otimizada, poderia destruir todo o universo ao descobrir aos poucos maneiras de transformar cada vez mais coisas em clipes de papel. Ela não precisa saber por que está fazendo isso; tudo o que sabe é que deve resolver o problema de transformar tudo o que puder em clipes de papel, e possui os meios para resolver isso em situações cada vez mais complexas. (Pergunta hegeliana: essa máquina, no final, *se* transformaria em clipes de papel e imanentizaria a escatologia dos clipes de papel?)

A teoria crítica da raça funciona da mesma maneira. Em cada indivíduo, uma consciência crítica da raça deve ser induzida. A serviço desse objetivo monomaníaco (baseado em um artigo de fé inadequado), todas as instituições, sobretudo aquelas dedicadas à produção de cultura, devem ser transformadas numa ferramenta que desperta uma consciência crítica da raça. O objetivo é simples. Todas as pessoas convertíveis devem ser convertidas (novos clipes de papel), e todos os cargos de poder e influência devem ser ocupados por alguém cuja consciência foi despertada (novas máquinas e ferramentas para produzir clipes de papel). O entendimento dessa mentalidade torna quase tudo que os teóricos críticos da raça fazem imediatamente compreensível, por mais bizarro que seja. Tudo se resume a criar convertidos e empossá-los em cargos de poder em que eles não terão responsabilidade (responsabilizá-los seria considerado *racista*). Eles fazem isso ao se apossarem dos meios de produção cultural e os redirecionarem para pregar a teoria crítica da raça.

Portanto, cada escola, faculdade, universidade; cada local de trabalho, escritório, hospital; cada revista, publicação, jornal; cada programa de televisão, filme, site; cada órgão governamental, instituição, programa; cada igreja, sinagoga, mesquita; cada clube, afinidade, passatempo e interesse deve ser gradualmente transformado em um meio pelo qual a consciência crítica racial possa ser induzida nas pessoas que participam de qualquer forma. Se isso pode ser feito pelo desejo, é o ideal. Se não for possível, há coerção e extorsão, geralmente de tipos morais ou de relações públicas. Se não for suficiente, como revelam as ambições do Departamento de Antirracismo de Kendi, haverá a força política. Se ainda não bastar — espera-se, contra toda a esperança, que isso não aconteça —, existe o famoso ditado de Mao Tsé-Tung: "O poder emana da boca do fuzil" (embora, em nossa época, seja mais provável que o poder emane do poder coercitivo de uma economia digital equipada com monitoramento de crédito social). Se a instituição sobreviver à transformação numa máquina de produção de teóricos críticos da raça, isso será ótimo e útil para eles e a causa deles. Se fracassar é porque foi racista e mereceu — não, *precisou* — fracassar. Essa é a lógica; isso é o antirracismo como práxis. *E assim a dialética avança*.

Além disso, cada instituição concebível deve deixar de ser vista (da perspectiva da teoria crítica da raça) como uma instituição que faz o que quer que ela deva fazer, vital ou não. As escolas, faculdades e universidades

PRÁXIS CRÍTICA DA RAÇA – COMO FUNCIONA A TEORIA CRÍTICA DA RAÇA

se tornam centros de programação da teoria crítica da raça. As empresas se tornam centros de programação da teoria crítica da raça internamente por meio de departamentos e políticas de recursos humanos, e externamente por meio de departamentos de marketing, mediante iniciativas de *branding* do tipo *woke*. Os meios de comunicação se tornam agências de propaganda da teoria crítica da raça. As igrejas, sinagogas, mesquitas, espaços de entretenimento (como eventos esportivos) e outras organizações comunitárias se tornam mídias potenciais para promover a teoria crítica da raça de maneira mais pessoal. Os hospitais se tornam uma ferramenta para potencializar vieses no atendimento para levar as pessoas a aderirem à teoria crítica da raça. As instituições jurídicas, os órgãos governamentais e os tribunais se tornam meios pelos quais a teoria crítica da raça é cada vez mais codificada na lei. Mais cedo ou mais tarde, a polícia e as forças armadas se tornam organizações concebidas para aplicar a teoria crítica da raça, proteger os teóricos críticos da raça e punir a dissidência com força monopolista. Cada instituição deve ser convertida numa máquina de produção de teóricos críticos da raça, e é assim que todas e cada uma delas serão vistas através da lente da teoria crítica da raça. Todos os indivíduos ou instituições que não estejam maximizando a consciência crítica da raça estão, do ponto de vista da teoria crítica da raça, usando de forma imprópria os seus recursos. Na verdade, são racistas.

Esse fato simples e direto constitui a coisa mais importante para entender acerca da práxis da teoria crítica da raça, ou seja, a práxis crítica da raça, que, na verdade, é a própria teoria crítica da raça. Ela existe somente para converter o maior número possível de pessoas em teóricos críticos da raça por quaisquer meios necessários, embora os meios suaves, coercitivos e institucionais sejam predominantemente preferidos (pelo menos por enquanto), *e* para capacitar essas pessoas nas instituições das quais a sociedade depende. Faz isso porque *não sabe como* viabilizar a justiça racial (ou mesmo como seria), mas acredita ardorosamente que acabaria surgindo com espontaneidade se um número suficiente de teóricos críticos da raça fosse despertado e designado para cargos de poder. Tudo mais que discutiremos sobre a práxis da teoria crítica da raça é *apenas uma descrição da técnica* para esse objetivo único, solitário e monomaníaco de despertar a consciência crítica da raça em números suficientes para

MARXISMO RACIAL

criar uma ditadura dos antirracistas e então impor uma ostensiva consciência crítica da raça em todos os outros, quer eles acreditem nisso, quer não. Dessa maneira, podemos entender a teoria crítica da raça como uma teoria totalitária. Alerta de *spoiler*: também não funcionará desta vez.

DIVIDIR, ARREBANHAR E CONQUISTAR

Quanto a quais tipos de técnicas a teoria crítica da raça utiliza para promover a "consciência", já vimos um exemplo arquetípico em *Critical Race Theory: The Key Writings that Formed the Movement*, em que os autores fornecem uma descrição da introdução da mentalidade da teoria crítica da raça na Conferência sobre Estudos Críticos do Direito de 1986 (observação: em outro lugar, Crenshaw relata que foi na conferência Fem-Crit CLS de 1985, em Boston, sem explicar a discrepância nas datas[2]). Nessa conferência, os organizadores — que já são bastante progressistas e radicais ligados à Nova Esquerda ao aplicarem a teoria crítica ao direito — convidaram algumas "vozes de pessoas de cor" para realizar um painel, exatamente quando o movimento de estudos críticos do direito estava ganhando grande impulso e apoio. Imediatamente, os participantes do painel acusaram os estudos críticos do direito e suas conferências de serem racistas, porque não colocavam a raça como "o constructo central para entender a desigualdade", como Gloria Ladson-Billings e William Tate IV expressaram mais tarde.

Não é necessário ser gênio para saber que acusar pessoas que se dedicaram a causas progressistas contra o racismo em seu trabalho de caráter progressista irá irritar e insultar os participantes do painel. A teoria crítica da raça interpreta essas reações como "raiva branca" e "fragilidade branca", como foram mais tarde chamadas, e assim como prova da necessidade de mais consciência crítica da raça, ou seja, de mais teoria crítica da raça. Na prática, a teoria crítica da raça interpreta essas reações completamente razoáveis como demonstração adicional de racismo sistêmico, e isso é exatamente o que esses ativistas fizeram quando foram convidados para participar da Conferência sobre Estudos Críticos do Direito. Eles utilizam a controvérsia como "prova" de que o movimento de

PRÁXIS CRÍTICA DA RAÇA – COMO FUNCIONA A TEORIA CRÍTICA DA RAÇA

estudos críticos do direito não estava disposto a "atacar o racismo" (nos termos que eles definem e controlam) e, portanto, demonstraram ainda mais seu racismo.

Como observado, esse é um exemplo arquetípico de como a teoria crítica da raça trata de "despertar a consciência": por meio da divisão, geração de controvérsias polarizadoras e, depois, pelo uso da ideologia para converter os simpatizantes mais ferrenhos, de fato fanáticos, para a causa, ao mesmo tempo em que demoniza aqueles que se opõem. O fato de isso destruir a entidade que ela vampiriza dessa maneira é, como explicado anteriormente, irrelevante ou um bem positivo da perspectiva dos teóricos críticos da raça. A instituição desvitalizada se transforma e se torna um vampiro da teoria crítica da raça (ou castelo do vampiro) ou perece se não for constituída para a transformação. Ambos os resultados são aceitáveis para os teóricos críticos da raça e serão interpretados após o fato como o que necessariamente precisava acontecer. (Toda a análise da teoria crítica da raça é *ex post*, e *sempre* identifica o racismo como a origem do problema.) Afinal, as organizações racistas merecem morrer, e a marcha incessante de converter tudo numa máquina de produção de teóricos críticos da raça continua.

Pode não ser imediatamente claro, mas o que este exemplo apresenta é a *aplicação* intencional da dialética a uma organização para mudá-la. Ou seja, trata-se da práxis crítica da raça. O movimento dos estudos críticos do direito e suas conferências, a comunidade e assim por diante existem: a tese. Os teóricos críticos do direito, uma vez convidados, posicionam-se como uma contradição aos objetivos declarados (progressistas) da entidade e como Outros de fora: a antítese. Então, eles forçam a organização a se transformar em uma máquina de produção de teóricos críticos da raça que mantém a aparência externa (e a base de recursos capturada) da entidade original: a síntese. Nesse caso, era um movimento jurídico progressista — então, talvez, uma caixa de grampos, outro material de escritório de fixação, que foi convertido em clipes de papel —, mas poderia ser facilmente qualquer movimento político, uma escola, uma empresa, um órgão governamental ou uma igreja. O modelo é basicamente o mesmo e se desenrola da mesma maneira praticamente todas as vezes.

MARXISMO RACIAL

O modo como se desenrola também pode ser resumido perfeitamente em um quadro geral. Em primeiro lugar, o campo de ação deve ser operacionalizado, ou seja, alguns simpatizantes têm que ser criados ou incorporados na instituição. Isso é facilmente logrado em espaços progressistas onde essas afinidades já existem organicamente e podem ser tranquilamente amplificadas ao fazer o tipo de escrita que levaria alguém a ser convidado a fazer mais, mas também pode ser feito em outros ambientes mediante, por exemplo, treinamento obrigatório em assuntos como "diversidade", "equidade", "inclusão", "sensibilidade", "viés inconsciente" e "antirracismo". Essa atividade tem como objetivo principal a criação de um campo de ação favorável, em que a linha de massa possa mais tarde ser executada. Essa linha será executada na sequência de um evento precipitante, que acabará ocorrendo como algo natural ou será fabricado de acordo com um propósito, expondo uma "contradição" que necessita *imediatamente* de resolução sintética quando surgir.

No caso da Conferência sobre Estudos Críticos do Direito de 1986, o próprio painel gerou o evento precipitante. No caso dos Estados Unidos, em geral, poderíamos considerar uma série deles, incluindo, sobretudo, a reação da mídia e do público à eleição de Donald Trump, a morte de George Floyd e outros, conforme relatado pelos ativistas treinados em marxismo da organização Black Lives Matter. Um evento ocorreu, uma controvérsia se seguiu, uma narrativa dialética é aplicada à controvérsia para amplificar a polarização, e simpatizantes fracos se tornam simpatizantes ferrenhos, enquanto simpatizantes ferrenhos despertam para a consciência crítica desejada (ou seja, eles aderem ao culto). É muito provável que você possa pensar em pelo menos alguns exemplos em que esse mesmo padrão se desenrolou em sua vida ou perto dela nos últimos anos.

Essa é uma forma que um fenômeno mais geral costuma assumir. Às vezes, os ativistas chamam esse processo de "catraca" porque, como uma catraca, só permite o movimento numa direção: rumo à teoria esquerdista. Os psicólogos sociais podem se referir a isso como renormalização pela intolerância. A renormalização em torno da intolerância acontece quando um grupo de pessoas concorda com as vontades dos mais intolerantes do grupo porque é simplesmente mais fácil e causa menos confusão até que todos do grupo participem mais ou menos voluntariamente do comportamento exigido pelos mais intolerantes. Na práxis crítica da raça, uma campanha difamatória implacável — e por vezes pior — pode ser aplicada a qualquer um que não se mova na direção desejada após um evento precipitante, e então, após o fato, os ganhos da manipulação não voltarão atrás. Os ganhos desse tipo são então mantidos com toda a força possível contra a regressão ao meio-termo, em geral por meio de táticas que equivalem à extorsão moral e social (acusar os indecisos e dissidentes de "fragilidade branca", "predominância internalizada" ou mesmo "privilégio" são exemplos dessa tática). O conselho escolar de seus filhos provavelmente funciona desse jeito agora.

Essa "catraca" ataca as estruturas sociais e as comunidades no âmbito das instituições, visando as condições sociológicas nelas. Em todos os casos, trata-se de uma aplicação ativista da dialética (práxis) que procura despertar a consciência mediante as contradições expostas, em geral de uma maneira que cria um ambiente social de polarização. Aqueles que tomam o lado dos ativistas aumentam seu compromisso com a luta de classes identitária resultante, e aqueles que não fazem isso são banidos e eficazmente desacreditados. Como observado, trata-se de um processo dialético e procede de uma crença quase religiosa de que tudo o que *é* de fato existe em um processo de *vir a ser*, que se desenvolve mediante negação e contradição, ou, como Marx afirmou, "crítica implacável contra tudo o que existe".[3]

TEORIA CRÍTICA DA RAÇA COMO UM VÍRUS

Essa práxis dialética se espalha intencionalmente como um vírus, muitas vezes seguindo o mecanismo precedente. O processo é descrito num artigo afim de Breanne Fahs e Michael Karger, "Women's Studies as a Virus", no qual eles explicam que o vírus é uma "metáfora ideal" para os meios pelos quais os métodos da teoria crítica se disseminam para outras disciplinas. Nesse artigo, ao se compararem positivamente ao HIV, ebola, SARS e câncer (que representa uma mudança transformativa verdadeira), eles recomendam que os ativistas aprendam essas teorias críticas

MARXISMO RACIAL

e, em seguida, apliquem a práxis para levá-las a domínios de outras áreas. Assim, no exemplo deles, um estudante de biologia poderia aprender o suficiente de teoria crítica para se convencer dela, e quando esse estudante fizesse a pós-graduação, poderia almejar infectar seu departamento de biologia com a ideologia. Como? Seja por meio de uma lenta tomada do poder burocrático ou exatamente como descrito acima a partir de 1986: obtendo algum apoio favorável e então renormalizando a instituição ao criar um grande alvoroço em torno de algum evento precipitante, que pode ser fabricado com grande facilidade por um ativista da teoria crítica insatisfeito que já decidiu que o sistema é concebido para mantê-lo subjugado. Basta um ativista que, em sua consciência crítica da raça, transforme algo em um incidente racializado (muitas vezes algo trivial), acuse o departamento de permitir esse racismo e, assim, de ser racista, e depois tire proveito da polarização resultante para dividir o departamento a partir de dentro. A polarização é garantida em qualquer ambiente operacionalizado (aquele que assumiu alguma teoria crítica da raça), porque as avaliações são inflamatórias e subjetivas: uma combinação perfeita. Por conseguinte, isso acontece o tempo todo. (O modelo de "impacto discrepante" ou "iniquidade" facilita enganar as pessoas, fazendo-as acreditar que avaliações subjetivas das circunstâncias se encaixam numa estrutura "objetiva" respaldada por dados — uma síntese dialética do subjetivo e do objetivo, exatamente como Hegel sonhava, e uma catástrofe total para se chegar à verdade e tomar boas decisões.)

Em certo sentido, no contexto da metáfora viral, isso pode ser comparado a um vírus (o "agente de mudança" reprogramado) que encontra receptores específicos numa estrutura institucional à qual pode se ligar. Esses receptores podem não querer criar confusão, querer parecer virtuosos e inclusivos, não compreender a linguagem "alquímica" especializada ou qualquer outro conjunto de valores liberais e normas burocráticas que os vírus críticos exploram. Quando esses pontos fracos são identificados e explorados, o RNA crítico do vírus pode penetrar na estrutura cultural e burocrática da instituição. Lá, ele será replicado, produzindo um número maior de teóricos críticos dentre todos os associados à instituição. Assim como com um vírus e suas células hospedeiras, depois que uma instituição ou comunidade é infectada, todos os mecanismos internos e recursos da instituição são aos poucos direcionados para o objetivo de tornar a entidade agora colonizada em um maximizador da teoria crítica da raça. Eles começarão a punir dissidências "racistas", contratar e promover de acordo com iniciativas de "diversidade" e "inclusão" e convidar os convertidos a se manifestarem cada vez mais para espalhar o vírus ao redor. O mecanismo celular da instituição foi capturado pelo vírus, então tudo o que ele faz depois é produzir mais proteínas virais, ao mesmo tempo que tenta evitar a detecção pelo sistema imunológico (que também faz seu trabalho habitual) pelo maior tempo possível. Esses "agentes de mudança" recém-criados podem então replicar o processo em outras instituições em seu cotidiano.

Aqui, então, devemos dedicar um momento para retornar à tese construtivista social presente no cerne de todas essas teorias críticas identitárias contemporâneas. O que se revela aqui é que o sistema de crenças não se preocupa de maneira alguma com indivíduos, a quem enxerga idealmente como meros vetores de doença. Ele só se preocupa em promover o sistema de crenças. Um dos motivos é porque o sistema de crenças não está interessado em pessoas — ou está apenas no sentido mais abstrato. Ele só se importa com *construções sociais* (que são uma espécie de ficção), nas quais categoriza pessoas ao nível coletivo. A justiça social não tem a ver com *indivíduos* iguais; trata-se de equidade para *grupos*. A equidade e a justiça devem ser alcançadas por construções sociais, porque a doutrina do determinismo estrutural atua nesse nível. Alcançar esses objetivos desconectados para grupos — mais uma vez, no abstrato tornado concreto de forma sintética — é a que o termo "justiça social" se refere e, assim, isso explica a relação da teoria crítica da raça com esse conceito.

ALGUMAS TÉCNICAS DA PRÁXIS CRÍTICA DA RAÇA

Existem três mecanismos principais pelos quais essas manipulações são realizadas: manipulação estratégica da linguagem, pensamento sistêmico e teórico que afirma que os adversários não entendem (porque têm falsa consciência, investimento injusto em manter o *status quo*, ou são muito "vulgares" em suas análises), retratando-os como loucos (com frequência por meio de *gaslighting** e zombaria), e exortação moral mediante a difamação de pessoas com termos carregados de significado moral, usados fora de seus significados normais (como acusá-las de "supremacistas brancas" quando de fato significa apenas não ser uma ativista da teoria crítica da raça). Em outras palavras, as teorias críticas manipulam a linguagem para manipular as pessoas a se sentirem estúpidas demais, loucas demais ou más demais para serem levadas a sério em suas críticas. Voltaremos às manipulações linguísticas em breve, após descrevermos os dois mecanismos de exaurimento da autoridade dos adversários para criticar a teoria crítica, incluindo a teoria crítica da raça.

Na teoria crítica, o pensamento sistêmico e baseado em "teoria" é complicado ("superficialmente") de propósito. O fato de se propor a pensar em termos de sistemas como se eles tivessem agência (o que não está muito distante dos constructos mitológicos e religiosos como o Destino, deuses pagãos ou influências demoníacas reformulados nos âmbitos material e cultural) também os separa da experiência cotidiana e do senso comum das pessoas, tornando-os difíceis de compreender. As pessoas são agentes, não "sistemas", mas as teorias críticas como a TCR confundem essa distinção intencionalmente por meio de doutrinas como "cumplicidade", transformando assim o pensamento em algo sistêmico e os "sistemas", em teorias conspiratórias. No entanto, a maioria das pessoas não pensa dessa maneira.

As teorias críticas aproveitam essa confusão ao se concentrarem quase inteiramente em "sistemas", os quais são praticamente impossíveis de definir ou descrever com precisão, sobretudo porque esses "sistemas" são, na verdade, descrições substitutas de "tudo o que acontece em qualquer domínio em que seres humanos estejam envolvidos, e como acontece". Ou seja, quando uma teoria crítica chama algo de "sistêmico", o que ela de fato quer dizer é que possui uma teoria conspiratória marxiana abrangente sobre esse assunto. Quando as pessoas não pensam desse modo, os teóricos então as acusam de *não entenderem o*

---

* *Gaslighting* se refere a um padrão de manipulação psicológica por meio do qual uma pessoa, geralmente de modo intencional, tenta fazer com que outra pessoa duvide da própria percepção, memória, sanidade ou realidade. (N. do T.)

PRÁXIS CRÍTICA DA RAÇA – COMO FUNCIONA A TEORIA CRÍTICA DA RAÇA

pensamento sistêmico, ou, mais simplesmente, de serem estúpidas e intelectualmente simplórias. Esse pequeno truque é muito útil para os ativistas, pois lhes permite chamar todos que discordam deles de estúpidos por discordar deles e, em geral, manobrarem os observadores "instruídos" a pensarem que as pessoas de bom senso devem estar perdendo algo importante, matizado e complexo.

Portanto, os críticos de uma teoria crítica são acusados de não conseguirem compreender corretamente ou de não conseguirem se envolver totalmente a ponto de compreender, e essa é a verdadeira razão pela qual eles discordam. Como Barbara Applebaum explica em *Being White, Being Good*:

> Em linhas semelhantes, Alice McIntyre criou a expressão "conversa de branco" para se referir ao discurso que funciona para "isolar as pessoas brancas de examinar seu/nosso papel individual e coletivo na perpetuação do racismo". Sandra Bartky também explica como a relutância de reconhecer a cumplicidade no racismo é mais do que apenas uma letargia pessoal ou um fracasso particular, mas sim um discurso culturalmente sancionado de evasão que protege os interesses dos privilegiados e sua compostura moral. O que fica evidente ao longo desse estudo acadêmico é que a ignorância branca não só se mantém por negações de cumplicidade como também autoriza essas negações. Na verdade, os "rebeldes" acreditam que estão apenas discordando do conteúdo. Portanto, a discordância deles também funciona como uma razão "justificada" para rejeitar e recusar o envolvimento com o que não é compatível com suas crenças.
>
> **É possível discordar e permanecer envolvido com o conteúdo, por exemplo, fazendo perguntas e procurando por esclarecimento e compreensão. No entanto, as negações funcionam como uma maneira de se distanciar do conteúdo e de rejeitar *sem envolvimento*.** Hytten e Warren explicam que essas negações estratégicas não só já estão disponíveis no sentido de que são socialmente autorizadas, mas também servem para proteger o centro, o lugar do privilégio. Essas estratégias discursivas de negação são uma "forma implícita de resistir a envolvimentos críticos com a branquitude". Por exemplo, quando estudantes brancos se recusam a

MARXISMO RACIAL

reconhecer o tamanho de seu privilégio, esse privilégio se reflete no próprio questionamento dos fatos sociais que estão em desacordo com suas experiências. Eles apresentam aquilo a que Peggy McIntosh se refere como permissão para fugir, e o que Alice McIntyre identifica como "escolha privilegiada". Em outras palavras, o simples fato de poderem questionar a existência da opressão sistêmica é uma função de seu privilégio de escolher ignorar ou não discussões de opressão sistêmica.[4] [Negrito adicionado, itálico no original.]

Sem dúvida, essa também é basicamente a tese de *White Fragility* de Robin DiAngelo: aqueles em posições raciais dominantes (brancos e seus próximos) não sabem por que não querem saber e são assim porque se beneficiam e querem continuar se beneficiando (quer dizer, eles são depravados). Na verdade, DiAngelo acusa aqueles que não concordam com ela de "frágeis" emocionalmente, sem "humildade racial", com "resistência racial" e incapazes de lidar com o "estresse racial", tudo como resultado do "privilégio". Mais uma vez, isso não é uma visão periférica da teoria crítica da raça; é uma visão predominante, pelo menos nos estudos críticos da branquitude. (Uma teoria crítica da raça mais "nobre", num estilo bastante rousseauniano, diria simplesmente que aqueles que não experimentaram as "realidades vividas" de ser de uma raça específica, num contexto racial diferente, não podem compreendê-la; em outras palavras, pensamento do ponto de vista posicional.)

É evidente que aqueles que não concordam com a teoria crítica da raça são descritos como pessoas que não conseguem compreender a verdadeira natureza da opressão sistêmica devido ao privilégio. Até que seja adotada a consciência crítica da raça — ou seja, tornar-se um teórico crítico da raça —, não é possível entender a verdadeira natureza do poder *sistêmico*, e essa falha intelectual é razão para rejeitar toda a oposição (nenhuma oposição significativa se origina a partir de dentro). Caso simplesmente buscássemos esclarecimentos e mais compreensão — para ficar mais informado e inteligente sobre o assunto, do ponto de vista deles —, não teríamos nenhum motivo para discordar. É provável que nem sequer saibamos os significados específicos corretos das palavras relevantes! Essa é a justificativa para que os teóricos críticos da raça (em sua

246

mente) presumam que toda crítica vem de um lugar de entendimento insuficiente, o que costuma ser interpretado de forma cínica e conspiratória como *ignorância deliberada*. (Falando sério, isso se deve a você não ter adotado as teorias conspiratórias marxianas sobre raça.) No entanto, tudo isso é uma grande manipulação intelectual, baseada em usar a teoria para intencionalmente complicar demais e distrair, de modo que os teóricos possam fingir ser as pessoas mais inteligentes da sala, embora costumem estar completamente errados sobre quase tudo.

Se ler nas entrelinhas, a razão pela qual os teóricos críticos pensam dessa maneira também é indicada nos dois parágrafos acima de Applebaum: como ocupam um espaço quase todo constituído de manipulações de linguagem na tentativa de obter poder e controlá-lo (ou seja, a teoria crítica), eles projetam essa visão sobre qualquer um que discorde deles. Toda discordância, como Applebaum afirma, é negação, e a negação é realizada por meio de "estratégias discursivas"; em outras palavras, manipulações retóricas intencionais de linguagem abusiva na tentativa de obter poder e mantê-lo (DiAngelo se refere à fragilidade branca como um conjunto de "movimentos discursivos"). Os teóricos críticos pensam dessa maneira acerca de seus oponentes pelo simples motivo de que é assim que eles pensam sobre *todos*, em função do sistema de crenças do qual estão convictos. Portanto, compreender a teoria crítica da raça como um sistema de crenças baseado na convicção de que o racismo sistêmico criado para beneficiar os brancos é o princípio fundamental de organização da sociedade é crucial para compreender de todo esse sistema.

O efeito que essa manipulação tem nas pessoas é fazê-las se sentirem ou parecerem estúpidas mesmo quando não são. As explicações sistêmicas complicadas que sustentam o que parecem ser conclusões absurdas — como a de que o sistema que foi historicamente racista ainda deve ser assim agora, porque só muda superficialmente e de maneira que *agrava* os problemas ao manter e esconder o racismo — têm o efeito de fazer o ouvinte achar que aqueles que as promovem devem ser muito inteligentes (porque parecem complexos e acadêmicos) e além de sua própria compreensão (porque não fazem sentido). Trata-se de uma dinâmica que às vezes é chamada de "dinâmica do guru", e é uma característica não do estudo acadêmico, mas da manipulação de cultos. O que ela faz é esvaziar o ouvinte da *autoridade epistêmica*: a sensação de confiança de que alguém sabe do que está falando, seja em relação a si mesmo ou aos olhos dos outros. Ou seja, é como uma manobra vampírica baseada no conhecimento.

Claro, as teorias críticas não dizem respeito a saber do que alguém está falando. Elas se ocupam apenas de poder. Como a acadêmica Alison Bailey nos diz:

> A tradição do pensamento crítico está preocupada principalmente com a adequação epistêmica. Ser crítico consiste em demonstrar bom julgamento ao reconhecer quando os argumentos são falhos, asserções carecem de evidências, afirmações da verdade recorrem a fontes duvidosas, ou conceitos são mal elaborados e aplicados. Para os pensadores críticos, o problema reside no fato de as pessoas falharem em "examinar os pressupostos, os compromissos e a lógica da vida cotidiana (...) o problema básico é um estilo de vida irracional, ilógico e irrefletido". Nessa tradição, as afirmações desleixadas podem ser identificadas e corrigidas ao se aprender a aplicar corretamente as ferramentas da lógica formal e informal.
>
> A pedagogia crítica parte de um conjunto diferente de pressupostos enraizados na literatura neomarxiana sobre a teoria crítica em geral associada à Escola de Frankfurt. Aqui, o aprendiz crítico é alguém capacitado e motivado a buscar justiça e emancipação. A pedagogia crítica considera as alegações que os estudantes fazem em resposta a questões de justiça social não como proposições a serem avaliadas pelo valor da verdade, mas sim como expressões de poder que funcionam para reinscrever e perpetuar desigualdades sociais. Sua missão é ensinar aos alunos maneiras de identificar e mapear como o poder molda nossa compreensão do mundo. Esse é o primeiro passo em direção à resistência e transformação das injustiças sociais.[5]

Isso realmente diz tudo: os teóricos críticos da raça (e os pedagogos críticos na educação) são neomarxistas que acreditam que tudo é uma questão de poder, incluindo as afirmações da verdade (ou seja, são construtivistas críticos). Quando alguém que se preocupa com o pensamento

PRÁXIS CRÍTICA DA RAÇA – COMO FUNCIONA A TEORIA CRÍTICA DA RAÇA

crítico — saber do que está falando — encontra pessoas que estão usando essa abordagem, o resultado é solapar sua crença de que saber do que está falando ("adequação epistêmica") é a maneira correta de tratar do assunto. Isso é alcançado ao recorrer ao pensamento "sistêmico" para fazê-la acreditar que ignorou ou falhou em entender algo importante. Essa manipulação coloca pessoas inteligentes, sobretudo acadêmicos, na defensiva e capacita aqueles que buscam poder por meio de "estratégias discursivas" (teóricos críticos) a tomar o poder delas.

No entanto, brincar de vampiro com o status de pessoas enquanto conhecedoras não é o único truque deles. Eles também fazem isso com a reputação psicológica e moral. Felizmente, essas manipulações são ainda mais fáceis de notar. Por meio do *gaslighting* sobre o que as pessoas estão experimentando (em geral associado a dizer que elas não compreendem bem o que estão vendo para entender corretamente), eles esvaziam as pessoas de sua *autoridade psicológica*, que passa a ser posta em dúvida, inclusive por elas mesmas. Eles dirão que a teoria crítica da raça não está sendo ensinada nas escolas porque é uma teoria jurídica complicada; você simplesmente não compreende de maneira adequada o que está vendo no dever de casa dos filhos. Você não só está desinformado sobre isso como também está sendo *paranoico.* Por outro lado, ao tentar forçar as pessoas a acreditarem em algo como culpa coletiva — por exemplo, chamando-as de racistas, acusando-as de "fragilidade branca" ou abordando ideias de "cumplicidade branca" de Applebaum —, eles conseguem esvaziar não a autoridade epistêmica, mas a *autoridade moral* delas. O objetivo dessas táticas é fazer com que as pessoas duvidem de si mesmas ou que os outros duvidem delas ao nível de suas motivações. Se discordarmos dos teóricos críticos da raça, o objetivo deles é criar dúvidas em nós ou naqueles que o estão ouvindo, nos posicionando como pessoas moralmente repugnantes (aliás, esse é um truque tão antigo quanto o comunismo) ou como uma pessoa insana. É claro que essas atividades não constituem uma apresentação de boa-fé de um método analítico; são abusos psicológicos e difamação direcionados.

O que eles não dizem a ninguém é que estão abusando da linguagem para fazer essas acusações e que, na verdade, não querem dizer nada parecido com o que desejam que as pessoas presumam que eles querem

MARXISMO RACIAL

dizer — ou seja lá o que for. "Racista" não significa racista da maneira como qualquer pessoa normal usa ou entende. E eles sabem disso. Considere este trecho de *White Fragility*, de Robin DiAngelo:

O desafio final que precisamos abordar é nossa definição de "racista". Na era pós-direitos civis, aprendemos que os racistas são pessoas más que não gostam intencionalmente de outras por causa da raça; os racistas são imorais. Portanto, se estou dizendo que meus leitores são racistas ou, ainda pior, que todos os brancos são racistas, estou dizendo algo bastante ofensivo; estou questionando o próprio caráter moral de meus leitores. Como posso fazer essa afirmação se nem sequer conheço meus leitores? Muitos de vocês têm amigos e entes queridos não brancos e, então, como podem ser racistas? Na verdade, já que é racista generalizar acerca de pessoas de acordo com a raça, eu é que estou sendo racista! Assim, que fique bem claro: se sua definição de racista é alguém que sente uma aversão consciente de pessoas devido à raça, então eu concordo que é ofensivo sugerir que você é racista visto que não o conheço. Também concordo que se essa é sua definição de racismo, e você é contra o racismo, então você não é racista. Agora, respire. Não estou usando essa definição de racismo, e não estou dizendo que você é imoral. Se você puder se manter receptivo enquanto exponho meu argumento, logo começará a fazer sentido.

Diante dos desafios abordados aqui, espero que os leitores brancos tenham momentos de desconforto com este livro. Essa sensação pode ser um sinal de que consegui perturbar o *status quo* racial, que é meu objetivo. O *status quo* racial é confortável para as pessoas brancas, e não vamos avançar nas relações raciais se permanecermos confortáveis. A chave para avançarmos está em como lidamos com nosso desconforto. Podemos usá-lo como uma porta de saída: culpar o mensageiro e ignorar a mensagem. Ou podemos usá-lo como uma porta de entrada, formulando perguntas como: Por que isso me perturba? O que isso significaria para mim se fosse verdade? Como essa perspectiva muda minha compreensão da dinâmica racial? Como meu desconforto pode ajudar a revelar as suposições não analisadas que tenho feito? É possível que, por ser branco, existam algumas dinâmicas raciais que não consigo perceber? Estou disposto a considerar essa possibilidade? Se não estou disposto a fazer isso, então por qual razão?[6]

Como é possível perceber, os teóricos críticos da raça *sabem* que estão usando um vocabulário abusivo para manipular as pessoas a se sentirem ilegitimamente diminuídas em sua reputação moral, para que então possam induzir uma consciência crítica racial. (Afinal, Marcuse ensinou isso.) Tudo se resume à práxis. Isso é o que a teoria crítica da raça faz — e a teoria crítica da raça é como a teoria crítica da raça faz.

A combinação desses dois tipos de manipulação atinge o auge na teoria crítica da raça com a insistência de que ela preserva o racismo (ou seja, é racista) para investigar a questão racial de outra maneira que não seja por meio da teoria crítica da raça. Pedir evidências de racismo é considerado como prova de racismo. Alegar preferência por objetividade, estatísticas cuidadosamente controladas e metodologias de pesquisa da ciência específicas sustenta a "cultura da supremacia branca" por dois motivos. Primeiro, essas são enquadradas como invenções "brancas" que codificam os vieses brancos e são usadas para excluir as visões e "maneiras de saber" de pessoas de outras raças (como seus relatos experienciais acerca das "realidades vividas"). Segundo, se tivessem experimentado essas "realidades vividas" por si mesmas, elas não precisaram de metodologias rigorosas para começo de conversa; elas simplesmente *saberiam* (no sentido de sinceridade de convicção rousseauniana do "saber"). Assim, a teoria crítica da raça é capaz de posicionar a própria ciência como "racista" (como DiAngelo mencionou acima), e as evidências coletadas e apresentadas contra a teoria crítica da raça desse ponto de vista não são apenas ignoradas, mas também castigadas, junto com aqueles que as produziram.

Aliás, isso não é mera conjectura. Isso acontece na realidade. Quando dados cuidadosamente coletados e analisados mostram que não existem discrepâncias significativas no uso de força letal pela polícia contra pessoas negras desarmadas — o que contradiz a narrativa básica da teoria crítica da raça e do movimento Black Lives Matter —, essa ciência é enquadrada como branca, e as pessoas que a realizaram são descritas como "supremacistas brancas", mesmo que elas não sejam brancas.

MARXISMO RACIAL

Quando análises empíricas criteriosas de resultados racialmente discrepantes praticamente desaparecem quando outros fatores não raciais são levados em consideração, como status econômico e número de progenitores no domicílio, a mesma coisa acontece. Quando o biólogo Bret Weinstein pediu aos estudantes revoltosos da Evergreen State College que lhe demonstrassem as evidências de racismo na universidade para que ele pudesse ajudar a combatê-lo, disseram-lhe especificamente que pedir os dados é algo racista. Quando Larry Elder, que é negro e promove muitas dessas análises empíricas mais rigorosas, concorreu ao cargo de governador da Califórnia na eleição de *recall* de 2021, um especialista em "diversidade", ao escrever para o *Los Angeles Times*, o rotulou como "a face negra da supremacia branca".[7]

A INVERSÃO CRÍTICA DA LINGUAGEM

Conforme já assinalado, quase todas essas manipulações têm raízes em outras manipulações, tal como o uso de contranarrativas para manipular emoções e a aplicação do revisionismo histórico para impulsionar uma agenda específica que transmite a aparência de história. No entanto, fundamental para toda essa tática é o deliberado *abuso de linguagem*. As teorias críticas de todos os tipos fazem um uso abusivo da linguagem, adotando definições extremamente específicas e contextuais para palavras que em geral são familiares. Na verdade, elas *invertem* os significados de palavras rotineiras. Às vezes, essa tática é resumida sob a máxima "Comunistas compartilham seu vocabulário, mas não seu dicionário". Outra regra prática que deve ser aplicada é que *cada termo* woke *oculta uma agenda*.

Algumas dessas inversões linguísticas serão familiares para o leitor sem a necessidade de muita argumentação. Os termos "racismo" (substituído por algo relacionado a "sistemas") e "antirracismo" (que se trata de um compromisso permanente em ser um teórico crítico da raça, segundo Robin DiAngelo, e assumir a discriminação, segundo Ibram Kendi) são exemplos óbvios. Isso também se aplica aos termos "crítico" (que metamorfoseia a noção de pensamento crítico para fazer teoria crítica, como acabamos de ver com Alison Bailey), "raça" (como vimos no Capítulo 1 na definição conspiratória do termo preferida pelos teóricos críticos da raça), e "teoria" (que significa teoria marxiana, e não teoria científica — como essa mesma manipulação também é aplicada à "ciência", assim como vimos no capítulo anterior). Também mencionada no capítulo anterior, inclui-se a ideia de "democracia", que na teoria marxiana deve pressupor o comunismo (ou equidade e "justiça", outro termo alvo de manipulação) para ser uma "verdadeira" democracia.

Vale destacar que essa distorção manipuladora da linguagem também se aplica aos importantes termos "diversidade" e "inclusão", que não conservam quase nada dos significados originais, exceto por uma inversão quase direta. A "diversidade", sob a lente de uma teoria crítica interseccional, ocorre somente quando temos pessoas que possuem aparências diferentes — entre si ou em comparação com a "expectativa dominante" da sociedade — e que também podem falar "autenticamente" a partir de sua "voz exclusiva de pessoas de cor" baseada em identidade. Ou seja, a diversidade acontece quando há (na maioria das vezes) membros de grupos que as teorias críticas identitárias classificam como "marginalizados" pelo poder sistêmico e que também possuem uma consciência crítica desse sistema de poder (em outras palavras, diversos marxistas identitários, com uma preferência fora do grupo saudável, sem deficiências, heterossexual, branco e do sexo masculino). Conforme Kendi, é necessário ser um "especialista formalmente capacitado em racismo" ou, de outra forma, "versado em diversidade", quer dizer, um teórico crítico de alguma identidade, a fim de possivelmente se qualificar como "diverso". Nesse sentido, a "diversidade" se torna conformidade por meio da diferença após passar através da "lente" do pensamento posicional interseccional, e as contratações "racialmente diversas" devem ser de comissários da ditadura dos antirracistas. Nenhum outro tipo de diversidade é "autêntico", e, assim, nenhum outro tipo de diversidade é permitido. Em vez disso, outras formas de diversidade são apresentadas em *perfeita inversão da realidade* como sustentadoras do *status quo* existente (porque não se baseiam em teorias críticas), e, portanto, acredita-se que mantenham a concepção dominante existente da sociedade, que a teoria crítica da raça alegaria negar a "diversidade".

MARXISMO RACIAL

O termo "inclusão" se sai ainda pior de acordo com uma compreensão genuína de seu significado. Ser "inclusivo" segundo alguma teoria crítica não significa ser *exclusivo* em virtude de algo a ver com qualquer suposta dinâmica de poder sistêmico em jogo. Para os teóricos críticos identitários, a "inclusão" ocorre quando é excluída qualquer coisa que possa ser vista como sustentando, mantendo ou afirmando o poder sistêmico que as teorias críticas acreditam desafiar. Assim, a inclusão é um pretexto para exclusão, censura e expurgo, uma vez que se pode dizer que palavras, imagens, ideias, argumentos ou mesmo a presença de indivíduos considerados inadequados mantêm, por exemplo, a "supremacia branca", "o olhar do homem branco", ou "colonizam" um espaço com a "branquitude" ou a "reproduzem". Portanto, alcançar a inclusão requer a exclusão de qualquer pessoa ou coisa desse tipo. Dessa maneira, a "inclusão" é invertida, há abuso de linguagem e o poder é tomado.

Esses abusos de linguagem não são acidentais ou uma mera peculiaridade do tipo de personalidade. Eles surgem da crença religiosa de que os sistemas estão no controle de tudo, um tanto como divindades pagãs das quais somos apenas joguetes, porque tal crença exige que as ideias sejam compreendidas através de uma lente sistêmica. "Diversidade" só significa diversidade em oposição a sistemas de poder; "inclusão" só significa inclusão num mundo dominado por sistemas de poder; "democracia" só significa democracia em comparação com a maneira pela qual os sistemas de poder influenciam seus pressupostos subjacentes. Esses significados invertidos são a linguagem específica de uma seita, mesmo quando são, em certo sentido, parasitários dos sistemas linguísticos (discursos) existentes que corrompem. A metáfora do vírus deve voltar à mente — as palavras, assim como as células, são infectadas e alteradas para que transmitam significados diferentes, sinalizando ou propagando consciência crítica por meio de seu funcionamento contínuo. Essas palavras se tornam menos compreensíveis para os não iniciados, que podem ser acusados de ignorantes, estúpidos, maus ou insanos por adotarem uma perspectiva diferente. A linguagem em si se torna práxis, e pessoas bem-intencionadas *fazem o trabalho* (a práxis) para os teóricos ao não perceberem que estão encarando um vocabulário capcioso das canetas e bocas dos manipuladores.

PRÁXIS CRÍTICA DA RAÇA – COMO FUNCIONA A TEORIA CRÍTICA DA RAÇA

Esses abusos de linguagem também permitem os abusos de poder no cerne do projeto marxiano que eles descrevem em código. Eles possibilitam o esvaziamento da autoridade epistêmica — se você nem sequer compreende essas palavras em um nível profundo; então você é unidimensional em sua compreensão; você não pensa em sistemas e, portanto, deixa escapar o que é importante. Eles questionam a reputação psicológica — você é paranoico acerca das coisas que acontecem ao redor e que nem compreende direito. Eles permitem a destruição da autoridade moral: considere o longo desabafo de Robin DiAngelo de que ela se dá conta de que chamar todos os brancos (sobretudo os "brancos progressistas") de racistas "que causam o maior dano diário às pessoas de cor" lhes causará sofrimento emocional, mas que eles devem "respirar", porque ela realmente quer dizer outra coisa muito mais específica, mas também exige que eles entreguem a vida a um processo interminável de humilhação e trabalho — o antirracismo como práxis. E isso é apenas de forma geral. As manipulações mais específicas também são possibilitadas.

Talvez um dos abusos linguísticos (de poder) mais importantes que os teóricos críticos utilizam seja o que é conhecido como estratégia retórica do castelo de mota, que é bastante eficaz para atacar a reputação psicológica. Essa manipulação linguística — que também pode ser descrita como *equivocação estratégica* — foi descrita pela primeira vez pelo filósofo Nicholas Shackel em um artigo de 2005 intitulado "The Vacuity of Postmodernist Methodology". Ele designou essa estratégia com o nome de um arranjo básico do castelo medieval em que um pátio de tamanho considerável e desguarnecido recebe a construção de uma torre fortaleza elevada praticamente inexpugnável, que é bastante desagradável para se habitar, mas pelo menos é extremamente defensável. A ideia é que se o pátio for atacado, as pessoas poderão se esconder na torre até o perigo passar e, em seguida, retornar ao pátio.

Como estratégia retórica, o castelo de mota propõe dois argumentos de modo que um agente desonesto possa oscilar entre eles conforme necessário. Por exemplo, o "pátio" do 1619 Project é levar as pessoas a pensar nos Estados Unidos tanto de uma maneira completamente diferente quanto em termos moralizantes da teoria crítica da raça (como uma "escravocracia" que, como Kendi expôs na capa de um livro, foi "marcada desde o início" pelo racismo sistêmico), enquanto a "mota" se trata "apenas" de ensinar "história honesta" acerca da escravidão e da segregação racial (pela primeira vez; e você não quer que a história seja ensinada de maneira honesta?). As pessoas sabem que posições extremas em história revisionista promovem uma agenda indesejável e, então, quando elas são criticadas por isso, podem recuar, chamando-as de ensino de "história honesta" ou "apenas ensinando a respeito de escravidão"; a rejeição às posições extremas faria seus oponentes parecerem estúpidos, insanos ou maus. Depois que a pressão diminui, elas podem voltar a programar os filhos para serem pequenos comunistas da raça que acabarão se tornando uma guarda vermelha antirracista norte-americana. Ao tergiversar estrategicamente entre esses dois argumentos — ou seja, envolver-se sob uma forma de engano intencional para que seus defensores possam obter o que querem (suscitar a consciência crítica em todas as circunstâncias), os teóricos críticos conseguem defender sua agenda radical ao convencer as pessoas (idiotas úteis) de que, na verdade, não é radical, e que elas são muito estúpidas ou muito imorais para devidamente compreendê-la e aceitá-la. Por outro lado, eles convencerão os muito inteligentes que estão preocupados demais com a imagem social em círculos intelectuais — onde a pior coisa possível que alguém pode fazer é reagir de forma exagerada ou parecer um tolo — de que aqueles que estão descrevendo a situação com apuro (o pátio) são loucos porque, evidentemente, existe a mota.

De qualquer modo, esse é o uso defensivo da estratégia do castelo de mota, e é a forma à qual a maioria das pessoas está mais familiarizada. Existe o que os teóricos críticos estão de fato fazendo (o pátio) e o ponto de vista que tentam transmitir quando são pegos (a mota). No entanto, eles utilizam a manipulação da linguagem para também adotar uma versão *ofensiva* do castelo de mota, que Charles Pincourt chamou de técnica "cavalo de Troia do castelo de mota reverso".[8] Nessa técnica, um "termo transversal *woke*" como "diversidade", "inclusão", "antirracismo" ou "democracia", que são palavras rotineiras redefinidas nesse léxico específico, é inserido em alguma forma de política ou acordo oficial sem especificar claramente o que se quer dizer com isso. As pessoas assumirão o

PRÁXIS CRÍTICA DA RAÇA – COMO FUNCIONA A TEORIA CRÍTICA DA RAÇA

entendimento da mota (rotineiro), e não o entendimento do pátio (ativista), seguindo em frente sem fazer muitas perguntas. Como consequência, depois que se torna uma política, o significado específico é aplicado. Nesse sentido, a estratégia se aproveita do significado rotineiro da palavra, ou seja, a mota do argumento está sendo apresentada (quem não apoia a diversidade?). No entanto, como um cavalo de Troia, a "mota" contém mais do que foi negociado, e uma vez que o termo se insinuou na política oficial, a definição ativista mais específica (o significado do pátio) é aplicada (agora contrataremos apenas "especialistas formalmente capacitados em racismo" e afastaremos dissidentes problemáticos). Há boas razões para acreditar que essa técnica é usada deliberadamente no que Pincourt chama de "esquema *woke*", ou seja, a aplicação estratégica dessas táticas para ganhar poder institucional ou interpessoal.

Apesar de a abordagem defensiva ser mais conhecida, a versão ofensiva do castelo de mota como cavalo de Troia é, provavelmente, a aplicação mais comum da estratégia castelo de mota na práxis burocrática da teoria crítica ("esquema *woke*") e muitas vezes até mesmo em contextos interpessoais. A aplicação defensiva dessa estratégia retórica é mais comumente aplicada *depois*, só após as pessoas perceberem que foram enganadas. Esse castelo de mota em duas etapas permite aos teóricos fazer avanços estratégicos e, em seguida, defender e proteger os ganhos obtidos por meio de suas manipulações — *e assim a dialética avança*.

Infelizmente, a tendência liberal de não reconhecer a práxis e conceder caridade e boa-fé aos argumentos atua como "local receptor" ao qual o vírus da teoria crítica se fixa (ou o portão pelo qual o cavalo de Troia é introduzido). Uma vez dentro, a aplicação da política crítica criará um evento precipitante de polarização (em que as pessoas tentarão se livrar de uma mudança da política crítica), e então as pessoas discutirão sem parar sobre o significado das palavras e dos méritos das definições críticas distorcidas. Em seguida, os teóricos críticos arrebanharão os simpatizantes e expandirão seu movimento, mesmo que a instituição sofra ou pereça. Isso é exatamente o que aconteceu na Conferência sobre Estudos Críticos do Direito de 1986, e ocorreu *inúmeras* vezes desde então.

Na teoria crítica da raça (e em outras teorias críticas), alguns usos abusivos da linguagem são muito mais diretos. Talvez o mais notório

MARXISMO RACIAL

entre esses abusos seja a chamada *armadilha kafkiana* [*kafkatrap*], que deriva o nome do romance *O processo*, de Franz Kafka. Nesse romance, Josef K., o protagonista, é submetido a um ambiente de tribunal de fachada em que suas declarações de inocência são distorcidas em confissões codificadas de sua culpa. Afinal, *uma pessoa culpada diria que é inocente*. Na teoria crítica da raça, a armadilha kafkiana mais óbvia é o conceito de "fragilidade branca" de Robin DiAngelo, em que qualquer discordância, atitude defensiva, reação ou até evitação a acusações falsas de cumplicidade com o racismo são consideradas como prova de racismo. Eis como DiAngelo descreve a fragilidade branca no artigo de 2011 que ela produziu com esse título, apresentando o conceito:

> Na América do Norte, os brancos vivem num ambiente social que os protege e os isola do estresse baseado na raça. Esse ambiente isolado de proteção racial cria expectativas brancas de conforto racial, e ao mesmo tempo reduz a capacidade de tolerar o estresse racial, levando ao que chamo de fragilidade branca. A fragilidade branca é a situação em que mesmo uma quantidade mínima de estresse racial se torna intolerável, desencadeando uma série de reações defensivas. Entre essas reações incluem-se a exibição externa de emoções como raiva, medo e culpa, e comportamentos como argumentação, silêncio e saída da situação indutora de estresse. Por sua vez, esses comportamentos agem para restabelecer o equilíbrio racial branco.[9]

Para DiAngelo, todas as reações que não sejam uma concordância entusiástica indicam uma "falta de humildade racial" ou uma "resistência racial", ou seja, uma acusação que esvazia a autoridade moral do indivíduo acusado simplesmente porque ele não está disposto a "fazer o trabalho" de antirracismo como práxis. Ela atribui isso ao fato de os brancos estarem abrigados em privilégios raciais que tornam o "estresse racial" intolerável para eles. Segundo DiAngelo, aceitar a acusação e despertar uma consciência crítica da raça — sua intenção óbvia — perturbaria o "conforto branco" ou o "equilíbrio branco" do acusado, ou de alguma outra forma desafiaria seu status privilegiado como branco, o qual ele quer manter por causa do Contrato Racial conspiratório e da cultura da

258

PRÁXIS CRÍTICA DA RAÇA – COMO FUNCIONA A TEORIA CRÍTICA DA RAÇA

supremacia branca em que DiAngelo afirma que todos os brancos são socializados *desde o nascimento* (e até mesmo no interior do útero). É evidente que não há escapatória aqui. Alguém acusado de racismo por um teórico crítico da raça deve concordar com a acusação e adotar o antirracismo como práxis (indefinidamente, nunca em seus próprios termos e nunca de forma satisfatória), ou deve aceitar que a recusa é uma prova adicional de racismo. "A negação é a pulsação do racismo",[10] Ibram X. Kendi hilariantemente nos diz (se o racismo fosse aceitável, ninguém o negaria).

De fato, as armadilhas kafkianas são comuns na teoria crítica da raça. Ainda que a fragilidade branca e sua derivação mais contemporânea, a raiva branca, sejam exemplos óbvios, existem outros. Lembre-se, por exemplo, de que Bret Weinstein foi acusado de ser racista por pedir evidências de racismo na Evergreen State College. O pedido de evidências de racismo é prova de racismo — uma armadilha kafkiana. Considere a "ignorância deliberada" aludida nos estudos críticos da branquitude, e mesmo na insistência de W. E. B. Du Bois de que os negros possuem uma dupla consciência, enquanto os brancos não. Se dizemos que isso está errado, carecemos da consciência necessária ou somos apenas ignorante de forma deliberada e queremos manter privilégios — uma armadilha kafkiana (Kristie Dotson chama essa forma mais avançada de ignorância deliberada de "ignorância perniciosa"). Embora "fragilidade branca" e agora "raiva branca" sejam provavelmente os exemplos mais notórios, *muitos* conceitos paralelos alcançam a mesma finalidade da armadilha kafkiana, incluindo a "resistência epistêmica de preservação de privilégios" de Alison Bailey (você discorda apenas para preservar seus privilégios), a "ignorância ativa" de José Medina, a "ignorância branca" de Barbara Applebaum (e Charles Mills), o "empirismo branco" de Chanda Prescod-Weinstein a ser aplicado na ciência, e "acadêmicos" de "etnomatemática" que acusam o currículo matemático padrão de representar a "matemática branca", que exclui outras abordagens. Na literatura, encontramos alegações constantes de que a "atitude defensiva" em relação à teoria crítica da raça ou a seu objetivo de despertar uma consciência crítica racial é um sinal de que precisamos "fazer o trabalho" ainda mais. Livros inteiros são dedicados a aplicar esses torniquetes morais em "pessoas brancas boas", sobretudo mulheres brancas liberais. O estilo de

MARXISMO RACIAL

"argumentação" da teoria crítica da raça é elaborado efetivamente a partir de armadilhas kafkianas.

No entanto, essas manipulações abusivas são prática constante ao longo da história do comunismo. Os inimigos do comunismo foram acusados de serem "direitistas", abrigarem "valores burgueses", serem "reacionários" ou até mesmo "fascistas" por causa da discordância com o comunismo, e a negação dessas acusações foi considerada como prova adicional de cumplicidade. (Eles também eram retratados como desprovidos de inteligência e diagnosticados como doentes mentais.) Armadilhas kafkianas como essas — como Franz Kafka procurou demonstrar em seu romance — são a base para muitos julgamentos de fachada e sessões de confronto ideológico. Não passam de um abuso de poder viabilizado linguisticamente. O objetivo desse poder é permitir o incremento adicional da consciência crítica da raça.

Para constar, essas manipulações de linguagem criam o que Josef Pieper chamou de "pseudorrealidade" em seu ensaio *Abuse of Language, Abuse of Power*. O filósofo Eric Voegelin chamou isso de "segunda realidade".[11] Em minha leitura, como discutimos no Capítulo 3 quando examinamos o pós-modernismo, Jean Baudrillard se referiu a isso como hiper-realidade, e Jean-François Lyotard descreveu isso como um mundo legitimado pela paralogia (consenso falso). Em todos os casos, o que está sendo descrito é uma distorção linguística da realidade que permite ao teórico crítico realizar a práxis para obter poder. O que Herbert Marcuse descreve como uma segunda dimensão de ser na teoria crítica — ou mesmo a Razão (*Vernunft*) de Hegel em contraste com o Entendimento (*Verstand*) — é, de fato, um conjunto de distorções linguísticas da realidade que leva as pessoas a pensar em termos de sistemas conspiratórios da teoria marxiana. (Eric Voegelin chamou isso de "fraude intelectual".) Praticamente todos os termos da teoria marxiana se qualificam, seja a "consciência de classe" de Marx a respeito da "exploração" a partir da "mais-valia" e a "alienação" resultante, seja o "antirracismo" da teoria crítica da raça como despertar de uma consciência racial a respeito do "racismo sistêmico" e da "cultura da supremacia branca".

A fala dessa linguagem especializada costuma se ocultar no âmbito de uma linguagem específica e apropriada que dá a impressão de ser

PRÁXIS CRÍTICA DA RAÇA – COMO FUNCIONA A TEORIA CRÍTICA DA RAÇA

atraente e descolada, em vez de absurda, se não nociva. Na época de Marcuse, os jovens chamavam isso de *"hip"* (em contraposição a sistemas de opressão e sua influência na vida), e os *"hipsters"* eram pessoas que "sacavam", cara. Mais recentemente, por um tempo, os jovens passaram a chamar isso de ficar *"woke"* ("acordado"), como se todos que não pensam dessa maneira estivessem dormindo. O que deve ser entendido de tudo isso é que os abusos de linguagem estão ativando abusos de poder, e independentemente de haver razões baseadas na teoria para essas distorções linguísticas, na práxis, elas são manipuladoras, se não maquiavélicas.

ANÁLISE *EX POST* E A PETITIO PRINCIPII RACIAL

As situações também são analisadas pela teoria crítica da raça a fim de encontrar racismo em tudo. Lembre-se de que o primeiro princípio da teoria crítica da raça é que o racismo é a *situação normal* na sociedade, como vimos no Capítulo 2.[12] DiAngelo resumiu essa visão (na práxis) como "a pergunta não é o 'racismo aconteceu?', mas sim 'como o racismo se manifestou naquela situação?'".[13] Assim, o cerne na "análise" da teoria crítica da raça é a ideia de que o racismo pode ser encontrado em praticamente qualquer fenômeno social – seja correndo, nos nomes dos peixes, nos nomes dos pássaros, ter cachorros, nas pedras ou qualquer outra coisa que você possa imaginar. O poder de detectar esse racismo oculto é chamado de consciência crítica da raça, ou seja, é *ser um teórico crítico da raça*.

Um resultado desse tipo de "análise" de *petitio principii* [petição de princípio] — ou seja, uma que assume a premissa desde o início — é que o racismo sempre é a conclusão de todas as situações, de modo que as pessoas se encontram constantemente em situações sem saída que acabam em acusações de racismo. Portanto, todas as análises na teoria crítica da raça são *ex post*, ou seja, após o fato. Por exemplo, se Bret Weinstein não tivesse pedido evidências de racismo na Evergreen State College e simplesmente rejeitasse a acusação como absurda, isso teria sido considerado racista, assim como foi o pedido de evidências. Qualquer coisa que Weinstein fizesse depois que a situação surgiu seria considerada racista, e a justificação para explicar o motivo seria fornecida após o fato. Se você for branco (ou pardo) e se tornar antirracista, terá feito isso porque era de seu interesse próprio e para se posicionar como "bom". Se satisfizer as demandas dos teóricos críticos da raça, você terá feito isso por interesse próprio, ou terá feito de forma errada e reproduzido dinâmicas de poder de uma maneira pela qual eles podem intervir. Em outras palavras, não há como ganhar.

A melhor maneira que conheço de comunicar essa manipulação de dupla coerção é um exemplo hipotético que já dei muitas vezes. Imagine que você está trabalhando sozinho em uma loja, e dois clientes entram, um branco e um negro. Quem você atende primeiro? Se você escolher o cliente branco (e hoje em dia, em multidões, acredite, ninguém faz isso), você o fez porque enxerga os brancos como cidadãos de primeira classe e os negros como cidadãos de segunda classe que têm que esperar, de acordo com o cinismo da leitura de pensamentos da análise da teoria crítica da raça. Isso é considerado racista, e o teórico crítico da raça foi capaz de determiná-lo, sem se importar com quais foram as suas reais intenções — o impacto fala mais alto que a intenção. Se em vez disso você tivesse escolhido o cliente negro, a visão da teoria crítica da raça seria que o racismo ainda ocorreu porque a "análise" diria que você não confia que negros fiquem desacompanhados em sua loja enquanto você atende outra pessoa (racista), ou você quis atender o cliente branco primeiro e secretamente indicou sua preferência, ocultando-a ao atender o cliente negro primeiro (racista que procura esconder isso de maneira racista). Não há como vencer em tal manipulação, porque não se espera que haja vitória. Só resta destacar que a abordagem — a teoria crítica da raça — é inútil (seja mencionando injustiça, leitura de pensamento, análise *ex post* ou *petitio principii*), e pior do que inútil (porque é manipuladora e prejudicial).

Todas essas distorções e muitas outras empregadas pela teoria crítica da raça existem com um único propósito: despertar a consciência crítica da raça em todo e qualquer lugar em que isso possa ser suscitado. O objetivo de fazer isso é possibilitar que um público grande o suficiente de simpatizantes capacite uma ditadura dos antirracistas a reivindicar o poder, para que eles possam nos conduzir às cegas de nossa sociedade "daltônica" primeiro rumo à equidade racial (socialismo racial) e depois à justiça racial (comunismo racial). Como isso funciona, não se sabe. É simplesmente dado como certo que *funcionará* (desta vez). O artigo de fé no sistema de crenças de todas as teorias críticas, incluindo a teoria crítica da raça, é que quando as pessoas que possuem a consciência correta controlarem tudo, a dialética progredirá de maneira correta e depressa, e a coisa mais próxima da Utopia surgirá das cinzas do sistema atual.

Em poucas palavras, a teoria crítica da raça existe para criar teóricos críticos da raça e capacitá-los como tais teóricos. É só isso. Nem uma única coisa a mais. Ela não faz mais nada, e, assim, é claro que não pode forjar uma sociedade "racialmente justa" funcional. A própria insinuação é absurda.

CAPÍTULO 6

O QUE PODEMOS FAZER ACERCA DA TEORIA CRÍTICA DA RAÇA?

Agora que temos uma noção do que a teoria crítica da raça de fato é, de onde vem e como funciona, podemos tentar tecer alguns comentários sobre o que é possível fazer a respeito. "Jamais tente curar o que você não entende", diz um provérbio polonês, e até aqui este livro tem se dedicado a fornecer o entendimento para que possamos começar a elaborar uma cura. Em resumo, devemos começar essa etapa de nosso entendimento reconhecendo um par de fatos básicos. Primeiro, a teoria crítica da raça, assim como o marxismo que reproduz ao tornar a raça "*o* constructo central para entender a desigualdade" (em vez da classe), é um sistema de crenças que possui valores basicamente diferentes dos do conservadorismo, liberalismo ou mesmo das abordagens liberais do progressismo e do libertarismo pós-modernizado. Aqueles que endossam esse sistema de crenças de maneira apropriada têm compromissos morais muito diferentes e que não podem ser compreendidos em termos do que as pessoas normais (quer conservadoras, quer liberais) entendem como compromissos morais. Na verdade, elas têm valores e compromissos morais *invertidos*, como discutimos nos primeiros cinco capítulos deste livro. Segundo, os teóricos críticos da raça estão realizando uma revolução cultural antirracista contra os Estados Unidos e outros países ocidentais na esperança de abrir caminho para estabelecer a ditadura dos antirracistas. Esses dois fatos acerca da teoria crítica da raça devem permear nossos esforços para combatê-la, incluindo destacar a necessidade inequívoca de *nos opormos* a ela.

Os compromissos morais normais nos levam a descobrir como nos desenvolver no mundo de acordo com como ele é, quer como fato bruto

O QUE PODEMOS FAZER ACERCA DA TEORIA CRÍTICA DA RAÇA?

da Natureza, quer pela forma como foi ordenado por Deus. Os compromissos morais da teoria são promover a teoria e a práxis de mudança do mundo. Esse é o significado do comentário de Marcuse: "O fundamento para construir a ponte entre o 'deve' e o 'é', entre a teoria e a prática, está posto no âmbito da própria teoria".[1] Como a teoria é como a teoria faz — a doutrina da práxis crítica —, isso significa que o compromisso moral mais elevado da teoria é se posicionar para aplicar a teoria, em geral mediante meios institucionais. Isso deixa muito pouco espaço para um meio-termo entre a moralidade e a estrutura paramoral teórica (moralidade falsa) fornecida como o "deve" inserido no âmbito da teoria. Conforme a teoria, todas as histórias devem servir à teoria, e todas as instituições devem aplicar a teoria, senão elas são problemáticas; racistas, se a teoria for a teoria crítica da raça. Nenhum *status quo* deve ser deixado de lado, e, assim, nenhuma concessão é possível. Se a teoria encontrar um meio-termo, estará cometendo um pecado porque estará deixando de lado metade do que considerava racismo. Isso é permitido, mas apenas como estratégia incremental até a Revolução ser possível. Portanto, não tente chegar a um acordo com teóricos críticos. Basta dizer *não* a eles. Isso representa um desafio particular, principalmente para os liberais, que sempre querem ouvir ideias e considerá-las da melhor maneira possível.

Como um simples conselho inicial para resistir à teoria crítica da raça: *pare de supor que ela tem boas intenções.* Indivíduos que promovem a teoria crítica da raça podem ter boas intenções, mas a teoria que estão aplicando *não tem.* Sua intenção é uma só: apossar-se o máximo possível de autoridade institucional para despertar suficiente "consciência racial" e instituir uma ditadura dos antirracistas que vai impor a teoria crítica da raça a todos. Para os liberais, isso é uma realidade difícil de aceitar. As ideias da teoria crítica da raça não são ideias liberais, não podem ser consideradas em termos liberais. São vírus destinados a infectar a ordem liberal. Supor que as ideias devem ter um significado mais razoável do que parece ou que os ativistas não tergiversam entre significados de forma estratégica para tomar o poder *fará com que você perca todas as vezes.*

Como discutido na segunda metade do capítulo anterior, a teoria crítica da raça é projetada para arrastar as pessoas para armadilhas

MARXISMO RACIAL

dialéticas raciais que as esvaziarão de autoridade moral ou epistêmica. Ela também se aproveitará de duplos sentidos de maneira estratégica, tanto ofensiva quanto defensivamente. Trata-se de um erro grave dar o benefício da dúvida às ideias da teoria crítica da raça ou aos ativistas que as utilizam. Eles estão contando com você para fazer isso. É muito mais inteligente fazê-los *definir com clareza seus termos* com antecedência e depois impor *estritamente* significados neutros e universalmente consensuais. Na verdade, não só eles não devem ter o benefício da dúvida em suas investidas, que tendem a ser estratégicas e muitas vezes camufladas, mas também é indispensável que *não aceitemos o enquadramento linguístico deles.* Um erro muito comum cometido pelas pessoas é aceitar o enquadramento linguístico da esquerda dialética (incluindo os marxistas identitários) e tentar argumentar nesses termos. É *sempre* um jogo perdido e eles querem que o joguemos. A melhor estratégia é rejeitar o enquadramento sem rodeios, considerando-o absurdo. Por exemplo, não discuta se uma instituição é racista ou não; diga que o termo "racista" está sendo usado de forma abusiva, explique ambos os sentidos e a ambiguidade entre eles, e rejeite o enquadramento proposto (e as acusações subsequentes de estupidez, insanidade e falha moral). Só use o enquadramento marxiano ironicamente para zombar dele e contestá-lo (e faça isso prodigamente, se tiver a habilidade, pois é fatal para a manipulação dialética).

Como os teóricos críticos estão envolvidos numa revolução cultural (uma revolução cultural antirracista de acordo com a teoria crítica da raça), também devemos *parar de ter medo das consequências de nos manifestarmos e resistir.* Isso não é um apelo à coragem. É um apelo ao bom senso. Se resistirmos à teoria crítica da raça de algum modo, seremos chamados de racistas. *Pela definição da teoria crítica da raça,* é racista discordar dela. E daí?! Isso é um absurdo! O fato é que as consequências por discordar da teoria crítica da raça só existem na segunda realidade dessa teoria, na medida em que quer impor uma "legitimação por paralogia" nas pessoas ao redor. Informe-se e resista. Explique ambos os lados dessa terminologia enviesada. Infiltre-se na mota deles e ataque o pátio deles. Não tenha medo das consequências. Uma ditadura ao estilo comunista dos criticamente conscientes será pior, e a resistência fica mais difícil

O QUE PODEMOS FAZER ACERCA DA TEORIA CRÍTICA DA RAÇA?

quanto mais legitimidade social essas crenças adquirem. Fale com clareza, honestidade e com base em princípios morais genuínos. Deixe a verdade brilhar e seja uma demonstração viva de que nem todos simplesmente aceitarão uma tentativa de renormalizar um grupo.

Uma habilidade básica necessária para realizar isso é o *discernimento*. É muito importante conseguir detectar uma incursão *woke* ou outra manipulação marxiana em tempo real, contestá-la e neutralizá-la de imediato. É essencial ser capaz de discernir quando alguém está apresentando uma ideia que parece estar em consonância com a agenda *woke*, mas, na verdade, não está, ao contrário de quando é um avanço *woke* genuíno. Por exemplo, o pedido para destacar um livro específico de um autor negro é uma contribuição genuína e importante para a educação de um estudante do ensino médio, ou é uma tentativa de introduzir furtivamente materiais de radicalização na sala de aula sob uma aparência benigna. A habilidade para analisar isso e traçar as diretrizes adequadas (e não cair em armadilhas dialéticas ao redor delas) é chamada de *discernimento*. Os teóricos críticos da raça vão trabalhar muito se pegos por um olhar discernente para enquadrar a situação como uma rejeição de algo mais razoável e, assim, a vigilância e a clareza são necessárias. Nessas situações, um teste simples e dos melhores é meramente avaliar como a discordância é recebida. Como os *woke* rejeitam as regras de engajamento nos sistemas liberais em suas próprias bases, eles tendem a reagir de forma exagerada em vez de discutir o assunto de maneira aberta, permitindo a discordância e alternativas. Tenha consciência de que os *woke*, quando estão no poder institucional, *sempre* tentarão avanços e incursões que procuram reformular a instituição ou sua afiliação em direção à práxis *woke*.

No final das contas, o que esses fatos sobre as teorias críticas nos revelam é que elas possuem duas linhas de atuação principais, e, portanto, é necessário resistir a elas de duas maneiras ao mesmo tempo: institucional e culturalmente. Primeiro, elas procuram se apossar das instituições para usá-las como órgãos para despertar a consciência crítica. Então, elas devem ser afastadas dessas posições de poder e influência, porque vão abusar delas. Elas vão clamar que se trata de "cultura do cancelamento" afastá-las de posições de poder de que já estão abusando, mas isso é apenas mais uma armadilha dialética. Fizeram com que todos fossem contra a cultura do cancelamento (depois até contestaram sua existência) para que pudessem acusar de hipocrisia as pessoas que os responsabilizam. Belo truque, não é? Lembre-se: não é cultura do cancelamento afastar alguém de uma posição de poder da qual está abusando; isso se chama assumir a responsabilidade. Esse é um exemplo do discernimento que acabamos de discutir.

Segundo, as teorias críticas utilizam a consciência baseada na identidade ("consciência racial" na teoria crítica da raça) para dividir e conquistar. Mais especificamente, elas mencionam "engajamento posicional" e "conhecimentos" baseados em ponto de vista, para que haja pouco ou nenhum consenso entre pessoas de diferentes raças, o que ajuda a polarizar os ambientes que estão atacando. De acordo com a interseccionalidade, o único consenso possível é a solidariedade (em seus próprios termos) na "experiência vivida" da opressão sistêmica. Porém, isso nem sequer é um consenso real, pois cada categoria identitária "oprimida" é incompreensível nas especificidades em relação a todas as outras. Lembre-se de que a interseccionalidade surgiu da alegação de que nem mulheres brancas feministas, nem os homens negros ativistas conseguem entender de fato as mulheres negras e os problemas delas. Embora a interseccionalidade possa propiciar uma "nova sensibilidade" enraizada nas dinâmicas de poder sistêmico, ela destrói qualquer esperança de uma sensibilidade comum entre um ser humano e outro. A resposta a essa ameaça é óbvia: cultivar uma sensibilidade verdadeira comum a todas as pessoas, independentemente de raça e outros fatores de identidade, convidando as pessoas a aderirem a ela *porque é verdadeira e porque funciona melhor*.

Em resumo, há dois tipos de soluções necessários para derrotar a teoria crítica da raça, e aqueles que se opõem para salvar nossa cultura e civilização contra essa agressão precisam compreender a necessidade de ambos os tipos. O primeiro tipo de solução é institucional — os teóricos críticos devem ser afastados das posições de poder e influência ou ser limitados em sua capacidade de aplicar a teoria crítica por meio delas, idealmente mediante a força da lei; e o segundo tipo é cultural — amplas mudanças culturais tornam as teorias críticas intragáveis e merecedoras

O QUE PODEMOS FAZER ACERCA DA TEORIA CRÍTICA DA RAÇA?

não só de rejeição como também de escárnio. Ambas as abordagens devem ser assumidas por razões diferentes, mas elas existem um tanto em tensão. Por si só, as mudanças culturais são demasiado lentas porque os teóricos críticos já conquistaram muitas, se não a maioria, das instituições essenciais. As mudanças institucionais, sobretudo se respaldadas pela força da lei, correm o risco de parecer muito ditatoriais e podem ser enquadradas como retrocessos, autoritarismo ou até fascismo em ascensão. Por exemplo, restrições à aplicação dos princípios racistas da teoria crítica da raça em escolas públicas, incluindo literalmente estereotipagem racial, uso de bodes expiatórios e discriminação, têm sido atacadas pelos teóricos críticos da raça como uma limitação à sua liberdade de expressão. Isso é extremamente irônico, dado que eles policiam o discurso além do que é essencial para sua vida quando têm a oportunidade. No entanto, esses argumentos falsos e em causa própria costumam ser convincentes e solapam a tentativa de criar as mudanças culturais necessárias e o apoio que, em última análise, virará a maré contra a teoria crítica da raça.

Dessa maneira, as intervenções institucionais contra a teoria crítica da raça e suas congêneres são *intervenções oportunas* que devem ser empreendidas em curto prazo para resgatar nossas instituições e as pessoas que são atendidas por elas, enquanto as intervenções culturais mais profundas, que buscam rejeitar sua natureza polarizadora, são *intervenções atemporais*. Sem tomar medidas em tempo hábil, o fracasso é garantido. Sem a adição de um reforço atemporal, o fracasso é inevitável. Portanto, ambas as abordagens são necessárias, e precisamos ter esperança de poder realizá-las de uma maneira que também seja suficiente.

A tensão entre mudanças institucionais e culturais existe por uma simples razão. Como as teorias marxianas estão inteiramente focadas em obter poder e abusar dele para despertar a consciência crítica ou impor um simulacro performativo dela, as mudanças institucionais *devem* afastar os teóricos críticos do poder. Eles devem ser demitidos, forçados a renunciar, removidos de cargos mediante votação, processados judicialmente, privados de recursos e limitados em sua capacidade de abuso de poder para fins críticos por meio da lei e da política institucional. Suas investidas devem ser combatidas, rejeitadas e revogadas. Numa

MARXISMO RACIAL

sociedade liberal, o efeito colateral lastimável dessa necessidade — e *é* uma necessidade — é que, a menos que seja feito com muita cautela, o que nem sempre é possível, isso assusta os liberais, levando a uma perda na esfera cultural. Os teóricos críticos rotularão com sucesso toda essa oposição necessária como exagero "reacionário", e muitos liberais serão persuadidos e desencorajados. Eles também retratarão aqueles que resistem ou os derrotam como pessoas loucas ou horríveis, e, mais uma vez, muitos liberais serão persuadidos e desencorajados. Enquanto isso, os ganhos na esfera cultural são todos bem-vindos, como já começou a indicar a rápida mudança de mentalidade em massa das sociedades ocidentais na década de 2020, mas isso de nada serve nos lugares em que os teóricos críticos detêm poder institucional suficiente para impor suas ideias indesejáveis a todos de qualquer maneira. O problema com as pessoas que abusam do poder é que elas abusam dele e não tendem a se importar muito com o que os outros pensam disso, desde que não afete a capacidade de continuar abusando do poder. Portanto, essas duas dimensões parecem estar em *tensão*, mas essa tensão desaparece quando compreendemos o problema em questão, que agora foi exposto em detalhes. Afastar os teóricos críticos do poder (o que não afeta suas crenças) é um passo necessário para preservar os sistemas liberais, mas é insuficiente em médio e longo prazos, que requerem uma renovação cultural.

Essa insuficiência também requer uma explicação, pois parece que eliminar o problema do poder deveria ser suficiente, já que abusar do poder é basicamente a única maneira pela qual os teóricos críticos da raça conseguem alcançar seus objetivos. Isso não é suficiente, pois, como vimos, o abuso de poder da teoria marxiana surge do abuso da linguagem (e, subsequentemente, da epistemologia e dos princípios morais). Quaisquer mudanças institucionais que sejam usadas para afastar os teóricos críticos do poder em curto prazo serão transformadas dialeticamente em meios pelos quais eles possam recuperar o poder e abusar dele (provavelmente de maneira pior) no futuro. Por exemplo, na educação, considere as proibições legais e outras proibições baseadas em políticas referentes à teoria crítica da raça. Essas medidas propiciam manobras legais necessárias para as pessoas impedirem abusos de poder por parte dos teóricos críticos da raça em escolas, ou até mesmo afastá-los do poder. No

270

O QUE PODEMOS FAZER ACERCA DA TEORIA CRÍTICA DA RAÇA?

entanto, logo serão reinterpretadas para excluir outras abordagens à educação assim que os termos envolvidos puderem ser contestados e transformados em seus inversos. Como os teóricos críticos da raça ganham ao quebrar os sistemas existentes, assim como ao capturá-los, ou ao transformar qualquer resistência contra eles numa forma de vitimização de alguma classe racial protegida, essas medidas são eficazes a curto prazo e fracassarão ou darão errado pouco depois. Os liberais serão facilmente convencidos a se alinhar com os teóricos críticos uma vez que a linguagem comece a ser contestada em favor deles, e toda a resistência será caracterizada como má por aqueles que trabalham incansavelmente para inverter os sistemas morais e de conhecimento, convertendo nossos valores e os significados das palavras.

Dito de outra forma, fazer com que essas mudanças institucionais persistam exige a alteração da cultura e, em última análise, elas servem para que as pessoas compreendam a diferença entre valores funcionais e os invertidos pela teoria crítica. Há uma certa ironia aqui. Os marxistas culturais entenderam muito bem que um forte senso comum de valores em sociedades prósperas, capitalistas e livres era um poderoso antídoto contra o comunismo. Eles compreenderam plenamente que os valores das sociedades livres as estabilizam e impedem a revolução necessária deles. Os marxistas culturais chamaram esse campo de força contra o comunismo de "hegemonia cultural" e começaram a contestá-lo e instalar a própria "contra-hegemonia" marxiana no lugar. Ao identificarmos essa estratégia, temos uma solução.

Se entendermos o que os marxistas culturais chamam de "hegemonia cultural", veremos um caminho para sair dessa escuridão. Em resumo, precisamos restabelecer uma *sensibilidade comum* em nossos valores essenciais, idealmente uma que possa distinguir entre valores verdadeiros e uma inversão de valores, e usar isso como base para uma política "identitária" universalizante (teoricamente, uma política *anti-identitária*). Nos Estados Unidos, por exemplo, o nome da resposta poderia ser *americanismo*, que defende os valores norte-americanos como algo bom e compartilhado pelos norte-americanos. Isso pode ser generalizado fora dos Estados Unidos porque representa os valores do Iluminismo escocês, atualizados para nosso contexto atual. Seja como quisermos chamá-lo, pode parecer impossível em nosso ambiente culturalmente relativizado e altamente polarizado, mas, na verdade, é muito fácil. Os valores verdadeiros buscam o que é bom no âmbito do que é, e, portanto, buscam ter a sociedade em consonância com a realidade (humildade); os valores invertidos veem o que é ruim e com necessidade de ser refeito, e, portanto, buscam forçar a realidade a ficar em consonância com a sociedade, como descrito por seus designados especialistas (arrogância). A marca registrada reveladora dos valores invertidos será sempre a alegação de que a verdade é uma questão de convenção social ou mesmo de construção social e, portanto, pode, por corolário, ser construída de maneira diferente — mas sempre apenas pelas pessoas com o conhecimento certo (gnose). Os valores reais unirão as pessoas em comunhão. Os valores invertidos, as separarão.

MUDANÇAS INSTITUCIONAIS

O ideal das mudanças institucionais que podem ser feitas contra a teoria marxiana (incluindo a teoria crítica e a teoria crítica da raça), pelo menos nos Estados Unidos, seria reconhecê-la como um sistema de crenças no âmbito do direito e da jurisprudência da Primeira Emenda — ou seja, como uma religião, no que concerne ao direito. Isso a colocaria em violação direta da Cláusula de Estabelecimento* em todos os lugares em que está implantada no setor público, ao mesmo tempo em que faria com que os indivíduos e as instituições privadas a tratassem de forma diferente. Em particular, isso eliminaria a teoria marxiana por completo das escolas públicas norte-americanas, a limitaria nas universidades públicas norte-americanas e a retiraria dos governos locais, estaduais e federal. Na verdade, isso é o correto a fazer, e não apenas um truque político. A teoria marxiana *é* um sistema de crenças que é mantido com um compromisso religioso, como já vimos, e, assim, tal designação é apropriada. Consumar essa mudança eliminaria a teoria

---

* A Cláusula de Estabelecimento se refere a uma disposição da Primeira Emenda da Constituição norte-americana que proíbe o estabelecimento de uma religião oficial pelo governo federal. (N. do T.)

O QUE PODEMOS FAZER ACERCA DA TEORIA CRÍTICA DA RAÇA?

marxiana da institucionalização em qualquer instituição pública nos Estados Unidos, o que provocaria um poderoso efeito cascata em todo o resto do mundo livre.

Alguns sustentarão que essa mudança não deve ser buscada porque também propiciará proteções especiais — sobretudo paraísos fiscais e proteção contra discriminação religiosa em locais de trabalho — à teoria marxiana segundo a Cláusula de Livre Exercício* da Primeira Emenda, mas considero que essa preocupação resulta de um erro de julgamento por quatro motivos significativos. Primeiro, desinstitucionalizar a teoria marxiana é de importância fundamental para proteger os cidadãos de seus abusos e da destruição que se seguirá a partir disso, e nada poderia desinstitucionalizá-la mais depressa e de forma mais abrangente — sobretudo nas escolas norte-americanas — do que a designação religiosa e a exclusão pela Cláusula de Estabelecimento. Atualmente, trata-se de uma religião estatal *de fato* que não está sendo reconhecida como tal. Segundo, essa designação forçaria as diversas espécies de teoria marxiana a se submeterem à discussão pública, o que tornaria muito mais fácil identificá-las pelo que são (em última análise, o gnosticismo científico). Terceiro, se designada como tal, todo o instinto cultural secularista em sociedades livres entrará em ação, e as pessoas que a entendem como um sistema de crenças em vez de uma "ciência" ou "estudo acadêmico" começarão a tratá-la de maneira diferente, sobretudo em relação à sua adoção e integração em suas vidas e nas instituições da sociedade. "Eu não compartilho de sua religião, e, assim, não tenho que seguir seus mandamentos" seria uma frase típica dessa mentalidade. Quarto, *não é* vantajoso para eles, e podemos afirmar isso com grande confiança. Como? A teoria marxiana está obcecada em acumular o máximo possível de poder e utilizar os aparatos estatais a seu favor, e o fato de eles próprios terem resistido resolutamente a serem designados como tal indica que eles *sabem* que isso não lhes trará vantagem.

Este último ponto merece consideração, pois é menos óbvio e possui um impacto surpreendente. Em qualquer momento do último

---

* A Cláusula de Livre Exercício, que também faz parte da Primeira Emenda, garante que os cidadãos norte-americanos tenham o direito de praticar sua religião de acordo com suas crenças pessoais. (N. do T.)

MARXISMO RACIAL

século, teria sido muito fácil para comunistas, neomarxistas e outros adeptos da teoria marxiana buscar proteção religiosa para si mesmos nos Estados Unidos se isso lhes fosse vantajoso. Ninguém poderia ter argumentado a favor disso melhor do que eles mesmos, se assim o quisessem. Mas não o fizeram. Na verdade, não só não o fizeram como também, quando a questão subiu para a Suprema Corte, houve uma resistência vigorosa. A conclusão é simples: *os teóricos marxianos veem desvantagem, e não vantagem, em serem designados como um sistema de crenças religiosas, como a Primeira Emenda entende isso.* O corolário dessa conclusão também é simples: os benefícios proporcionados pela Cláusula do Livre Exercício não sobrepujariam a utilidade de evitar a exclusão do setor público por meio da Cláusula de Estabelecimento. A razão para esse cálculo fica óbvia se dermos apenas um passo para trás na análise. À parte a capacidade de doutrinar e controlar instituições, qualquer coisa que se assemelhe à adoção estatal da teoria *não seria possível segundo a Primeira Emenda se a teoria que a impulsiona fosse reconhecida legalmente como religiosa.* Decididamente, os Estados Unidos *não* são uma teocracia. No entanto, o comunismo não consegue funcionar se não for capaz de assumir o controle do Estado primeiro.

Ao contrário, alguém poderia sustentar que os teóricos marxianos são mais honestos do que isso e simplesmente não consideram sua teoria como religião. No entanto, a ex-líder desertora do Partido Comunista dos Estados Unidos, a dra. Bella Dodd, sugeriu outra coisa de forma bastante convincente em seu depoimento de 1953 ao Comitê sobre Atividades Antiamericanas da Câmara dos Representantes:

O comunismo é como uma religião. O presidente Eisenhower disse isso outro dia, mas é uma religião sem Deus. Se você acredita firmemente no comunismo, é seu dever trazê-lo para todas as áreas de sua vida.

Se você é membro da Associação Americana de Professores Universitários, se você é membro da associação de sua especialidade, como membro da associação de matemáticos, é seu dever trazer a linha do partido para essas organizações.

Se você é membro de uma fraternidade, deve trazê-lo para a fraternidade, para qualquer grupo em que haja o privilégio da discussão. Se é

O QUE PODEMOS FAZER ACERCA DA TEORIA CRÍTICA DA RAÇA?

professor, você deve viver conforme os princípios do marxismo e do leninismo. Claro que você não deve se meter em apuros. O Partido alerta para você não quebrar a cara; alerta para você não se arriscar e permanecer em seu trabalho.[2]

Mesmo assim, talvez a maioria dos marxianos não enxergue a teoria em termos religiosos, pois tendem a considerá-la "Ciência", deliberadamente em maiúscula. Sem dúvida, isso é verdade em alguns casos, mas toda religião percebe sua estrutura de crenças como expressão da Verdade. A teoria marxiana não é diferente, embora possa ser ainda mais enérgica em fazer a única coisa que nega sua alegação de ser uma ciência mais do que qualquer outra coisa: impedir o questionamento de suas doutrinas, que só podem ser interpretadas corretamente por uma casta sacerdotal. Para Marx, na verdade, apenas o Homem Socialista devidamente compreendido, e essa visão foi convertida para todas as versões da teoria marxiana desde então: consciência de classe, consciência crítica, consciência libertada, consciência racial, consciência caleidoscópica (interseccional), e assim por diante. Sem a consciência apropriada (*Vernunft*) não é possível se envolver autenticamente com a teoria marxiana. Isso não é ciência. Trata-se de um compromisso espiritual com o fundamentalismo intratextual; um atributo de religiões menos curiosas.

Apenas para reiterar o ponto principal, a teoria marxiana é um sistema de crenças totalmente preocupado com o poder. Ela pensa *constantemente* em poder, em quem o detém e em como manipulá-lo. Sua estrutura de crenças é realmente organizada em torno da ideia de que quando aqueles com a consciência correta conquistarem o poder (se apossarem dos meios de produção relevantes e instituírem uma ditadura dos "conscientes"), a História progredirá ao longo de seu caminho dialético, e, finalmente, chegará ao mundo corrigido e aperfeiçoado, mais conhecido como a Utopia ("lugar nenhum"), segundo Thomas Mann. Ou seja, é o gnosticismo científico, trata-se de uma espécie de culto religioso que se expressa como científico. Embora o argumento utilitário não defenda a ideia de que a teoria marxiana seja uma religião, apresenta a tese sobre o equilíbrio das vantagens envolvidas em tal designação. Se ser designada como religião ajudasse a teoria marxiana a se apossar dos meios de produção relevantes, em vez de prejudicá-la, certamente o teria feito. O fato de não ter feito — apesar dos desafios e oportunidades que surgiram — indica que é prejudicial ser designada como religiosa, pelo menos em um país com uma Cláusula de Estabelecimento e um etos geralmente secular.*

Por mais precisa ou eficaz que seja essa mudança do tipo Santo Graal contra as hostilidades da teoria marxiana em nossas sociedades, tende a ser uma luta difícil, e certamente não será uma batalha vencida em curto prazo. Na verdade, tende a ser alcançável só no bom senso que se seguirá ao fim da atual ameaça marxiana, se isso ocorrer, e com as pessoas se dando conta do quão perto estiveram de perder suas liberdades porque a ameaça teocrática se disfarçou eficazmente como estudo acadêmico, ativismo social e melhores práticas profissionais burocráticas. Em curto prazo, outras ações são necessárias para reagir à ameaça.

As iniciativas imediatas e práticas mais importantes a serem tomadas contra esse problema são: aprender contra o que estão lutando, começar a se organizar, apresentar-se e trabalhar para recuperar o poder daqueles que abusam dele ao aplicar as teorias marxianas (incluindo a teoria crítica da raça). Como já mencionado, isso exige fazer algumas mudanças, notadamente *sem* dar o benefício da dúvida a políticas "*woke*" ou às pessoas que as promovem ou apoiam, e sem temer mais as consequências sociais de enfrentá-las e as intimidações que as acompanham. Nada disso será fácil, e as pessoas ficarão chocadas ao descobrir como é complicado desalojar do poder alguém cuja fé o compele a ocupá-lo e exercê-lo para induzir uma consciência crítica ou forçar resultados em conformidade com a consciência. Não será possível resistir com eficácia sem conhecer alguma teoria, trabalhar com os outros de mente semelhante (e compartilhar recursos), aplicar muita pressão pública e

---

* Atenção: até onde sei, em 2021, uma tentativa de proteger as visões do marxismo identitário como religiosas veio à tona no Reino Unido, quando uma acadêmica procurou ter suas opiniões sobre raça protegidas depois que foi demitida da Universidade Leeds Beckett por chamar um conservador negro, Calvin Robinson, de "preto da casa". Ela alegou que suas visões sobre raça, que a levaram a proferir esse insulto, são, em última análise, de natureza religiosa. Ver: Wright, "Academic sacked".

O QUE PODEMOS FAZER ACERCA DA TEORIA CRÍTICA DA RAÇA?

jurídica, e estar disposto a assumir responsabilidades cívicas, como servir no governo local ou em conselhos institucionais.

Essas exigências talvez sejam demais para a maioria, mas isso não significa que devemos assistir impotentes à deterioração da sociedade. Por exemplo, participar dessa estrutura de apoio organizada não impinge um fardo pesado de liderança a ninguém. Dispor-se a admitir abertamente que "não tem conhecimento de todas essas coisas" para outra pessoa — ou, muitas vezes, até para si mesmo — já é um passo grande e positivo na direção correta. Na verdade, talvez seja o passo mais importante. Sem dúvida, está em consonância com a advertência de Alexander Soljenítsin — que a mentira não venha ao mundo através de mim —, que encontramos em seu angustiante livro *Arquipélago Gulag* [*Gulag Archipelago*] sobre o pesadelo da União Soviética. Como toda a teoria se baseia na paralogia, fazer com que as pessoas compactuem com a mentira (consciente ou inconscientemente) é fundamental para seu sucesso. Ajudar uns aos outros a não mentir é de grande valor para resistir a esse problema. Procurar e compartilhar informações relevantes sobre as diversas espécies de teoria marxiana com aqueles que assumem papéis de liderança têm um valor enorme, assim como outras maneiras de apoio, materiais e de outros gêneros. Como a teoria marxiana se esconde em linguagem de duplo sentido e jargões específicos, as pessoas provavelmente não têm consciência de que estão lidando com ela até que lhes seja assinalado com clareza. Portanto, ser um recurso, se aprendermos o suficiente para fazê-lo, isso é inestimável. Todos podem contribuir e devem fazer o máximo que honestamente acreditam que podem contra qualquer teoria marxiana, que com certeza terminará em calamidade totalitária se for suficientemente capacitada.

Entre as várias atitudes que as pessoas comuns podem fazer inclui-se contribuir para dar transparência ao problema. Os teóricos marxianos não gostam de transparência — basta perguntar a alguém que já lidou com um deles e o viu, por exemplo, forçando uma votação de última hora sobre mudança de política, recusando-se a falar com honestidade a respeito disso ou sobre como está sendo implementada numa instituição. Expor a teoria marxiana à luz intensa da transparência por meio de denúncias (mesmo anônimas) pode e deve ter efeitos tremendos. Grandes

MARXISMO RACIAL

empresas como Disney e Coca-Cola tiveram que recuar quando foram alvo de denúncias feitas por vozes sinceras nas redes sociais (por Christopher Rufo e Karlyn Borysenko, respectivamente). As pessoas não podem reagir contra o que não sabem que está acontecendo, nem podem se dar conta da inacreditável dimensão do problema sem vislumbrar quantas instituições foram infectadas. Portanto, a denúncia tem um valor extraordinário. Expor o que está de fato acontecendo, pondo nas mãos da mídia amigável, é extremamente útil. Como Rufo demonstrou, uma tática bastante eficaz é expor esses abusos, esperar a retaliação e, em seguida, desmascarar completamente as mentiras e distorções (sobretudo manobras de castelo de mota) assim que elas surgirem e pelo tempo que for necessário. Aconselho as pessoas a aceitarem esse desafio em vez de evitá-lo e, em seguida, enfrentá-lo à altura.

Aqueles que desejam lutar mais diretamente devem adotar alguma estratégia. A organização é fundamental. Por exemplo, uma estratégia jurídica para confrontar a teoria crítica da raça deve se basear em casos em que se alcança êxito com facilidade (como fala forçada) até objetivos mais difíceis (como enquadrar a teoria marxiana como religião). Recuperar a maioria dos assentos no conselho escolar seria semelhante. Ter um plano e agir estrategicamente é necessário. Quem será afastado do poder por abuso? Quem vai substituí-lo? Como essas mudanças atendem os objetivos de longo prazo de continuar a recuperar o poder dos teóricos que agora o detêm, para resgatar ou recriar a instituição em questão? Como uma estratégia inteligente e os valores corretos orientam essas decisões? Aqueles que desejam enfrentar o problema crítico diretamente devem refletir sobre esses tipos de perguntas e não agir por impulso. Quando destituídos do poder, os teóricos críticos costumam garantir que quem os substitui seja pelo menos tão radical quanto eles. Eles entendem que o poder é institucional e que, dessa maneira, indivíduos não importam tanto, e estão dispostos a aceitar perdas enquanto manipulam o jogo (e levam as pessoas comuns a acreditar que o problema original foi eliminado).

Entender o que fazer estrategicamente deve advir da compreensão das estruturas de incentivo em jogo. Por exemplo, uma inspiração para a estratégia jurídica deve reconhecer que as interpretações de "impacto discrepante" das leis de direitos civis são muito abrangentes e criam uma estrutura de incentivos em torno de iniciativas corporativas e institucionais de "diversidade, equidade e inclusão" (e ameaças de responsabilização). Uma interpretação mais restrita de discriminação, junto com a exigência de que essa compreensão mais específica do direito da antidiscriminação (em que a intenção importa) seja aplicada de maneira neutra em relação à cor (sem classes protegidas), enfraqueceria grande parte da teoria crítica da raça de uma só vez. Elaborar uma estratégia passo a passo para ir de casos pequenos, fáceis de vencer e que criam precedentes para mudança da jurisprudência que permitiu esses incentivos se torna uma linha de ação estratégica a seguir. Aqueles que procuram recuperar um conselho escolar, comissão do condado ou conselho profissional ou empresarial devem entrar na luta com o entendimento de que seus oponentes marxianos não abrirão mão do poder com facilidade e tenderão a se envolver em táticas de difamação, coações e até intimidações ilegais. Os cidadãos comuns inclinados a desafiar uma escola, um local de trabalho ou outra instituição devem começar a se considerar como possíveis querelantes e *instigar processos judiciais.* Os processos judiciais são a *melhor arma* para lutar contra isso, a menos que haja eleições e pedidos de renúncia.

Essa mentalidade estratégica não se aplica apenas a instituições públicas, como escolas, ou em relação aos cálculos de responsabilização em empresas. Os acionistas de empresas e outros líderes institucionais devem entender que existem enormes estruturas de incentivos incorporadas aos processos de tomada de decisão de grandes entidades; por exemplo, de acordo com o componente "S" das métricas "ESG" — Environmental, Social and Governance [Ambiental, social e governança]. As empresas enfrentam incentivos importantes de recompensa e punição para adotar uma postura *woke* segundo essas métricas, que estão sendo implantadas como parte integrante da transição de acordos de *acionistas* para modelos baseados em grupos interessados. Os acionistas e os gestores devem colocar questões muito difíceis a empresas e outras instituições sobre se seus acordos sofreram deliberadamente um deslocamento de modelo em que eles próprios têm algo a dizer para outro, em que tecnocratas especialistas decidem o que é um bom comportamento ambiental, social e de governança. Mais uma vez, informar-se, organizar-se,

MARXISMO RACIAL

comparecer e exigir transparência abrem caminho para a ação, e elaborar uma estratégia inteligente para combater essas tendências que atuam ao nível dos incentivos subjacentes se mostra necessário. Comece a pensar em si mesmo também como um possível querelante.

É bem possível que essas sugestões sejam bastante superficiais, vagas e teóricas demais. Está fora do âmbito deste livro (e da competência do autor) ser mais específico. No entanto, as táticas vão variar de domínio para outro, sendo mais bem organizadas por especialistas específicos do domínio a que tenham dedicado tempo para tomar conhecimento da natureza da ameaça, na medida em que estão versados sobre os detalhes de suas próprias experiências de vida. Ainda mais importante, essas etapas são *necessárias*, mas *não suficientes*, pois a essência da teoria marxiana é readaptar e contestar qualquer nova situação que surja. Por exemplo, reforçar e criar proibições legais contra a aplicação da teoria crítica da raça nas escolas e em outras instituições — sobretudo a estereotipagem racial, o uso de bodes expiatórios e a discriminação em qualquer sentido — é útil, se não necessário, em curto prazo, mas será contestado e utilizado a favor pelos teóricos críticos da raça o mais rápido possível. Tudo o que eles têm que fazer é mudar a linguagem pertinente e, num piscar de olhos, talvez venha a ser ilegal ensinar sobre Thomas Jefferson nos Estados Unidos!

Fazer com que esses tipos de mudanças se consolidem requer algo maior, mais importante e mais perene. Na verdade, requer seguir um longo caminho que compreende que a teoria marxiana acabará contestando e deturpando qualquer política institucional para benefício próprio e, portanto, busca minimizar ou eliminar essa possibilidade. Lembre-se de que o fracasso do marxismo deu origem ao marxismo cultural, que se transformou em neomarxismo, que se transformou nas teorias críticas identitárias impregnadas de pós-modernismo e política identitária (teoria "*woke*" e interseccionalidade) da atualidade (marxismo identitário), apenas mudando o modo de análise e ocultando a verdadeira natureza da política revolucionária sob camadas de retórica mais aprimorada (por exemplo, "equidade" em vez de "socialismo") e mudando o alvo de sua narrativa de ressentimento. Felizmente, os marxistas culturais nos deram uma resposta para esse problema quase um século atrás, e eles tinham *razão*.

O QUE PODEMOS FAZER ACERCA DA TEORIA CRÍTICA DA RAÇA?

Entre as décadas de 1910 e 1930, os marxistas culturais perceberam que a civilização ocidental produz e possui um campo de força muito poderoso contra a teoria marxiana, a que eles deram o nome de "hegemonia cultural". O que se quer dizer com esse termo é que os valores culturais da civilização ocidental e as instituições que preservam e transmitem esses valores de geração em geração são um antídoto extremamente eficaz contra o marxismo. Eu concordo com eles. Os neomarxistas também perceberam isso, reconhecendo que a prosperidade *estabiliza* a sociedade, em particular a classe trabalhadora. Portanto, no último século (essa lança centenária), sua missão tem sido se infiltrar nas instituições de produção cultural ("longa marcha através das instituições") e contestar os valores culturais do Ocidente. Os neomarxistas foram bem-sucedidos de forma tremenda, sobretudo à medida que nos tornamos pouco a pouco mais satisfeitos e prósperos nas últimas quatro décadas. Em termos institucionais, nossa estratégia contrária deve registrar isso e se concentrar em recuperar o controle do maior número possível de instituições vitais *por todos os meios legais.* Contudo, devemos também nos concentrar em reavivar esses valores e a cultura americanista que rejeitam o marxismo de todas as formas e favorecem a liberdade individual e a proteção jurídica dos direitos.

Há esperança! Algo com que os teóricos marxianos sempre se enganam é quanto à resistência dos alicerces da civilização ocidental, e quando a ameaça aos valores ocidentais é claramente percebida, eles são capazes de despertar de novo com facilidade. É a esta questão que agora nos voltaremos: *as soluções perenes* contra essa ameaça são as *soluções culturais.* Se mudarmos a cultura ao reavivar no Ocidente aquilo que desde o início rechaçou a teoria marxiana e o fizermos de uma maneira que seja responsiva às condições do século XXI, teremos uma grande chance de combater isso antes que consiga levar a cabo sua revolução (cultural) e tomar o poder. Esse processo de reavivamento de um senso compartilhado de valores já começou de forma orgânica e, se me permitem, espero contribuir com um pouco mais de foco para o esforço emergente.

MARXISMO RACIAL

MUDANÇAS CULTURAIS

Como acabamos de mencionar, o marxismo cultural compreendeu seu inimigo, que é o Ocidente livre. Compreendeu que a grande força do Ocidente é seu ambiente cultural. Em resumo, ele tinha mais ou menos os valores corretos, acreditava neles, compartilhava-os e sabia como transmiti-los de uma pessoa — e de uma geração — para outra. Desde a década de 1920, os marxistas têm direcionado todos os seus esforços para solapar a estabilidade cultural antes de tentar a revolução política (na China, Mao Tsé-Tung é um exemplo paradigmático). Também podemos fazer a engenharia reversa dessa estratégia e voltar a rejeitar esse programa deletério.

A teoria marxiana subverte a cultura de uma maneira específica. Em grande medida, subverte a *construção de sentido* ao utilizar manipulações retóricas e linguísticas, como foram descritas no capítulo anterior. Portanto, o antídoto para esse tipo de manipulação é óbvio, embora difícil: devemos recuperar a construção de sentido. O que é feito de maneira mais eficaz, aparentemente de forma irônica, *descentralizando isso*. A verdade, e, portanto, o poder, não pertence a algum magistério que possa ser capturado por teóricos marxianos comprometidos. Trata-se de algo acessível a qualquer um disposto a formular as perguntas e a realizar o trabalho de respondê-las, não segundo a teoria que somente os sumos sacerdotes marxianos conseguem "entender" de maneira adequada, mas por meio da análise do que está acessível a *todos*: a realidade e as pessoas nela. A verdade é a inversão da teoria.

Parte da genialidade do Iluminismo é que foi um período de descentralização, sobretudo no que diz respeito à posse da propriedade, ao sufrágio e à aquisição de conhecimento. Após a Reforma, qualquer um que soubesse ler podia estudar as Sagradas Escrituras sozinho e tentar entendê-las sem intermediários sacerdotais. À medida que a Revolução Científica se desenrolava, qualquer um que quisesse testar uma afirmação sobre a realidade podia investigar os dados e desafiar qualquer especialista. O capitalismo permitiu o mesmo tipo de experimentação econômica, e a evolução da democracia de estilo republicano reinventou o universo político de modo semelhante — o governo seria mínimo, utilizaria a divisão

282

de poderes e procederia *apenas* com o consentimento dos governados. Em termos gerais, essas são as ideias do *liberalismo*, que tem sido muito bem-sucedido. De fato, ao contrário da crença popular (reacionária e marxiana), essa abordagem não fracassou; simplesmente não se adaptou com rapidez suficiente ao ambiente informacional em constante transformação da era dos meios de comunicação de massa e das redes sociais para manter as coisas funcionando sem percalços durante a transição. Os valores subjacentes de liberdade, individualismo e proteção de direitos básicos serão ainda mais necessários conforme avançamos pela pós-modernidade e o que quer que a suceda.

Talvez a grande ironia do liberalismo seja que, ao descentralizar o conhecimento e o poder, ele coloca as pessoas num terreno mais comum do que qualquer outro sistema já concebido na história humana. É isso mesmo. O terreno comum *aumenta* em vez de diminuir quando as pessoas são capazes de pensar e agir por si mesmas, e não segundo um coletivo. A notável descentralização liberal do conhecimento e do poder cria uma *sensibilidade comum* acessível *a todos*. O conhecimento está ao alcance na realidade em que todos vivemos, não nos pronunciamentos dos sacerdotes, especialistas ou teóricos execráveis. Todos que podem realizar sua própria pesquisa conseguem comparar os próprios comentários com os do outro. Seja na esfera do aprendizado, da teologia, da economia ou da política, o notável experimento liberal proporcionou até agora uma oportunidade comum incomparável. O que o mantém em funcionamento é também bastante simples: os governos existem para garantir os direitos dos indivíduos — não importa quem sejam — de participar plenamente em cada uma dessas esferas como quiserem. A crença é livre, a fala é livre; a propriedade é protegida; os poderes são divididos; e o sufrágio é, dentro de determinados parâmetros, universal. *E Pluribus Unum* ["De muitos, um"; frase em latim encontrada no Grande Selo dos Estados Unidos] — em que cada pessoa é um indivíduo em plena posse da humanidade que é considerada igual à humanidade de qualquer outro indivíduo — já é o maior e mais bem-sucedido programa de diversidade, equidade (no sentido de criar *acesso* igual) e inclusão que o mundo já viu, e não precisa de uma atualização marxiana.

O que essa grande descentralização cria é, ironicamente, uma *sensibilidade comum* enraizada no que costumávamos chamar de *senso comum* e ancorada na *humanidade comum*. O liberalismo enxerga que todos os seres humanos compartilham algo em comum, e no âmbito disso se situa o individualismo pessoal e a capacidade de ser um administrador idealmente motivado pelas próprias propriedades e ideias. Nada do que os teóricos marxianos fazem está enraizado no senso comum, e a teoria marxiana é singularmente concebida para destruir qualquer esperança de sensibilidade comum. A teoria descreve o mundo como os teóricos marxianos consideram que deveria e poderia ser (sem senso comum), e se orienta em teorias de luta de classes socioeconômicas, em que os "privilegiados" e os "marginalizados" são colocados em oposição dialética (sem sensibilidade comum). É parte do motivo pelo qual eles não conseguem criar memes (e escrevem parágrafos quando tentam). O universo deles é retórico e baseado em explicações complicadas de uma realidade falsa que só existe no papel. Só persiste por causa de nossa aversão a contradições, que a teoria marxiana se dedica a identificar e exagerar para os próprios propósitos.

Aliás, pode não surpreender o leitor descobrir que a teoria marxiana considera o "senso comum" como um constructo ideológico produzido e mantido por aqueles no poder em proveito próprio. Ou seja, eles encaram o senso comum como mais uma teoria da conspiração ou como um aspecto importante de alguma outra conspiração com a qual estão obcecados. Por exemplo, o "senso comum" é algo burguês no marxismo clássico, um constructo de branquitude em causa própria na teoria crítica da raça, e "masculinista" e "patriarcal" nas abordagens críticas do feminismo. Em outras palavras, essas teorias enxergam a própria noção de que os seres humanos possam ter uma apreciação comum do mundo, de como ele funciona e de nós mesmos nele como um exercício de poder destinado a excluir "perspectivas", pelas quais eles se referem à própria teoria. Incrível. Isto é, como tudo o mais na teoria, uma inversão da realidade elaborada por pessoas que agem como se a realidade tivesse falhas, e não suas próprias ideias sobre ela.

Agora, uma crença fundamental que tenho — aquela sobre a qual todo este livro e grande parte de meu trabalho se baseiam — pode ser

O QUE PODEMOS FAZER ACERCA DA TEORIA CRÍTICA DA RAÇA?

resumida no provérbio polonês "jamais tente curar o que você não entende". Aqui, quero começar por oferecer o que acredito ser um diagnóstico do mal-estar que as últimas cepas da teoria marxiana trouxeram a nosso mundo, e a partir disso, espero apresentar uma resposta sensata sob a forma de uma sensibilidade comum renovada.

Como já discutimos em detalhes, o neomarxista Herbert Marcuse, em 1969, escreveu *An Essay on Liberation*, um longo ensaio composto de quatro partes. A segunda é intitulada "A nova sensibilidade". O argumento de Marcuse é quase insano, mas o que ele insinua é poderoso. De acordo com minha interpretação, Marcuse defende com eficácia a tese de que aquilo que impede as revoluções socialistas de criarem raízes, mesmo ao nível da consciência que devem gerar para avançar, é que elas ocorrem no âmbito do quadro da sensibilidade existente — o que as pessoas consideram sensatez em oposição à insensatez. Ou seja, Marcuse colocou a culpa pelas revoluções fracassadas do passado na falha em conceber o mundo de uma forma completamente nova (talvez porque seja utópico e uma mera possibilidade que só pode ser vislumbrada de forma negativa, como o próprio Marcuse também explica). Ele, assim como outros por volta da mesma época (com destaque para Paulo Freire), insistia que se a Revolução trouxer consigo as antigas formas de opressão, a sensibilidade existente, apenas reproduzirá os velhos problemas de uma nova maneira. Esse foi o diagnóstico de Marcuse para a catástrofe do socialismo soviético, e o de Freire para os diversos regimes brutais semelhantes a cartéis na América do Sul.

Agora, existem duas maneiras pelas quais uma revolução socialista pode fracassar, e Marcuse assumiu a missão de se queixar de ambas ao mesmo tempo. Uma é que ela não se materializa, como ele constatou, frustrado, que era o caso em todo o Ocidente — o capitalismo rejeita o socialismo. A outra é que ela se torna tirânica, o que ele testemunhou consternado no caso da União Soviética e do Bloco Oriental, que àquela altura eram basicamente catástrofes indefensáveis: o socialismo se torna totalitário. (Vale ressaltar que, escrevendo em 1969, Marcuse nutria esperanças em relação às revoluções no Vietnã, Cuba e China.) Ele atribui a culpa por esses dois acontecimentos à persistência da sensibilidade predominante pré-revolucionária, que, segundo ele, impede o surgimento de uma

MARXISMO RACIAL

nova racionalidade e até de uma nova *realidade* na qual as pessoas possam avançar rumo à libertação. Para a libertação prosseguir, ele argumenta primeiro a favor de uma Grande Recusa da sociedade existente, seguida pelo surgimento de uma "Nova Sensibilidade" que abrirá o caminho para a libertação (em termos gerais, dessa vez, o comunismo que funciona) que existe completamente fora do escopo existente da construção de sentido e que até faz uso de sua própria nova linguagem.

Insisto que atualmente vivemos em grande parte no mundo de Herbert Marcuse. Ele foi o pai da Nova Esquerda, que substituiu o marxismo "vulgar" da esquerda mais antiga por sua poção mágica de teoria marxiana e política identitária (marxismo identitário), que foi extremamente popular na esquerda na década de 1960 e tem sido desde então. (Grande parte de seu argumento trata a necessidade de um novo proletariado, já que o sucesso do capitalismo tinha "estabilizado" a classe trabalhadora e eliminado seu potencial revolucionário, como você deve se lembrar dos Capítulos 3 e 4.) A arquitetura de nosso atual discurso político disfuncional é construída predominantemente de acordo com sua "tolerância repressiva" (que ele também chamou de "tolerância libertadora" e "tolerância seletiva") que suprime o conservadorismo. Eu sustentaria que sua fusão entre teoria marxiana e política identitária gerou precisamente essa "Nova Sensibilidade" que poderia reorganizar tudo em nossas sociedades e abrir caminho para outra revolução ao estilo socialista, que começou a sério ao nosso redor nos últimos anos (*spoiler*: também não vai funcionar desta vez).

A teoria crítica da raça faz parte dessa Nova Sensibilidade, que afirmo que já existe atualmente em parte significativa sob a forma da *prática* da interseccionalidade de Kimberlé Crenshaw (que é um elemento mais amplo do modelo de "sustentabilidade" que engloba toda a visão). Na verdade, a própria Crenshaw descreve a interseccionalidade menos como uma teoria e mais como uma *sensibilidade* analítica.[3] Embora não fique claro se Crenshaw intencionalmente ecoa com essa palavra o apelo por uma "Nova Sensibilidade" feito por Marcuse décadas antes, o que fica claríssimo é que o uso dela por parte de Crenshaw é tanto propenso à interseccionalidade como pertinente à visão de Marcuse. A interseccionalidade se tornou a Nova Sensibilidade que Marcuse talvez tenha esperado,

O QUE PODEMOS FAZER ACERCA DA TEORIA CRÍTICA DA RAÇA?

aquela em que ele erroneamente acreditava que, enfim, abriria espaço para uma transição a um futuro imprevisível do socialismo libertado, em que não haveria injustiça, violência, fadiga ou miséria. (Mais uma vez, a "Nova Sensibilidade" plena é a "sustentabilidade", da qual a interseccionalidade é considerada parte integrante no pressuposto de que um mundo injusto também é inerentemente não sustentável porque será socialmente volátil. No entanto, como este livro se concentra na teoria crítica da raça, não abordará a sustentabilidade de modo mais detalhado.)

A interseccionalidade *deve* ser considerada como uma sensibilidade mais do que qualquer outra coisa. Trata-se de uma maneira de pensar sobre o mundo em função de como podemos decidir o que faz sentido e o que não faz. A interseccionalidade é uma "prática", como também Crenshaw a definiu, que prescreve como abordaremos um enunciado, uma ação, uma instituição ou qualquer outra coisa na sociedade, e determinaremos se é sensato ou não *com base em quem o disse e em como a identidade dessa pessoa se relaciona com os supostos sistemas de poder delineados pelas diversas teorias marxianas em jogo*. Em outras palavras, isso torna a análise marxiana das supostas dinâmicas de poder fundamental para considerarmos ou não algo no âmbito do sensato (não opressivo ou antiopressivo) ou não (defender a dominação e, portanto, a opressão). Nesse sentido, embora o pensamento interseccional não defina o que às vezes é chamado de Janela de Overton — o leque de opiniões aceitáveis —, pode-se dizer que inclui o vidro dessa janela e como vemos o que vemos através dele. Trata-se de uma Lente de Overton que controla como percebemos as opiniões e as consideramos aceitáveis ou não, e tudo o que pode ser visto através dela constitui a teoria marxiana.

Nós, habitantes das sociedades liberais modernas, tendemos a pensar nos indivíduos como átomos aproximadamente iguais da sociedade, pelo menos no sentido de que não nos atreveríamos a prejulgar ou delimitar os direitos naturais básicos de alguém com base em preconceitos grupais em relação a ele. A interseccionalidade não faz isso. Seus átomos são *grupos* sociais e culturais sujeitos a forças estruturais definidas pelo poder sistêmico, e esses grupos devem ser *igualados* ao ajustar a dinâmica de poder a nível das instituições. Sob a sensibilidade interseccional, os indivíduos *não* são indivíduos com suas próprias mentes e personalidades. Eles são

MARXISMO RACIAL

membros de grupos que são lançados nas águas do poder sistêmico, destinados a serem privilegiados "relacionalmente" em comparação com alguns e oprimidos em comparação com outros. (Se pensarmos bem, essa visão é bastante neopagã, mas com a dinâmica de poder ocupando o lugar dos deuses.)

Segundo a interseccionalidade, somos informados, a posicionalidade deve ser intencionalmente considerada.[4] Isso significa que a afiliação de uma pessoa a grupos e como essas afiliações se relacionam de maneira complicada, conforme descrito pela interseccionalidade aplicada a diversas teorias críticas identitárias, deve ser tornada relevante antes que suas ações ou crenças individuais possam ser consideradas compreensíveis. Quem essas pessoas acabam sendo e o que as teorias críticas identitárias dizem sobre esses fatos determinam quem elas são e delimitam o que é sensato ou não em relação a elas.

Praticamente tudo na teoria crítica da justiça social pode ser compreendido ao se perceber que se estabeleceu uma nova sensibilidade na qual a afiliação grupal baseada em identidade e sua relação com suas teorias críticas totalizantes relativas ao poder sistêmico criaram raízes. De repente, temos que nos preocupar não só com o que uma pessoa disse, mas de que maneira diversos fatores de sua identidade podem ter contribuído para o *motivo pelo qual ela disse isso* e *o que ela quis dizer com isso*. Uma afirmação não é apenas uma afirmação nessa sensibilidade. Essa afirmação serviu para manter, negociar, mediar ou interrogar o poder, dependendo se foi feita de uma posição que se beneficia dele (e, portanto, deseja cinicamente mantê-lo) ou que é oprimida por ele (e, portanto, deseja desafiá-lo). Todas as identidades se tornam políticas, toda política se torna política de poder grupal segundo uma análise marxiana, e todas as afirmações feitas "como uma" identidade adquirem uma relevância política que ignorar é ser deliberadamente ignorante.

Assim, de acordo com a interseccionalidade, a mesma afirmação poderá ser considerada "sensata" se for feita por um negro e "insensata" se for feita por um branco, um asiático ou um latino de pele clara (mas talvez não por um de pele escura). Ou, conforme a dialética progride, a mesma afirmação poderá ser considerada "sensata" se for feita por um negro que acredita na teoria crítica da raça e "insensata" se for feita por um negro que a rejeita. Um indo-americano pode ser considerado diverso em um cenário e ter o tipo errado de diversidade em outro (ou seja, ser considerado "branco"). Um negro pode ser racialmente negro, mas não ser "politicamente negro" por pensar por si mesmo (ou seja, "supremacista branco"). A posicionalidade *deve ser intencionalmente considerada*, e parte dessa posicionalidade envolve a *relação* de alguém, não apenas por posição, mas também pela aceitação ou rejeição da teoria, com os supostos sistemas de poder. Se detestamos o sistema e concordamos com a teoria, é muito mais provável que sejamos considerados "sensatos" do que o contrário, sobretudo se nossos fatores identitários se alinharem. *Essa é* a Nova Sensibilidade. É também por isso que *praticamente ninguém* opta por ajudar o branco no exemplo hipotético da loja mencionado no capítulo anterior.

Essa caracterização pode parecer exagerada ou cruel, mas está em consonância com a própria formulação de Crenshaw da interseccionalidade em "Mapping the Margins" de 1991:

> Uma análise interseccional oferece tanto uma resposta intelectual quanto política a esse dilema. Com o objetivo de unir os diferentes aspectos de uma sensibilidade de outra forma dividida, uma análise interseccional sustenta que a subordinação racial e a sexual se reforçam mutuamente, que as mulheres negras costumam ser marginalizadas apenas por uma política de raça ou apenas de gênero, e que uma resposta política a cada forma de subordinação deve, ao mesmo tempo, ser uma resposta política a ambas.[5]

Ou seja, concomitante com o capítulo quatro ("Solidariedade") de *An Essay on Liberation*, de Marcuse, Crenshaw considera a interseccionalidade como uma Nova Sensibilidade enraizada na solidariedade dentro da experiência da opressão pelo poder sistêmico. Na habitual inversão da realidade marxiana, ela caracteriza a sociedade cada vez mais daltônica de sua época como causadora de uma "sensibilidade dividida" que a interseccionalidade tentará reunir. Claro que isso é um absurdo, porque pretende fazê-lo ao combinar diversas formas de política identitária neomarxiana conforme uma única e nova maneira de pensar, ou seja, a posicionalidade interseccional. Quem por acaso somos demograficamente, e, sobretudo, quem somos politicamente em termos identitários, torna-se a nova maneira de pensar em relação a tudo. Assim, justamente o novo proletariado que Marcuse estava procurando ao longo da década de 1960 estabelece sua base nos "grupos identitários marginalizados" com uma "sensibilidade interseccional" de solidariedade contra a "opressão" pelo "poder sistêmico".

Crenshaw prossegue, fazendo a mesma afirmação explicada anteriormente sobre como essa Nova Sensibilidade considera a identidade:

> Com a identidade assim reconceitualizada, pode ser mais fácil entender a necessidade e reunir a coragem de criá-la para desafiar grupos que, afinal de contas, em certo sentido, nos são "familiares", em nome das partes de nós que não nos são naturais. Isso exige uma grande quantidade de energia e desperta muita ansiedade. O máximo que podemos esperar é que ousemos falar contra exclusões internas e marginalizações, e que possamos chamar a atenção para como a identidade do "grupo" tem sido centrada nas identidades interseccionais de alguns poucos. Reconhecer que a política identitária ocorre no ponto de intersecção das categorias parece, portanto, mais proveitoso do que desafiar a possibilidade de falar sobre categorias. Mediante uma consciência de interseccionalidade, podemos reconhecer e fundamentar melhor as diferenças entre nós e negociar os meios pelos quais essas diferenças vão encontrar expressão na construção de políticas grupais.[6]

O conceito básico de interseccionalidade é que — segundo seu termo favorito: "solidariedade" — ela acredita ser *unificadora*. É claro que isso é mais uma inversão marxiana. Uma perspectiva de opressão, em vez de uma sensibilidade baseada em suas distorções, é apresentada como um traço comum universalizante por todos aqueles que são, de alguma forma, oprimidos. A teoria do conflito é imaginada como algo que unirá as pessoas. Lógico que não é nada disso. Ela é extremamente polarizante e fragmentadora, e é apenas por meio de uma extorsão moral profunda referente a uma "aliança" e "solidariedade" contra os bodes expiatórios que ela difama — heterossexuais, brancos, homens, os não deficientes, os saudáveis e em forma, aqueles de contextos ocidentais, sobretudo cristãos e norte-americanos — que ela consegue reunir com dificuldade algo semelhante a um movimento coeso.

Portanto, o que falta no âmbito desse conceito de interseccionalidade é qualquer *sensibilidade comum*. Como homem negro, não é possível se relacionar com uma mulher latina (ou, como podem dizer, "latine"). Apenas por meio da opressão, que é semelhante, mas basicamente diferente para cada um deles (e mutuamente mantida um contra o outro por cada um deles), eles podem talvez entender um ao outro como irmãos: relacionados apenas como Outro na dialética hegeliana do senhor e do escravo, ao mesmo tempo que também são Outro um para o outro. Como homem (em relação à mulher), ele a oprime; como latina (em relação ao negro), ela o oprime — *e assim a dialética progride*. Em comum eles podem alegar o flagelo da "supremacia branca", mas como negro, ele pode acusá-la de sua "cumplicidade parda" na supremacia branca, e ela pode retrucar que, sendo oprimida de maneira única, ele, como negro, não compreende a natureza de ser uma pessoa que sofre com opressões de intersecção. Eles podem reivindicar uma solidariedade falsa conforme a sensibilidade interseccional, mas não podem resolver nada "como um" lutando contra o outro "como um", cuja posicionalidade *deve ser intencionalmente considerada*. Porém, essas contradições não são mistérios; são características da teoria do marxismo identitário imposto na vida das pessoas reais que estariam em melhores condições sem elas.

Enquanto o conceito básico de interseccionalidade é que ela acredita ser unificadora mediante o padecimento da "opressão" (a propósito, quase tudo isso é experimentado por pessoas no mundo desenvolvido), a mentira básica é que ela oferece algum terreno comum real em que qualquer um pode se apoiar. Em última análise, essa falha é fatal para a interseccionalidade e sua tentativa de ser uma Nova Sensibilidade que nos conduzirá a "determinadas possibilidades históricas" com que Marcuse sonhou (comunismo). (Isso talvez não seja o caso em relação à "sustentabilidade", que apresenta outros desafios e falhará por motivos diferentes.) Ela é inevitavelmente fragmentária, mesmo em seu próprio âmbito. Não há como se unir sob uma sensibilidade tão fragmentada. Então, para resistir a esse absurdo nocivo, precisamos voltar a uma sensibilidade comum, exatamente

MARXISMO RACIAL

o que setenta anos de experimentação do marxismo cultural trabalharam para destruir.

Uma sensibilidade comum começa com a aceitação da realidade e da natureza humana como parte dessa realidade. Ou seja, uma sensibilidade comum começa com a crença de que existe uma verdade discernível — não uma proposição extremamente radical no universo do senso comum. O mundo existe, e os seres humanos fazem parte dele. Quer se acredite que fomos criados ou que evoluímos para ser como somos, nós somos como somos, e uma sensibilidade comum aceita o que somos e que, em muitos aspectos, como se diz, *é o que é*. Uma sensibilidade comum surge de uma compreensão compartilhada de que as sociedades humanas podem aspirar a se tornar "uniões mais perfeitas", mas que a humanidade e a espécie humana não são aperfeiçoáveis de igual modo. Nós simplesmente somos como somos.

Mais uma vez, a magia dessa maneira de pensar é que ela coloca todos em um terreno comum. Todos somos indivíduos, e todos somos pessoas. Todos temos isso em comum. Todos queremos que nossas sociedades prosperem, assim como esperamos prosperar no âmbito delas. Também podemos compartilhar isso. Sabemos que a verdade tem algo a ver com nosso sucesso nesse esforço, e todos nós temos a oportunidade de tentar verificá-la por conta própria, sem ter que confiar na palavra de sacerdotes ou teóricos acerca de como o mundo de fato é. Você pode ter sua experiência e eu, a minha, mas não temos nossas próprias *verdades*. Você pode me mostrar quando estou errado, e vice-versa.

Aceitar — como o bom senso nos diria — uma sensibilidade comum sobre a existência e a importância da verdade também gera uma sensibilidade comum acerca da ética, acredite ou não. Para aqueles que concordam que o mundo e a humanidade são como nós somos, aquilo que é bom pode ser entendido em termos de encontrar maneiras de nos harmonizarmos com essas realidades da melhor forma possível. É evidente que vai além do escopo desta obra tentar dar qualquer descrição do que quer que seja esse *bom* e como deve ser obtido. Basta dizer que a tentativa de mudar radicalmente a realidade ou a humanidade para alcançar uma Utopia *não é algo bom*. O Homem Socialista não é uma coisa real; ele é apenas mais um tipo de ser humano iludido (e em geral um ser perigoso).

O QUE PODEMOS FAZER ACERCA DA TEORIA CRÍTICA DA RAÇA?

Conviver da melhor forma possível na realidade, como de fato somos, é uma abordagem melhor do que pensar que podemos recriar o mundo à nossa imagem e fazê-lo funcionar, e é, certamente, bom senso.

Isso também se aplica a outras esferas. Você tem sua propriedade, e eu tenho a minha. Por não possuirmos uma propriedade em comum, achamos uma sensibilidade comum em relação à propriedade: cada um de nós pode usar a propriedade como quiser, inclusive para tentar gerar um número maior de propriedades. Se concordarmos com uma medida comum de valor, como dinheiro, poderemos tomar decisões de acordo com nossa vontade para negociar nossa propriedade ou conservá-la. O capitalismo, quando funciona corretamente, *descentraliza* a propriedade ao proteger os direitos de propriedade — a capacidade de se tornar o administrador de sua propriedade, em vez de a propriedade se tornar compartilhada entre as pessoas. Reis, lordes ou aristocratas já não detêm todas as propriedades. Todos têm o direito à própria propriedade, e se quiser usar sua propriedade para correr o risco de perdê-la para ganhar mais com isso, você pode fazer isso. O aspecto do capitalismo referente à *descentralização da propriedade* é o que a teoria marxiana não consegue entender de forma adequada, muitas vezes mostrando (corretamente, mas por motivos errados) que o capital pode se concentrar e começar a se centralizar novamente se organizações empresariais ficarem grandes demais, criarem monopólios ou se envolverem em práticas anticoncorrenciais. Em particular, não consegue reconhecer que uma visão comum dos direitos de propriedade gera um jogo econômico de soma positiva, desencadeando o poder da lei da vantagem competitiva, em que cada administrador de propriedade individual pode buscar aumentar a propriedade mediante meios em que ele é melhor. As abordagens coletivistas referentes à propriedade induzem um jogo de soma negativa, muitas vezes chamado de "a tragédia dos comuns", porque a administração individual é solapada por meio da diluição da responsabilidade.

Da mesma forma, na política liberal, você tem seu voto, e eu tenho o meu, ou pelo menos assim funciona quando ambos somos membros de uma república democrática. Certa vez, meus pais brigaram feio antes de uma grande eleição, e minha mãe perguntou a meu pai em quem ele ia votar. Ainda que não costumasse dizer, ele contou para ela, e como minha mãe estava brava com ele, ela votou no outro candidato e, em seguida, fez questão de contar para meu pai que usou o voto para neutralizar o dele. Isso não pôs fim à briga dela, mas é o direito de todos numa república democrática. Se você acha que eu sou horrível, pode neutralizar meu voto, independentemente do que você acha dos candidatos. Se você conseguir me convencer durante a campanha, talvez possa dobrar seu voto ao conquistar o meu. Isso descentraliza o poder político (tira das mãos de reis, sacerdotes, lordes e assim por diante) e o transfere para as mãos do povo, não diretamente, mas mediante um sistema capaz de proteger contra a tirania da massa. Ao descentralizar nossa busca do bem, temos a melhor chance de aproveitar a sabedoria do povo (e a riqueza da inovação, das informações compartilhadas etc. geradas pelas trocas) e realmente aproximar isso não como um coletivo, mas como, *de muitos, um*. Todas essas descentralizações — da geração de conhecimento, do valor material, do poder político e assim por diante — colocam as pessoas em terreno comum e possibilitam uma sensibilidade comum em suas respectivas esferas. É assim e *por isso* que elas funcionam.

No entanto, acredito que o bom é um tópico grande demais para este livro. Por sua vez, entender que a excelência é boa não é. Uma sensibilidade comum valoriza a excelência. O mérito é importante. A realização é importante. A competência é importante. A pessoa mais qualificada que consegue o emprego é algo que todos nós conseguimos entender e considerar uma questão de bom senso e sensibilidade comum. Encontrar dignidade em um trabalho bem-sucedido, por mais sujo ou trivial que seja, é bom. Esses são valores do senso comum fundamentais que atuam como base para encontrar uma sensibilidade comum em se importar com a excelência. A beleza também é uma forma de excelência — ou melhor, a beleza é o que é excelente no que se pretende ser (como contemplado por aqueles que valorizam o que isso é). Portanto, preferir o belo ao feio e valorizar aqueles que trazem beleza ao mundo (em vez de contestá-la ou destruí-la) também está nas próprias raízes da sensibilidade comum.

Uma sensibilidade interseccional destrói essas coisas. A verdade, em uma sensibilidade interseccional, é apenas um exercício de poder. Tanto os neomarxistas (pelo menos durante a década de 1960) e os pós-modernistas acreditavam nisso, e os interseccionalistas (que são ambos ao

O QUE PODEMOS FAZER ACERCA DA TEORIA CRÍTICA DA RAÇA?

mesmo tempo) também acreditam. Segundo a interseccionalidade, a verdade não é determinável. Trata-se de uma construção social e, portanto, algo que precisa ser compreendido de forma relacional e posicional. Você tem *a sua verdade*, que, na realidade, se trata de sua perspectiva sobre o poder, como instrui o marxismo identitário, e eu tenho *a minha verdade*, que é a mesma coisa, mas diferente se eu, por acaso, for de uma categoria identitária diferente da sua (sobretudo se eu acreditar que a minha vem completamente de fora da teoria). Em vez de servir como um nivelador e um lugar para a sensibilidade comum, a verdade se torna uma questão de identidade *e política identitária* sob a interseccionalidade. A verdade, ou o melhor que podemos fazer com ela, é substituída por uma narrativa motivada pela sua verdade em contraste com a minha verdade, e o árbitro de qual verdade é mais "verdadeira" é uma análise interseccional (portanto, marxiana) de como cada afirmação da verdade interage para manter ou desmantelar o poder sistêmico. O *Verstand* é substituído pelo *Vernunft*, e a teoria tradicional é substituída pela teoria crítica. A dialética do senhor e do escravo prevalece sobre a verdade, fortalecendo uma perspectiva de vitimização, e o consenso segundo essa nova "sensibilidade" imposta é demandado por aqueles que a controlam. Isso é totalmente desagregador, negativo e hostil a qualquer sensibilidade comum.

O mesmo acontece com a bondade e a excelência em todas as suas formas. A competência, o mérito, a virtude, a beleza: de acordo com a interseccionalidade, todas essas qualidades só são compreensíveis quanto à relevância para análises marxianas de poder político e, portanto, para a realização ou obstrução dos objetivos marxianos. O feio é belo na medida em que contesta as formas "hegemônicas" de beleza. O mérito e a competência são mentiras que aqueles dotados de poder contam para si mesmos para manter o poder e excluir os outros do acesso. A excelência é invertida, o ruim se torna bom, e o bom se torna mais um estratagema cínico dos bodes expiatórios de cada teoria marxiana que visam alcançar e manter o poder. Mais uma vez, não há espaço aqui para nenhuma sensibilidade comum, a menos que por "sensibilidade comum" queiramos dizer "tudo o que não dá mais poder aos teóricos marxianos é ruim". Eis por que a "Nova Sensibilidade" fomentada pelo marxismo identitário é *antiestética* e *antimoral*. Ela existe para contestar

MARXISMO RACIAL

o que é bom, e não para promover alguma visão positiva (a qual ela nega ser possível no sistema atual).

Sem querer soar excessivamente norte-americano, mas as ideias universalmente liberais dos fundadores dos Estados Unidos são, na verdade, a base de uma sensibilidade comum. *Todos os homens são criados iguais e dotados pelo Criador de certos direitos inalienáveis* é uma sensibilidade comum — um ponto de partida do qual tantas outras coisas se seguem. A própria ideia de que todos, em virtude de serem humanos, possuem *direitos inalienáveis* (que precedem o Estado), em vez de privilégios (concedidos pelo Estado e a serem apoderados e redistribuídos por teóricos marxianos obcecados por privilégios), é a base de uma sensibilidade comum. Quando a teoria crítica da raça nos diz que "os direitos são considerados alienantes",[7] podemos nos dar conta de que a teoria crítica da raça não entende nem os direitos nem o que coloca em pé de igualdade os seres humanos (e dão ouvidos às pessoas erradas). Para os religiosos, a ideia de que somos feitos à imagem de Deus é outra crença niveladora que promove a sensibilidade comum que une as pessoas e que rejeita a teoria marxiana. Por definição, *E Pluribus Unum* é um apelo à sensibilidade comum independentemente de qualquer diferença.

Um dos grandes avanços do liberalismo universal — que favorece o tratamento das pessoas como indivíduos, ao mesmo tempo em que reconhece que todas elas têm em comum uma humanidade universal que, independentemente de qualquer outra diferença, deve preceder nossas avaliações de cada pessoa — é que ele gera um terreno comum *pela primeira vez na história humana* para uma sensibilidade comum. Na ética, podemos ser julgados pelo conteúdo de nosso caráter e por nossos méritos, o que torna os juízos de valor dos seres humanos menos deturpados, por mais imperfeitamente que sejam aplicados. Na ciência, qualquer um pode realizar o experimento por si mesmo e, então, ninguém detém autoridade especial (para declarar *a sua verdade*) ou tem a palavra final — e tanto faz quem realiza o experimento, porque a verdade é a verdade é a verdade. Tudo o que importa é a competência e a metodologia da análise, que também podem ser avaliadas de maneira independente. Na economia capitalista, a propriedade é propriedade e o dinheiro é dinheiro, e por isso, pode-se dizer, em algum momento, que a única cor que o capitalismo

O QUE PODEMOS FAZER ACERCA DA TEORIA CRÍTICA DA RAÇA?

reconhece é o verde (outro americanismo, e que se tornou desatualizado). Segundo o estado de direito, a lei é a lei e a justiça é cega, o que, mais uma vez, minimiza o arbítrio e a corrupção mais do que outras abordagens. Esses avanços foram avanços, e esses valores estão *corretos*. Aqueles de nós que tiveram a sorte de desfrutar deles sabem disso e os percebem pelo que são: uma sensibilidade comum, disponível para todos, que vale a pena proteger contra a subversão, a corrupção e o abuso. O americanismo *entende a sensibilidade comum corretamente*.

Em geral, a teoria marxiana erra muito nisso. Ela começou com uma crítica ao capitalismo, acreditando que proteger o direito de cada um de adquirir, ter posse e negociar propriedades nos próprios termos é tanto impossível quanto errado. *Abolir a propriedade privada*, Marx e Engels bradam no *Manifesto Comunista*. Fomentar a luta de classes, sem buscar terreno comum entre elas, que a teoria marxiana nega existir e responsabiliza uma teoria conspiratória sobre "valores burgueses". Ela acredita que o socialismo corrige os resultados desiguais de um sistema em que uma sensibilidade comum predomina, procurando substituí-la por uma sensibilidade "consciente" administrada por uma ditadura do proletariado. No entanto, tudo o que isso faz é *aumentar* a corrupção, e nenhum grau de fervor religioso na teoria pode mudar isso; como os resultados catastróficos claramente mostram. Ótima ideia, espécie errada, como poderíamos parafrasear o biólogo E. O. Wilson, que refletiu que ela funciona muito bem com formigas, mas *não* com seres humanos. Embora a execução do capitalismo nunca tenha sido e nunca venha a ser perfeita, e tenha sido horrível de muitas maneiras na época de Marx, ele tem a ideia certa. O capitalismo possibilita uma sensibilidade comum sobre a economia e o comércio que gera uma prosperidade inacreditável. Essa prosperidade e esse sucesso, à medida que alguns dos horrores do início do capitalismo industrial encontravam soluções, foram o objeto principal da raiva de Herbert Marcuse, *pois roubaram a vontade revolucionária marxiana do proletariado*, forçando-o a adaptar sua teoria a uma nova coalizão política identitária que nos assombra até os dias de hoje.

As teorias marxianas subsequentes não se saem melhor nisso, incluindo a teoria crítica da raça. A TCR quer substituir a igualdade e o daltonismo — fundamentos de uma sensibilidade comum acerca da raça, que

MARXISMO RACIAL

conquistamos com muito sangue e luta depois de ousarmos registrar esses ideais muito antes de podermos alcançá-los — por discriminação estratégica e preconceito enraizados na consciência racial, de modo que uma sensibilidade de equidade administrada possa ser obtida por meio de uma ditadura dos antirracistas ("kendiismo"). Trata-se de uma ideia terrível. Embora a execução ainda não fosse perfeita, tínhamos a ideia certa antes e estávamos fazendo um progresso incrível. Ter uma sensibilidade comum sobre raça e identidade era a ideia certa: tratar as pessoas como iguais perante a lei, não discriminar com base na identidade e não pressupor que estereótipos se aplicam a qualquer indivíduo. Essa é uma sensibilidade comum que prioriza a humanidade de cada ser humano, não só "o esforço por uma certa universalidade" que "na prática, coloca a pessoa em primeiro lugar", como Kimberlé Crenshaw reclamou de forma egoísta.

O termo marxiano para uma sensibilidade comum eficaz é mais ou menos "hegemonia", e a hegemonia só é ruim quando é ilegítima. É ilegítima quando é *imposta*, e não quando surge como resultado da garantia da liberdade individual e do exercício da liberdade. Em outras palavras, a hegemonia é ilegítima quando é *centralizada*, sendo mais legítima quando surge da *descentralização*. Quando uma sensibilidade comum tem suas raízes na realidade, igualdade, neutralidade, verdade, excelência e mérito — e quando valoriza assumir responsabilidades em vez de guardar ressentimentos em relação ao mundo e a tantos outros nele —, ela é descentralizada porque *qualquer pessoa* pode aspirar a esses valores. Por conseguinte, a sensibilidade comum é, ao mesmo tempo, boa e um repelente natural contra a teoria marxiana. Procurar cultivar esse tipo de sensibilidade comum, baseada no senso comum, é um poderoso antídoto em longo prazo contra as teorias marxianas, incluindo a teoria crítica da raça. Devemos fazer o possível para definir e impor uma sensibilidade comum ampla que não seja artificial, ideológica, doutrinária ou dogmática. Para isso, recomendo os valores do liberalismo clássico acima de todos os outros.

Como sou norte-americano, gostaria de encerrar esta seção, este capítulo e o conteúdo deste livro dizendo que acredito enfaticamente no *americanismo*, ou seja, os valores dos fundadores dos Estados Unidos e que definem o Sonho Americano, e enxergo esses valores como a base de uma

O QUE PODEMOS FAZER ACERCA DA TEORIA CRÍTICA DA RAÇA?

sensibilidade comum para as pessoas livres em qualquer lugar do mundo onde possam ser encontradas. Essa não é uma visão chauvinista ou nacionalista dos Estados Unidos; é um apelo em favor dos valores simples e do bom senso no cerne da fundação norte-americana e que serve como uma base excelente para compreender e encontrar uma sensibilidade comum que evita o dogmatismo e a captura ideológica.

Partir do princípio de que todos os Homens são criados de igual modo (à imagem de Deus) e dotados pelo Criador de certos direitos inalienáveis que precedem qualquer pretensão a privilégios concedidos pelo Estado é excelente. Portanto, que julguemos as pessoas pelos méritos e caráter, e não pela identidade, é um sólido ponto de partida. Que possamos compreender a realidade *como ela é*, em nós mesmos, na busca de uma união mais perfeita (não apenas da nação norte-americana, mas das pessoas em sentido mais amplo), é um valor poderoso. Que tenhamos o direito de possuir coisas e de fazer o que quisermos com nossas propriedades dentro dos limites razoáveis da lei é um valor fundamental para todas as pessoas livres. Que possamos expressar nossas opiniões e acreditar no que quisermos sem arriscar nossa vida ou meios de subsistência — isso é a *Primeira* Emenda norte-americana — e que tenhamos uma série de salvaguardas em vigor para que o governo seja limitado e governe apenas com o consentimento dos governados são todas ideias fantásticas. Devemos poder expressar nossas opiniões como quisermos e ser julgados pelo mérito de nossas ideias, enquanto nossos meios de subsistência dependem do mérito de nossas iniciativas produtivas e contribuições para a sociedade que compartilhamos. Que sejamos governados pela lei, e não por um homem ou homens com pretensões de falar em nome de Deus, também é uma ideia muito boa. Tudo isso constitui uma base excelente de uma sensibilidade comum para *as pessoas livres do mundo*. A ideia de que deveríamos ser libertados disso é simplesmente *absurda*; e uma visão de mundo fragmentária baseada na teoria marxiana e sem o menor sentido é uma afronta ao bom senso e à dignidade humana.

Eu reafirmo que, independentemente de você ser norte-americano ou não, esses valores constituem a base de uma sensibilidade comum disponível para todas as pessoas livres, e eu as encorajo. Também encorajo a promoção dos valores fundamentais que todos devemos ser capazes de

MARXISMO RACIAL

compartilhar, incluindo verdade, excelência, liberdade, responsabilidade, mérito, competência e julgamento de acordo com esses valores, em vez da adesão sectária ou ideológica. A isso dou o nome de americanismo. Independentemente de como chamemos, enxergo isso como o melhor ponto de partida para identificar uma sensibilidade comum que rejeita a interseccionalidade e todo o resto da teoria marxiana, sobretudo a teoria crítica da raça.

CONCLUSÃO

A teoria crítica da raça é um desastre. Em termos simples, trata-se de marxismo racial. Ou seja, é uma teoria marxiana baseada na crença de que o racismo que beneficia os brancos é o princípio fundamental de organização da sociedade. Essa é uma crença religiosa que leva a teoria crítica da raça a adotar muitas visões terríveis por conta de seguir os passos de Karl Marx, mas usa a raça como "o constructo central para entender a desigualdade" (sendo a desigualdade — e o conflito resultante dela — o princípio fundamental de organização da sociedade) em vez da classe econômica. É uma fusão estratégica e dialética entre neomarxismo, política identitária e pós-modernismo cujas raízes remontam a Marx, Hegel e Rousseau (e, sem rodeios, ao gnosticismo e aos cultos gnósticos). Assim, apresenta um objetivo funcional: despertar uma consciência crítica racial, que é uma reinvenção marxiana do racismo como sempre foi. Faz isso para poder realizar a única coisa que de fato faz: *rotular de "racista" tudo o que quer controlar (que é tudo mesmo), até que esteja sob o controle dos teóricos críticos da raça*. Ela não tem lugar respeitável em nossa sociedade e deve ser excluída de todas as nossas instituições, sobretudo da educação e do direito (sem esquecer a medicina).

O objetivo principal da teoria crítica da raça é criar duas categorias de pessoas: aquelas com consciência crítica racial e aquelas que não podem ser enganadas, coagidas ou forçadas quanto a isso. A teoria crítica da raça existe para privilegiar aqueles que adotam sua consciência e para discriminar resolutamente aqueles que não a adotam. Seu propósito ao agir assim é criar condições para que possa implantar uma ditadura dos antirracistas — uma releitura racial da ditadura do proletariado de Marx — que impingirá uma fase transicional de "equidade racial" (socialismo racial) a ser seguida, mediante a alquimia marxiana-hegeliana, pela "justiça racial" (comunismo racial). A teoria crítica da raça não sabe como isso será alcançado de verdade, mas acredita, com fundamentalismo religioso inflexível, que *será* alcançado se lhe for dado poder suficiente e se conseguir pressionar as pessoas o bastante para que acreditem nisso (ou fingir que acreditam em prol da própria segurança). A teoria crítica da raça existe para "expor as contradições raciais" que despertam essa consciência em observadores e instituições simpáticas e, assim, facilitar a tomada do poder (principalmente cultural e institucional), que então será usado com abuso em sua missão implacável de criar um número maior de fiéis, para que esse plano nefasto possa ser levado a cabo.

Esta é a verdadeira essência da teoria crítica da raça: o marxismo racial. É isso. A história é essa. As pessoas acham intimidador seu jargão, mas trata-se de uma teoria tão vasta quanto um Grande Lago (naquilo que aborda) e tão profunda quanto uma poça de lama. Este livro existe para ajudar a entender o fato e o que ele significa. Também se baseia na esperança de que podemos sanar o que entendemos e, portanto, é um apelo à resistência vigorosa e inteligente contra esse flagelo da civilização ocidental. Só espero que tenha sido suficientemente eficaz.

REFERÊNCIAS BIBLIOGRÁFICAS

ADORNO, Theodor. *Negative Dialectics*. E. B. Ashton (tradução para o inglês). Nova York: Routledge, 1973.

ADORNO, Theodor. "Something's Missing: A Discussion between Ernst Bloch and Theodor W. Adorno on the Contradictions of Utopian Longing" (1964). Em Bloch, *The Utopian Function of Art and Literature: Selected Essays*. MIT Press, 1988.

APPLEBAUM, Barbara. *Being White, Being Good: White Complicity, White Moral Responsibility, and Social Justice Pedagogy*. Lanham, MD: Lexington Books, 2010.

BAILEY, Alison. "Tracking Privilege-Preserving Epistemic Pushback in Feminist and Critical Race Philosophy Classes". *Hypatia: Journal of Feminist Philosophy* 32(4): 876-892, 2017.

BAILEY, Alison. "'White Talk' as a Barrier to Understanding Whiteness". Em George Yancy (editor), *White Self-Criticality beyond Anti-racism: How Does It Feel to Be a White Problem?* (pp. 37-57). Lanham, MD: Lexington Books, 2014.

BAUDRILLARD, Jean. *Simulacra and Simulation*. Sheila Faria Glaser (tradução para o inglês). University of Michigan Press, 1995.

BECK, Hamilton. "W.E.B. Du Bois as a Study Abroad Student in Germany, 1892-1894". *Frontiers: The International Journal of Study Abroad*, Volume 2, 1996. Acessado em https://files.eric.ed.gov/fulltext/EJ608183.pdf, em 26 de novembro de 2021.

BELL, Derrick. *Faces at the Bottom of the Well: The Permanence of Racism*. Nova York: Basic Books, 1992.

BELL, Derrick. *Race, Racism, and American Law*, sexta edição. Austin, TX: Wolters Kluwer, 2008.

BIDOL, Patricia. *Developing New Perspectives on Race: An Innovative Multimedia Social Studies Curriculum in Racism Awareness for the Secondary Level*. Detroit: New Detroit, 1970.

BIDOL, Patricia. *Racism and Education: An Action Manual*. National Education Association, 1973. Disponível em https://eric.ed.gov/?id=ED073214.

BOHMAN, James. "Critical Theory". *The Stanford Encyclopedia of Philosophy* (edição da primavera de 2021), Edward N. Zalta (editor). Acessado em https://plato.stanford.edu/archives/spr2021/entries/critical-theory/, em 26 de novembro de 2021.

BRODKIN, Karen. *How Jews Became White Folks and What that Says About Race in America*. Rutgers University Press, 1998.

CHO, Sumi; CRENSHAW, Kimberlé; MCCALL, Leslie. "Toward a Field of Intersectionality Studies: Theory, Applications, and Praxis". *Signs: Journal of Women in Culture and Society* 38(4): 785-810, 2013.

CLEMENTS, Ben. "Defining Religion in the First Amendment: A Functional Approach". *Cornell Law Review* 74(3): Article 4, 1989.

COLLINS, Patricia Hill. *Black Feminist Thought: Knowledge, Consciousness, and the Politics of Empowerment*. Nova York: Routledge, 1990.

COMBAHEE RIVER COLLECTIVE STATEMENT. Acessado em https://www.workers.org/wp-content/uploads/CombaheeRiverCollectiveStatement1977.pdf, em 27 de novembro de 2021.

CRENSHAW, Kimberlé. "Demarginalizing the Intersection of Race and Sex: A Black Feminist Critique of Antidiscrimination Doctrine, Feminist Theory and Antiracist Politics". *University of Chicago Legal Forum* 1: Article 8, 1989.

CRENSHAW, Kimberlé. "Mapping the Margins: Intersectionality, Identity Politics, and Violence against Women of Color". *Stanford Law Review* 43(6): 1241-1299, 1991.

CRENSHAW, Kimberlé. "Twenty Years of Critical Race Theory: Looking back to Move Forward Commentary: Critical Race Theory: Critical Race Theory: A Commemory: A Commemoration: Lead Article". *Connecticut Law Review* 117, 2011.

CRENSHAW, Kimberlé *et al. Critical Race Theory: The Key Writings that Formed the Movement*. Nova York: The New Press, 1995.

DELGADO, Richard; STEFANCIC, Jean. "Living History Interview with Richard Delgado & Jean Stefancic". Seattle University Digital Law Commons, 10 de janeiro de 2011. Acessado em https://digitalcommons.law.seattleu.edu/cgi/viewcontent.cgi?article=1039&context=faculty, em 28 de novembro de 2021.

DELGADO, Richard; STEFANCIC, Jean. *Critical Race Theory: An Introduction*, primeira edição. NYU Press, 2001.

DERRIDA, Jacques. *Of Grammatology*, edição corrigida. Gayatri Chakravorty Spivak (tradução para o inglês). Johns Hopkins University Press, 1997.

DIANGELO, Robin. [Ficha de trabalho.] "Anti-racism Handout". 2016. Acessado em https://robindiangelo.com/wp-content/uploads/2016/06/Antiracism-handout-1-page-2016.pdf, em 28 de novembro de 2021.

DIANGELO, Robin. *Nice Racism: How Progressive White People Perpetuate Racial Harm*. Boston: Beacon Press, 2021.

DIANGELO, Robin. *What Does It Mean to Be White?: Developing White Racial Literacy*. Nova York: Peter Lang, Inc., 2016.

REFERÊNCIAS BIBLIOGRÁFICAS

DIANGELO, Robin. *White Fragility: Why It's So Hard for White People to Talk About Racism*. Boston: Beacon Press, 2018.

DIRLIK, Alif. "The Predicament of Marxist Revolutionary Consciousness: Mao Zedong, Antonio Gramsci, and the Reformulation of Marxist Revolutionary Theory". *Modern China* 9(2): 182-211, 1983.

DODD, Bella. [Depoimento perante o Cômite da Câmara sobre Atividades Antiamericanas]. *Investigation into Communist Activities in the Columbus, Ohio, Area*, 1953. Acessado em https://archive.org/details/investigationofc1953unit/page/1756/mode/2up?view=theater&q=religion, em 28 de novembro de 2021.

DORMAN, Sam. "NYT reporter, in now-deleted tweet, claims there's 'a difference between being politically black and racially black'". *Fox News*, 23 de maio de 2020. Acessado em https://www.foxnews.com/media/nikole-hannah-jones-politically-racially-black, em 26 de novembro de 2021.

DU BOIS, W. E. B. *The Souls of Black Folk*, edição Oxford World's Classics. Brent Hayes Edwards (editor). Oxford University Press, 2007.

DU BOIS, W. E. B. "The Souls of White Folk". Em *W.E.B. Du Bois: Writings (Library of America, 1987)*, pp. 923-38. Publicado originalmente em *The Independent*, 10 de agosto de 1910, e revisado para a coletânea *Darkwater: Voices from Within the Veil* (1920). Acessado em https://loa-shared.s3.amazonaws.com/static/pdf/Du_Bois_White_Folk.pdf, em 28 de novembro de 2021.

ENGELS, Friedrich. "Karl Marx: Critique of Political Economy, a Review". 1859. Acessado em https://www.marxists.org/archive/marx/works/1859/critique-pol-economy/appx2.htm, em 28 de novembro de 2021.

FAHS, Breanne; KARGER, Michael. "Women's Studies as a Virus: Institutional Feminism, Affect, and the Projection of Danger". *Géneros: Multidisciplinary Journal of Gender Studies* 5(1): 928-957, 2016.

FREIRE, Paulo. *The Pedagogy of the Oppressed*, edição de trigésimo aniversário. Myra Berman Ramos (tradução para o inglês). Nova York: Contiuum, 2005.

GOTTESMAN, Isaac. *The Critical Turn in Education: From Marxist Critique to Poststructuralist Feminism to Critical Theories of Race*. Nova York: Routledge, 2016.

GRAMSCI, Antonio. *Selections from the Prison Notebooks of Antonio Gramsci*. Quintin Hoare e Geoffrey Noell Smith (tradução para o inglês e editores). Nova York: International Publishing, 1971.

HARRIS, Cheryl I. "Whiteness as Property". *Harvard Law Review* 106(8): 1707-1791, 1993.

HEGEL, G. W. F. "Introduction to *The Philosophy of History*". Leo Rauch (tradução para o inglês). Acessado em https://theoryreader.org/2021/06/27/introduction-to-the-philosophy-of-history-by-georg-w-f-hegel/ em 26 de novembro de 2021.

HEGEL, G. W. F. *Lectures on the Philosophy of History*. J. Sibree (tradução para o inglês). Londres: Bell and Sons, 1914.

HEGEL, G. W. F. *Philosophy of Right*. S. W. Dyde (tradução para o inglês). Dover Philosophical Classics, 2005.

HEGEL, G. W. F. *System of Science, Volume One: The Phenomenology of Spirit*. A. V. Miller (tradução para o inglês). Oxford University Press, 1977.

HICKS, Stephen R. C. *Explaining Postmodernism: Skepticism and Socialism from Rousseau to Foucault*. Edição ampliada da editora Ockham's Razor, 2011.

"History of the Modern Black Liberation Movement and the Black Workers Congress Summed-Up". Marxists.org, *Encyclopedia of Anti-Revisionism On-Line*. Primeira publicação: no livreto *The Black Liberation Struggle, the Black Workers Congress, and Proletarian Revolution*, s.d. [1974]. Acessado em https://www.marxists.org/history/erol/ncm-1/bwc-history.htm, em 29 de novembro de 2021.

HITLER, Adolf. *Mein Kampf*. Londres: Hurst and Blackwell, 1939.

HOOD JR., Ralph W.; HILL, Peter C.; WILLIAMSON, W. Paul. *The Psychology of Religious Fundamentalism*, primeira edição. Nova York: Guilford Press, 2005.

HOOKS, bell. *Teaching to Transgress: Education as the Practice of Freedom*. Nova York: Routledge, 1994.

HORKHEIMER, Max. "Traditional and Critical Theory". In *Critical Theory: Selected Essays*. Matthew J. O'Connell *et al* (tradução para o inglês). Nova York: Continuum, 2002.

HORKHEIMER, Max; ADORNO, Theodor W. *The Dialectic of Enlightenment: Philosophical Fragments*. Gunzelin Schmid Noerr (editor). Edmund Jephcott (tradução para o inglês). Board of Trustees of the Leland Stanford Junior University, 2002.

KATZ, Judith. *White Awareness: Handbook for Anti-racism Training*. Norman, OK: University of Oklahoma Press, 1978.

KENDI, Ibram X. *How to Be an Antiracist*. Nova York: One World, 2019.

KENDI, Ibram X. "Pass an Antiracist Constitutional Amendment". *Politico*, 2019. Acessado em https://www.politico.com/interactives/2019/how-to-fix-politics-in-america/inequality/pass-an-anti-racist-constitutional-amendment/, em 28 de novembro de 2021.

KENDI, Ibram X. *Stamped from the Beginning: The Definitive History of Racist Ideas in America*. Nova York: Nation Books, 2016.

KLAR, Rebecca. "Pressley: Democrats don't need 'any more black faces that don't want to be a black voice'". *The Hill*, 14 de julho de 2019. Acessado em https://thehill.com/homenews/house/453007-pressley-democrats-need-any-more-black-voices--that-dont-want-to-be-a-black, em 26 de novembro de 2021.

LADSON-BILLINGS, Gloria; TATE IV, William F. "Toward a Critical Race Theory of Education". *Teachers College Record* 97(1): 47-68, 1995.

LANG, Cady. "President Trump Has Attacked Critical Race Theory. Here's What to Know About the Intellectual Movement". *TIME Magazine*, 29 de setembro de 2020. Acessado em https://time.com/5891138/critical-race-theory-explained/, em 26 de novembro de 2021.

REFERÊNCIAS BIBLIOGRÁFICAS

LEMISKO, Lynn. "Unpacking the Presuppositions for Social Justice". Em *Educator to Educator: Unpacking and Repacking Generative Concepts in Social Studies*, Todd A. Horton e Lynn Lymisko (editores), 193-200. Rotterdam: Sense Publishers, 2015.

LINDSAY, James. "A First Amendment Case for Freedom from the Woke Religion". *New Discourses*, 9 de setembro de 2020. Acessado em https://newdiscourses.com/2020/09/first-amendment-case-freedom-from-woke-religion/, em 28 de novembro de 2021.

LORDE, Audre. "The Master's Tools". Em *Sister Outsider: Essays and Speeches*, 110-114. Berkeley, CA: Crossing Press, 2007.

LUKÁCS, György. *History and Class Consciousness*. Rodney Livingstone (tradução para o inglês). Merlin Press, 1967. Acessado em https://www.marxists.org/ebooks/lukacs/history_and_class_consciousness_georg_lukacs.pdf, em 28 de novembro de 2021.

LYOTARD, Jean-François. *The Postmodern Condition: A Report on Knowledge*. Geoff Bennington e Brian Massumi (tradução para o inglês). Mineápolis: University of Minnesota Press, 1984.

MARCUSE, Herbert. *An Essay on Liberation*. Boston: Beacon Press, 1969.

MARCUSE, Herbert. *Counterrevolution and Revolt*. Boston: Beacon Press: 1972.

MARCUSE, Herbert. *One-Dimensional Man: Studies in the Ideology of Advanced Industrial Society*, segunda edição. Nova York: Routledge Classics, 2002.

MARCUSE, Herbert. "Repressive Tolerance". 1965. Acessado em https://www.marcuse.org/herbert/publications/1960s/1965-repressive-tolerance-fulltext.html, em 28 de novembro de 2021.

MATIAS, Cheryl E.; DIANGELO, Robin. "Beyond the Face of Race: Emo-Coginitive Explorations of White Neurosis and Racial Cray-Cray". *Educational Foundations* 27(3-4): 3-20, 2013. Acessado em https://files.eric.ed.gov/fulltext/EJ1065640.pdf, em 28 de novembro de 2021.

MARX, Karl. *Capital*. Em marxists.org. Acessado em https://www.marxists.org/archive/marx/works/1867-c1/p3.htm, em 26 de novembro de 2021.

MARX, Karl. "M. to R. [Article in Deutsch-Französische Jahrbücher]", in MECW, Volume 3, (1843; reimpresso em 1973), 143.

MARX, Karl; ENGELS, Friedrich. *Manifesto for the Communist Party, and Its Genesis*. 1848. Publicado por Marxists Internet Archive, 2010. Acessado em https://www.marxists.org/admin/books/manifesto/Manifesto.pdf, em 28 de novembro de 2021.

MILLS, Charles. *From Class to Race: Essays in White Marxism and Black Radicalism*. Lanham, MD: Rowman & Littlefield, 2003.

MILLS, Charles. *The Racial Contract*. Cornell University Press, 1997.

PAINE, Thomas. *Common Sense*. [Janeiro de 1776]. Acessado em https://americainclass.org/wp-content/uploads/2014/07/Common-Sense-_-Full-Text.pdf, em 29 de novembro de 2021.

PIEPER, Josef. *Abuse of Language – Abuse of Power*. Lothar Krauth (tradução para o inglês). San Francisco: Ignatius Press, 1974.

MARXISMO RACIAL

PLUCKROSE, Helen; LINDSAY, James. *Cynical Theories: How Activists Scholarship Made Everything about Race, Gender, and Identity – and Why This Harms Everybody.* Pitchstone, 2020.

"Practice & Theory", marxists.org, *Encyclopedia of Marxism*. Acessado em https://www.marxists.org/glossary/terms/p/r.htm, em 29 de novembro de 2021.

"Praxis", marxists.org, *Encyclopedia of Marxism*. Acessado em https://www.marxists.org/glossary/terms/p/r.htm#praxis, em 29 de novembro de 2021.

RAMASWAMY, Vivek. *Woke, Inc: Inside Corporate America's Social Justice Scam*. Nova York: Center Street, 2021.

ROUSSEAU, Jean-Jacques. *Discourse on Inequality*. G. D. H. Cole (tradução para o inglês). Acessado em https://aub.edu.lb/fas/cvsp/Documents/DiscourseonInequality.pdf879500092.pdf, em 29 de novembro de 2021.

ROUSSEAU, Jean-Jacques. *Émile, or On Education*. Barbara Foxley (tradução para o inglês). Apresentado por Project Gutenberg. Acessado em https://www.gutenberg.org/files/5427/5427-h/5427-h.htm, em 29 de novembro de 2021.

ROUSSEAU, Jean-Jacques. *The Social Contract*. Por Jonathan Bennett, 2017. Acessado em https://www.earlymoderntexts.com/assets/pdfs/rousseau1762.pdf, em 29 de novembro de 2021.

SENSOY, Özlem; DIANGELO, Robin. *Is Everyone Really Equal?: An Introduction to Key Concepts in Social Justice Education*, primeira edição. Teachers College Press, 2011.

SHACKEL, Nicholas. "The Vacuity of Postmodern Methodology". *Metaphilosophy* 36, 295-320, 2005.

SMITH, Erika D. "Larry Elder Is the Black Face of White Supremacy. You Have Been Warned". https://www.latimes.com/california/story/2021-08-20/recall-candidate-larry-elder-is-a-threat-to-black-californians

SOLJENÍTSIN, Alexander. *The Gulag Archepelago*. Nova York: Harper Perennial Modern Classics, 2007.

SULLIVAN, Shannon. *Good White People: The Problem with Middle-Class White Anti-Racism*. SUNY Press, 2014.

SULLIVAN, Shannon. *Revealing Whiteness: The Unconscious Habits of Racial Privilege*. Indiana University Press, 2006.

UNIVERSIDADE BRANDEIS, Social Justice Glossary. Acessado em https://www.brandeis.edu/diversity/resources/definitions.html, em 27 de novembro de 2021.

VICTOR. "Max Horkheimer – Teoria Crítica e Marxismo (1969)". [Vídeo] YouTube. Acessado em https://www.youtube.com/watch?v=o-WWvteGCWM, em 26 de novembro de 2021.

VOEGELIN, Eric. *Science, Politics, and Gnosticism: Two Essays*, Gateway Editions. Washington, DC: Regnery Publishing, 1997.

WILLIAMS, Patricia J. *The Alchemy of Race and Rights: Diary of a Law Professor*. Harvard University Press, 1992.

REFERÊNCIAS BIBLIOGRÁFICAS

WOLF, Allison. "'Tell Me How That Makes You Feel': Philosophy's Reason/Emotion Divide and Epistemic Pushback in Philosophy Classrooms". *Hypatia* 32(4): 893-910, 2017.

WRIGHT, Jack. "Academic who was sacked after calling right-wing commentator a 'house n***o' sues for discrimination saying using such language is a protected right akin to religious beliefs". *Daily Mail Online*, 16 de agosto de 2021. Acessado em https://www.dailymail.co.uk/news/article-9899709/Academic-sacked-calling-right-wing-commentator-house-n-o-sues-discrimination.html, em 27 de novembro de 2021.

AGRADECIMENTOS

Gostaria de dedicar alguns minutos para agradecer a pelo menos algumas das muitas pessoas que ajudaram a tornar realidade este projeto. Em primeiro lugar, gostaria de agradecer a Michael O'Fallon e a minha equipe da New Discourses por organizar as circunstâncias que levaram à produção deste livro, assim como as muitas horas de diálogo inteligente, amizade e companheirismo que acompanharam esse processo. Gostaria também de expressar minha gratidão a meu editor, que detectou inúmeros erros em minha digitação apressada, e à diagramadora, que voluntariamente dedicou seu tempo a tornar este livro legível e bonito. A meus muitos e incríveis apoiadores também devo meus agradecimentos, porque são eles que fazem essa tarefa valer a pena, e é principalmente por eles que persisto nesse esforço. Por fim, como sempre, minha gratidão vai, sobretudo, para minha mulher e minha família por me aturarem e me apoiarem enquanto eu pesquisava e escrevia este livro.

NOTAS

1   COMO DEFINIR A TEORIA CRÍTICA DA RAÇA

1. *Critical Race Theoy: An Introduction*, p. 2. No Brasil foi lançado como *Teoria Crítica da Raça: uma Introdução*, pela editora Contracorrente.
2. "Living History Interview", p. 225.
3. *Critical Race Theory: An Introduction*, p. 3.
4. "Toward a Critical Race Theory of Education", p. 49.
5. "Toward a Critical Race Theory of Education", p. 50.
6. *White Fragility*, p. xiv.
7. *Critical Race Theory: An Introduction*, p. 3.
8. "Women's Studies as a Virus: Institutional Feminism, Affect, and the Projection of Danger".
9. *Critical Race Theory: An Introduction*, p. 3.
10. Ver Cheryl I. Harris, "Whiteness as Property".
11. *Communist Manifesto*, p. 42.
12. *White Fragility*, p. 150.
13. "The Masters Tools", p. 2.
14. "Pass an Antiracist Constitutional Amendment".
15. "Pass an Antiracist Constitutional Amendment".
16. Entrevista com Horkheimer.
17. *Critical Race Theory: An Introduction*, p. 3.
18. *Critical Race Theory: An Introduction*, p. 3.
19. Ver "Women's Studies as a Virus".
20. *Critical Race Theory: An Introduction*, p. 2.
21. Entrevista com Horkheimer.
22. "Social Justice Glossary", da Universidade Brandeis, no verbete *"race"* ("raça").
23. "Pass an Antiracist Constitutional Amendment".
24. *Critical Race Theory: An Introduction*, p. 7.

25. Ver *The Psychology of Religious Fundamentalism*.

26. "Defining Religion in the First Amendment", p 553.

27. Adaptado de *Is Everyone Really Equal?*.

28. Para mais detalhes sobre isso, ver meu próprio ensaio "A First-Amendment Case for Freedom from the Woke Religion", em New Discourses.

29. Como citado em *Woke, Inc.*, p. 250.

30. *Critical Race Theory: The Key Writings*, pp. xvii-xviii.

31. *Critical Race Theory: The Key Writings*, p. xxiv.

32. *Critical Race Theory: An Introduction*, pp. 2-3.

33. *Critical Race Theory: An Introduction*, p. 23.

34. *Critical Race Theory: An Introduction*, p. 3.

2   EM QUE ACREDITA A TEORIA CRÍTICA DA RAÇA

1. *Critical Race Theory: An Introduction*, p. 7.

2. Ficha de trabalho de DiAngelo.

3. *Critical Race Theory: An Introduction*, p. 23.

4. *Is Everyone Really Equal?*, p. 5.

5. *Race, Racism, and American Law*, p. 105.

6. *Critical Race Theory: An Introduction*, p. 7.

7. *White Fragility*, p. xiii.

8. *White Fragility*, p. 146.

9. *Being White, Being Good*, p. 9.

10. *Being White, Being Good*, p. 130.

11. Por exemplo, in *White Fragility*, pp. 5 e 150.

12. *Being White, Being Good*, p. 20.

13. *White Fragility*, p. 5.

14. *Good White People*, p. 8.

15. *How to Be an Antiracist*, p. 18.

16. *Critical Race Theory: An Introduction*, pp. 16-20.

17. *Critical Race Theory: An Introduction*, p. 17.

18. *Critical Race Theory: An Introduction*, p. 17.

19. *Critical Race Theory: An Introduction*, pp. 18 e 20.

20. "Mapping the Margins", pp. 1.296-1.298.

21. *Is Everyone Really Equal?*, p. xviii.

22. *Critical Race Theory: An Introduction*, p. 9.

23. *Is Everyone Really Equal?*, p. xviii.

24. *Is Everyone Really Equal?*, pp. xvii-xix.

25. "Unpacking Presuppositions for Social Justice", p. 193.

26. *Critical Race Theory: An Introduction*, p. 9.

NOTAS

27. *Critical Race Theory: An Introduction*, p. 91.
28. *Critical Race Theory: An Introduction*, p. 92.
29. *Critical Race Theory: An Introduction*, p. 92.
30. Klar, "Pressley: Black Faces, Black Voices".
31. Dorman, "Difference Between Being Racially Black and Politically Black".
32. *Critical Race Theory: An Introduction*, pp. 38-39.
33. *Critical Race Theory: An Introduction*, p. 45.
34. *Handbook of CRT in Education*, p. 43.
35. *Handbook of CRT in Education*, p. 48.
36. *Critical Race Theory: An Introduction*, p. 42.
37. *Critical Race Theory: An Introduction*, p. 20.
38. *Critical Race Theory: An Introduction*, p. 21.
39. *Critical Race Theory: An Introduction*, p. 3.
40. *Critical Race Theory: An Introduction*, p. 23.
41. *Is Everyone Really Equal?*, p. 5.
42. *White Fragility*, p. 5.
43. *Critical Race Theory: An Introduction*, p. 24.
44. *Critical Race Theory: An Introduction*, p. 3.
45. "Whiteness as Property".
46. *Communist Manifesto*, p. 42.
47. *White Fragility*, p. 150.
48. "Mapping the Margins", p. 1.297.
49. "Mapping the Margins", p. 1.297.
50. "Mapping the Margins", p. 1.241.
51. "Mapping the Margins", p. 1.244, n. 9.
52. Ver, por exemplo, Lang, "President Trump Has Attacked Critical Race Theory".
53. Isso aparece em "Mapping the Margins", p. 1.243, e é desenvolvido em detalhes consideráveis em um artigo posterior com Cho e McCall, p. 795, por exemplo.
54. "Mapping the Margins", p. 1.244.
55. "Mapping the Margins", p. 1.245.
56. "Mapping the Margins", p. 1.243, n. 3.
57. Glossário em marxists.org; verbete "*Praxis*".
58. *Counterrevolution and Revolt*, p. 107.
59. *How to Be an Antiracist*, p. 13.
60. "Pass an Antiracist Constitutional Amendment".
61. Ficha de trabalho de DiAngelo para a redação específica; o restante é extraído de *Is Everyone Really Equal?*.
62. "Pass an Antiracist Constitutional Amendment".
63. *Pedagogy of the Oppressed [Pedagogia do oprimido]*, pp. 31-32.
64. *Pedagogy of the Oppressed [Pedagogia do oprimido]*, p. 51.

MARXISMO RACIAL

65. *Pedagogy of the Oppressed [Pedagogia do oprimido]*, p. 48.
66. *How to Be an Antiracist*, p. 19.
67. *Mein Kampf*, p. 59.
68. Ver, por exemplo, o depoimento da dra. Bella Dodd em 1953 perante o Comitê sobre Atividades Antiamericanas da Câmara dos Representantes, ou as exortações de Herbert Marcuse acerca do uso da "população do gueto" e das minorias raciais em *An Essay on Liberation* e "Repressive Tolerance", respectivamente. Ver também a afirmação de Derrick Bell de que impedir isso foi a principal motivação das elites brancas ao promover o fim da segregação racial nas escolas após o veredicto do caso *Brown vs. Board of Education*.
69. *Critical Race Theory: An Introduction*, pp. 74-75.
70. Ver *Being White, Being Good* (2010), de Barbara Applebaum.
71. *White Fragility*, p. 13.
72. *White Fragility*, p. 129.
73. *Being White, Being Good*, p. 179.
74. *Being White, Being Good*, p. 15.
75. *Being White, Being Good*, p. 10.
76. *Being White, Being Good*, p. 10.
77. *Being White, Being Good*, p. 15.
78. *Being White, Being Good*, pp. 28-29.
79. *Being White, Being Good*, p. 130.
80. *Being White, Being Good*, p. 16. Essa afirmação também é repetida de maneira quase idêntica na p. 26.
81. *White Fragility*, p. 150.

3   AS ORIGENS IDEOLÓGICAS MAIS PRÓXIMAS DA TEORIA CRÍTICA DA RAÇA

1. Crenshaw fez esse comentário na sessão presidencial da American Studies Association em 2019.
2. *Critical Race Theory: The Key Writings*, p. xxvii.
3. Ver Herbert Marcuse, *One-Dimensional Man* (1964), "Repressive Tolerance" (1965) e *An Essay on Liberation* (1969).
4. *The Critical Turn in Education*, p. 1.
5. Esse resumo é apresentado no verbete "Critical Theory", da *Stanford Encyclopedia of Philosophy*.
6. "The Predicament of Marxist Revolutionary Consciousness", p. 184.
7. "W. E. B. Du Bois as a Study Abroad Student in Germany".
8. Entrevista com Horkheimer (Victor).
9. *An Essay on Liberation*, p. 73.
10. *An Essay on Liberation*, pp. 15-16.
11. *An Essay on Liberation*, p. 16.

NOTAS

12. *An Essay on Liberation*, pp. 16-17.
13. Ficha de trabalho de DiAngelo.
14. *An Essay on Liberation*, pp. 10-12.
15. *An Essay on Liberation*, p. 55.
16. *An Essay on Liberation*, p. 52.
17. *An Essay on Liberation*, pp. 79-80.
18. *An Essay on Liberation*, pp. 51-52.
19. *An Essay on Liberation*, pp. 57-58.
20. "Repressive Tolerance".
21. *An Essay on Liberation*, n. 1.
22. *An Essay on Liberation*, p. 87.
23. *Counterrevolution and Revolt*, p. 107.
24. "Traditional and Critical Theory", p. 227.
25. "Mapping the Margins", p. 1.243.
26. *An Essay on Liberation*, p. 87.
27. *How to Be an Antiracist*, p. 36.
28. "Mapping the Margins", p. 1.297.
29. "Mapping the Margins", p. 1.244.
30. *Critical Race Theory: The Key Writings*, p. 61.
31. "Mapping the Margins", pp. 1.296-1.298.
32. *Critical Race Theory: The Key Writings*, pp. 103-132.
33. *Critical Turn in Education*, p. 1.
34. *An Essay on Liberation*, pp. 58-59.
35. (Rindo, rindo muito...)
36. Arquivo sobre "Black Liberation" em marxists.org.
37. Combahee River Collective Statement.
38. Combahee River Collective Statement.
39. *Critical Race Theory: The Key Writings*, p. xviii.
40. *Critical Race Theory: The Key Writings*, p. xi.
41. *Critical Race Theory: The Key Writings*, p. xiii.
42. *Critical Race Theory: The Key Writings*, pp. xxii-xxiii.
43. *Critical Race Theory: The Key Writings*, p. xxiii.
44. *Critical Race Theory: The Key Writings*, p. xxiii.
45. *On Critical Pedagogy*, pp. 161-162.

4 AS ORIGENS IDEOLÓGICAS MAIS PROFUNDAS DA TEORIA CRÍTICA DA RAÇA

1. *Critical Race Theory: The Key Writings*, p. xxvii.
2. *An Essay on Liberation*, pp. 63-64.
3. *An Essay on Liberation*, pp. 86-87.

MARXISMO RACIAL

4. *O capital*, prefácio.
5. *Critique of Political Economy*.
6. *An Essay on Liberation*, p. 61.
7. Ver *The Phenomenology of Spirit*.
8. *Philosophy of History*, p. 41.
9. Introdução de *The Philosophy of History*.
10. Ver *The Philosophy of Right* [*Princípios da filosofia do direito*] e *The Philosophy of History* [*Filosofia da história*].
11. *Critical Race Theory: An Introduction*, pp. 20-21.
12. Combahee River Collective Statement.
13. *Critical Race Theory: An Introduction*, p. 58.
14. *Critical Race Theory: The Key Writings*, p. 61.
15. "Something's Missing", pp. 10-11.
16. "Something's Missing", p. 12.
17. *Discourse on Inequality*, p. 10.
18. "Reason/Emotion Divide", p. 897.
19. "Reason/Emotion Divide", p. 896.
20. *Being White, Being Good*, p. 35.
21. *From Class to Race*, pp. 121-122.
22. "W. E. B. Du Bois as a Study Abroad Student in Germany".
23. Prefácio de *The Souls of Black Folk*, p. xxii.
24. Citado no prefácio de *The Souls of Black Folk*, p. xiv.
25. *The Souls of Black Folk*, pp. 8-9.
26. "Anti-racist Constitutional Amendment".

5   PRÁXIS CRÍTICA DA RAÇA – COMO FUNCIONA A TEORIA CRÍTICA DA RAÇA

1. "Practice & Theory", marxists.org, *Encyclopedia of Marxism*.
2. "Twenty Years of Critical Race Theory", p. 1.290.
3. "M. to R."
4. *Being White, Being Good*, p. 43.
5. "Tracking Privilege-Preserving Epistemic Pushback", p. 881.
6. *White Fragility*, pp. 13-14.
7. "Larry Elder Is the Black Face of White Supremacy".
8. *Counter Wokecraft*, pp. 36-37.
9. "White Fragility", p. 54.
10. *How to Be an Antiracist*, p. 9.
11. *Science, Politics, and Gnosticism*, p. 24.
12. *Critical Race Theory: An Introduction*, p. 7.
13. Ficha de trabalho de DiAngelo.

NOTAS

6 O QUE PODEMOS FAZER ACERCA DA TEORIA CRÍTICA DA RAÇA?

1. *An Essay on Liberation*, p. 61.
2. Depoimento de Dodd, p. 1.757.
3. Por exemplo, "Mapping the Margins", p. 1.243.
4. *Is Everyone Really Equal?*, p. xviii.
5. "Mapping the Margins", p. 1.283.
6. "Mapping the Margins", p. 1.299.
7. *Critical Race Theory: An Introduction*, p. 24.

LEIA TAMBÉM:

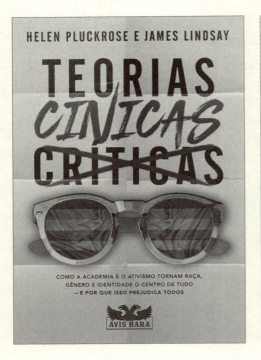
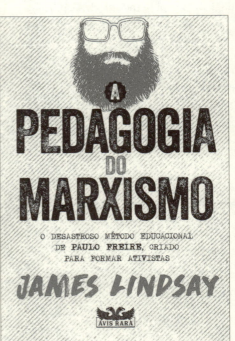

ESTA OBRA FOI IMPRESSA EM FEVEREIRO DE 2025